지식이
감동이 되는 책!

세상이 아무리 바쁘게 돌아가더라도
책까지 아무렇게나 빨리 만들 수는 없습니다.
어머니가 손수 지어주는 밥처럼
정성이 듬뿍 담긴 건강한 책을 만들고 싶습니다.

길벗스쿨은 쉽게 배우고 깨쳐 공부에 자신감을 주는 책,
재미와 감동으로 마음을 풍요롭게 해 주는 책으로
독자 여러분께 다가가겠습니다.

아이의 꿈을 키워 주는 정성을
지금, 만나보세요.

미리 책을 읽고 따라해본 2만 베타테스터 여러분과
무따기 체험단, 길벗스쿨 엄마 2% 기획단,
시나공 평가단, 토익 배틀, 대학생 기자단까지!
믿을 수 있는 책을 함께 만들어주신 독자 여러분께 감사드립니다.

홈페이지의 '독자마당'에 오시면
책을 함께 만들 수 있습니다.

(주)도서출판 길벗 www.gilbut.co.kr
길벗 이지톡 www.eztok.co.kr
길벗스쿨 www.gilbutschool.co.kr

중학 필수
영단어
무작정 따라하기

한동오 지음

길벗스쿨

지은이 한동오

한동오 선생님은 제 7차 중등 영어 교과서 개발에 참여한 영어 교육 전문가로, KD 강남대치영어학원 원장을 역임하고 현재는 신지식 영어 연구소 대표로 있다. 그만의 영어 학습법은 다수의 발명 특허와 대한민국 교육 분야 신지식인으로 선정되었다는 사실로 이미 충분히 입증되었다. 이 책은 중등 영어 교과서를 철저히 분석하여 필수 어휘를 뽑아내고 그의 영어 학습법을 반영하여 쉽게 외워서 오래 기억할 수 있게 한다.

대표 저서
- 기적의 파닉스 길벗스쿨
- 바쁜 3·4학년을 위한 빠른 영단어 이지스에듀
- 바쁜 5·6학년을 위한 빠른 영단어 이지스에듀
- 착! 붙는 영어 독학 다시 시작하기 랭기지플러스
- 중학영어 듣기 모의고사 1학년 비상교육

중학 필수 영단어 무작정 따라하기
The Cakewalk Series – English Words for Middle School Students

초판 발행 · 2017년 10월 31일
초판 5쇄 발행 · 2023년 7월 20일

지은이 · 한동오
발행인 · 이종원
발행처 · 길벗스쿨
출판사 등록일 · 2006년 7월 1일
주소 · 서울시 마포구 월드컵로 10길 56(서교동)
대표 전화 · 02)332-0931 | **팩스** · 02)323-0586
홈페이지 · www.gilbutschool.co.kr | **이메일** · gilbut@gilbut.co.kr

기획 및 책임 편집 · 김소이(soykim@gilbut.co.kr), 이경희 | **디자인** · 신세진 | **제작** · 이진혁
영업마케팅 · 김진성, 문세연, 박선경, 박다슬 | **웹마케팅** · 박달님, 권은나, 정유리, 이재윤, 성채영
영업관리 · 정경화 | **독자지원** · 윤정아, 최희창

편집진행 및 전산편집 · 기본기획 | **본문삽화** · 플러스툰
인쇄 · 대원문화사 | **제본** · 신정제본 | **녹음** · 미디어코리아

* 잘못된 책은 구입한 서점에서 바꿔 드립니다.
* 이 책에 실린 모든 내용, 디자인, 이미지, 편집 구성의 저작권은 길벗스쿨과 지은이에게 있습니다.
  허락 없이 복제하거나 다른 매체에 옮겨 실을 수 없습니다.

ISBN 978-89-6222-744-4 64740
(길벗스쿨 도서번호 30560)

중학 필수 영단어 무작정 따라하기
9가지 특징

01

중학교 5종 교과서와 한국교육과정평가원 선정 단어를 철저히 분석하여
그 중 꼭 알아야 할 중요도 별 3개짜리 빈출 단어 1,200개를 수록하였습니다.

02

하루 적정 학습량인 단어 13개를 공부합니다. 적당한 학습 분량으로, 외운 단어가
고스란히 기억될 수 있도록 했습니다. 딱 3달만 투자해 보세요.

03

중학생이 꼭 알아야 할 파생어와 숙어를 엄선하였고, 실용성 높은 예문으로
단어의 정확한 쓰임새와 활용법을 동시에 익힐 수 있습니다.

04

그날 익힌 단어를 확실히 다지기 할 수 있는 확인테스트가 있습니다.
문제를 풀고 스스로 채점해 보면서 놓쳤던 단어를 확인해 보세요.

05 두 가지 버전의 MP3 파일을 제공합니다.
〈1단계 MP3〉는 '단어 + 뜻'을 읽어주고, 〈2단계 MP3〉는 '단어 + 뜻 + 예문'을 읽어줍니다. MP3 파일을 반복 청취하는 것만으로도 단어가 쉽게 암기됩니다.

06 '단어 + 뜻'만 빠르게 훑어보며 집중 암기할 수 있는 휴대용 암기장과, 외운 단어가 3회 반복되도록 구성한 누적 테스트를 별책으로 제공합니다.

07 재미있는 4컷 스토리 만화에 그날 배운 단어들을 담았습니다. 만화를 읽으면서 단어의 의미를 다시 한 번 떠올릴 수 있습니다.

08 단어를 쉽게 암기하고 오래 기억할 수 있는 〈단어 암기 4대 원칙〉을 반영하여 설계하였습니다. 제시된 4대 원칙대로 학습하면 단어를 기계적으로 쓰면서 외우는 것보다 더욱 큰 효과를 볼 수 있습니다.

암기를 돕는 알찬 구성요소

QR코드로
단어 발음 듣기

빈칸 채워서
예문 완성하기

확인테스트

정답 4쪽

A 빈칸에 알맞은 단어를 채워 넣으세요.

age	명 나이, 시기, 시대
[eidʒ]	

- middle _____ 중년
- the Bronze A_____ 청동기 시대   for ages 오랫동안

all	형 모든, 전체의
[ɔ:l]	

- _____ the people 모든 사람들
- _____ Europe 전체 유럽

country	명 국가, (the ~) 시골
[kʌntri]	

- I live in the _____. 나는 시골에 산다.

every	형 모든
[évri]	

- _____ girl likes rings. 모든 소녀들이 반지를 좋아한다.   every girl(○) every girls(X)

hope	명 희망 동 희망하다, 바라다
[houp]	

- I _____ so. 나도 그러기를 바래.

like	동 좋아하다 전 ~처럼
[laik]	

- I _____ to play soccer. 나는 축구 하는 것을 좋아한다.
- My hair is brown _____ my mom's. 내 머리는 엄마처럼 갈색이다.

name	명 이름 동 이름을 지어 주다
[neim]	

- He _____ d his son James. 그는 그의 아들을 제임스라고 이름지었다.   last name, family name 성 first name 이름 (성이 아닌 이름)

people	명 사람들, 국민
[pí:pl]	

- a lot of _____ 많은 사람들
- the Korean _____ 대한민국 국민   person 한 사람(단수) people 여러 사람(복수)

plan	명 계획 동 계획하다
[plæn]	

- I _____ to leave here tomorrow. 나는 내일 여기를 떠날 계획이다.

question	명 질문, 문제
[kwéstʃən]	

- Can I ask you a _____? 질문 하나 해도 될까요?

science	명 과학
[sáiəns]	scientist 명 과학자

- a _____ museum 과학 박물관

walk	명 걷기 동 걷다
[wɔ:k]	

- I _____ ed slowly. 나는 천천히 걸었다.   take a walk 산책하다

want	동 원하다, ~하고 싶다
[wɑnt]	

- I _____ to go. 나는 가고 싶다.

확인테스트

정답 4쪽

A 빈칸에 알맞은 단어를 채워 넣으세요.

1. I _____ to leave here tomorrow.
   나는 내일 여기를 떠날 계획이다.

2. I _____ so.
   나도 그러기를 바래.

3. I live in the _____.
   나는 시골에 산다.

4. the Bronze _____
   청동기 시대

5. _____ Europe
   전체 유럽

6. Can I ask you a _____?
   질문 하나 해도 될까요?

정답

1. name
2. question
3. age
4. country
5. hope
6. plan
7. want
8. every
9. 모든, 전체의
10. 과학
11. 사람들, 국민
12. 좋아하다, ~처럼
13. 걷기, 걷다

B 주어진 우리말에 알맞게 단어를 배열하세요.

1. 그는 그의 아들을 제임스라고 이름지었다. (named / he / James / his / son / .)

   _____

2. 내 머리는 엄마처럼 갈색이다. (is / brown / like / my hair / my mom's / .)

   _____

C 다음 중 영단어와 그 의미가 바르게 연결되지 않은 것은?

① all – 모든, 전체의   ② science – 계획   ③ name – 이름; 이름을 지어 주다
④ walk – 걷기; 걷다   ⑤ want – 원하다, ~하고 싶다

4컷 스토리 만화

학교 시험 문제 유형

휴대용 암기장

별책

Day 01

오늘의 단어
단어와 뜻을 다시 훑어보고 머릿속에 입력하세요!

- □ age — 명 나이, 시기, 시대
- □ all — 형 모든, 전체의
- □ country — 명 국가, (the~) 시골
- □ every — 형 모든
- □ hope — 명 희망 동 희망하다, 바라다
- □ like — 동 좋아하다 전 ~처럼
- □ name — 명 이름 동 이름을 지어 주다
- □ people — 명 사람들, 국민
- □ plan — 명 계획 동 계획하다
- □ question — 명 질문, 문제
- □ science — 명 과학
- □ walk — 명 걷기 동 걷다
- □ want — 동 원하다, ~하고 싶다

아직도 모르는 단어

✓   ✓   ✓   ✓   ✓

누적 테스트 Day 01
지금까지 배운 단어를 복습해 보세요!

누적 테스트

question	_____
science	_____
all	_____
name	_____
every	_____
want	_____
좋아하다, ~처럼	_____
사람들, 국민	_____
걷기, 걷다	_____
나이, 시기, 시대	_____
국가, 시골	_____
희망, 희망하다	_____
계획, 계획하다	_____

단어를 효과적으로 암기하는 4대 원칙

영단어의 정확한 발음 알기

단어를 외울 때 발음기호에 의존하기보다 실제 소리를 듣고 단어의 정확한 발음을 기억하는 게 중요합니다. 발음을 청취하면서 동시에 눈으로는 영단어의 스펠링을 쫓아가세요. 시각과 청각을 동시에 이용하면 단어의 스펠링과 발음이 한결 쉽게 각인됩니다.

소리내어 뜻 암기하기

묵독하지 않고 입 밖으로 소리 내 읽는 것이 단어 암기에 효과적입니다. 단순히 눈으로 보거나 손으로 쓰며 외우는 것에 그치지 말고, 단어와 한글 뜻을 소리내어 반복해서 읽으면서 암기해 보세요.

예문으로 단어의 쓰임새 확인하기

예문을 통해 단어가 어떤 의미로 쓰였는지 확인하세요. 맥락을 파악하지 않고 단어의 뜻만 외우면, 독해나 회화문에서 단어를 보더라도 생소하게 느껴질 수 있습니다. 단어가 쓰인 예문을 함께 학습해야 진정한 내 것으로 만들 수 있습니다.

장기 기억을 위한 반복 학습하기

한번 외운 단어는 시간이 지나면 머릿속에서 희미해지기 마련입니다. 주기적으로 반복해서 외워야 학습한 어휘가 두뇌의 장기 기억소에 들어갈 수 있습니다. (에빙하우스의 망각 곡선 참조) 별책으로 제공하는 누적 테스트를 활용해 외운 단어를 반복 학습하세요.

차례

MP3 파일
이용 방법

| 1단계 MP3 | 2단계 MP3 |
| 단어+뜻 | 단어+뜻+예문 |

MP3 바로 듣기

★홈페이지에서 다운로드 받기

길벗스쿨 홈페이지(www.gilbutschool.co.kr) ⋯→ 검색창에 도서명 입력 ⋯→ 부록/학습자료 클릭

Day 01

단어와 뜻을 읽어주는 〈1단계 MP3〉를 먼저 듣고,
예문까지 읽어주는 〈2단계 MP3〉를 차례대로 들으면서 공부해 봐!

age
[eidʒ]
명 나이, 시기, 시대

- middle _____ 중년
- the Bronze A_____ 청동기 시대

> for ages 오랫동안

all
[ɔ:l]
형 모든, 전체의

- _____ the people 모든 사람들
- _____ Europe 전체 유럽

country
[kʌ́ntri]
명 국가, (the ~) 시골

- I live in the _____. 나는 시골에 산다.

every
[évri]
형 모든

- _____ girl likes rings. 모든 소녀들이 반지를 좋아한다.

> every girl (o)
> every girls (X)

hope
[houp]
명 희망
동 희망하다, 바라다

- I _____ so. 나도 그러기를 바래.

like
[laik]
동 좋아하다 전 ~처럼

- I _____ to play soccer. 나는 축구 하는 것을 좋아한다.
- My hair is brown _____ my mom's. 내 머리는 엄마처럼 갈색이다.

name
[neim]
명 이름
동 이름을 지어 주다

- He _____d his son James. 그는 그의 아들을 제임스라고 이름지었다.

> last name, family name 성
> first name (부모님이 지어준) 이름

people
[pí:pl]
명 사람들, 국민

- a lot of _____ 많은 사람들
- the Korean _____ 대한민국 국민

> person 명 (단수) 사람
> people 명 (복수) 사람들

plan
[plæn]
명 계획 동 계획하다

- I _____ to leave here tomorrow. 나는 내일 여기를 떠날 계획이야.

question
[kwéstʃən]
명 질문, 문제

- Can I ask you a _____? 질문 하나 해도 될까요?

science
[sáiəns]
명 과학
scientist 명 과학자

- a _____ museum 과학 박물관

walk
[wɔ:k]
명 걷기 동 걷다

- I _____ed slowly. 나는 천천히 걸었다.

> take a walk 산책하다

want
[want]
동 원하다, ~하고 싶다

- I _____ to go. 나는 가고 싶다.

A 빈칸에 알맞은 단어를 채워 넣으세요.

1. I _____ to leave here tomorrow.
나는 내일 여기를 떠날 계획이야.

2. I _____ so.
나도 그러기를 바래.

3. I live in the _____ .
나는 시골에 산다.

4. the Bronze _____
청동기 시대

5. _____ Europe
전체 유럽

6. Can I ask you a _____ ?
질문 하나 해도 될까요?

30초

1. name
2. question
3. age
4. country
5. hope
6. plan
7. want
8. every
9. 모든, 전체의
10. 과학
11. 사람들, 국민
12. 좋아하다, ~처럼
13. 걷기; 걷다

B 주어진 우리말에 알맞게 단어를 배열하세요.

1. 그는 그의 아들을 제임스라고 이름지었다. (named / he / James / his / son / .)

_____

2. 내 머리는 엄마처럼 갈색이다. (is / brown / like / my hair / my mom's / .)

_____

학교 시험문제 **C** 다음 중 영단어와 그 의미가 바르게 연결되지 <u>않은</u> 것은?

① all — 모든, 전체의　　② science — 계획　　③ name — 이름; 이름을 지어 주다

④ walk — 걷기; 걷다　　⑤ want — 원하다, ~하고 싶다

Day O2

하루에 딱 13개 단어만 외워 보자!
할 수 있겠지?

art
[ɑ:rt]
명 미술, 예술

• a work of _____ 미술[예술] 작품

culture
[kʌ́ltʃər]
명 문화

• popular _____ 대중 문화

event
[ivént]
명 사건, 행사
eventually 부 결국

• a big _____ 중대한 사건

explain
[ikspléin]
동 설명하다
explanation 명 설명

• _____ why. 이유를 설명해 봐.

future
[fjúːtʃər]
명 미래 형 미래의

• in the _____ 미래에는

heavy
[hévi]
형 무거운, (양, 정도가) 많은,
심한

• The book is _____. 그 책은 무겁다.
• _____ rain 폭우

market
[máːrkit]
명 시장

• a flower _____ 꽃 시장
• the global _____ 세계 시장

movie
[múːvi]
명 영화

• a _____ theater 영화관

past
[pæst]
명 과거 형 지난, 과거의

• the _____ year 지난 해

place
[pleis]
명 장소, 곳

• There is no _____ like home. 내 집처럼 좋은 곳은 없다.

read
[riːd]
동 읽다
read-read-read

• I can _____ English well.
나는 영어를 잘 읽을 수 있다.

> read – read – read
> [riːd] - [red] - [red]

space
[speis]
명 공간, 우주

• a large _____ 큰 공간
• a _____ flight 우주 비행

stick
[stik]
명 막대기
동 찌르다, 붙이다

• a hockey _____ 하키 스틱

A 빈칸에 알맞은 단어를 채워 넣으세요.

1. a _____ theater
영화관

2. the _____ year
지난 해

3. a big _____
중대한 사건

4. _____ why.
이유를 설명해 봐.

5. popular _____
대중 문화

6. in the _____
미래에는

30초

1. movie
2. art
3. culture
4. future
5. heavy
6. market
7. past
8. place
9. 읽다
10. 사건, 행사
11. 설명하다
12. 공간, 우주
13. 막대기; 찌르다

B 주어진 우리말에 알맞게 단어를 배열하세요.

1. 나는 영어를 잘 읽을 수 있다. (read / I / well / can / English / .)

_____

2. 내 집처럼 좋은 곳은 없다. (no / there / place / like / is / home / .)

_____

학교 시험문제 **C** 다음 문장에서 밑줄 친 부분의 의미로 알맞은 것은?

You will <u>eventually</u> succeed.

① 사고로   ② 행사상   ③ 결국   ④ 몰래   ⑤ 감히

영어 잘 하는 방법 좀 **explain**해 줘.

알았어~ 영어 책을 많이 **read**하고

영어가 나오는 **movie**도 많이 봐!

미국이나 영국의 **culture**도 함께 배우면 더 좋아.

Day 03

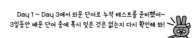

□ **care** [kɛər]	명 돌봄, 주의 통 관심을 가지다 **careful** 형 조심스러운	• She will take _____ of her baby. 그녀는 아기를 돌볼 것이다. • I don't _____ . 난 관심 없어.
□ **children** [tʃíldrən]	명 아이들	• They have no _____ . 그들은 아이들이 없다. child(아이)의 복수형은 childs(X) children(O)
□ **cousin** [kʌ́zən]	명 사촌, 먼 친척	• We are _____s. 우리는 사촌간이다.
□ **drive** [draiv]	통 운전하다, 태워주다 **drive-drove-driven**	• Can you _____ me home? 집까지 나를 태워다 줄 수 있어요?
□ **full** [ful]	형 ~이 가득 찬	• The theater was _____ of people. 그 극장은 사람들로 가득 찼다.
□ **hole** [houl]	명 구멍	• a _____ in the roof 지붕의 구멍
□ **know** [nou]	통 알다 **know-knew-known**	• I don't _____ . 나는 모른다. **be known for** ~로 알려지다, ~로 유명하다
□ **lead** [li:d]	통 이끌다 **leader** 명 리더, 지도자	• If you _____ , I'll follow. 네가 이끌면 나는 따를게.
□ **secret** [síːkrit]	명 비밀 형 비밀의	• Can you keep a _____ ? 너 비밀 지킬 수 있니?
□ **so** [sou; (약) sə]	부 그렇게, 정말로	• I think _____ . 나도 그렇게 생각해. • I'm _____ happy. 난 정말 행복해.
□ **stage** [steidʒ]	명 단계, 무대	• the first _____ 첫 번째 단계
□ **think** [θiŋk]	통 생각하다 **think-thought-thought** **thought** 명 생각	• What do you _____ about it? 넌 그것에 대해 어떻게 생각하니?
□ **too** [tu:]	부 역시, 또한	• I'm happy, _____ . 나도 행복해. 긍정문에는 too, 부정문에는 either

A 빈칸에 알맞은 단어를 채워 넣으세요.

30초

1. the first _____

첫 번째 단계

2. If you _____ , I'll follow.

네가 이끌면 나는 따를게.

3. She will take _____ of her baby.

그녀는 아기를 돌볼 것이다.

4. I'm happy, _____ .

나도 행복해.

5. The theater was _____ of people.

그 극장은 사람들로 가득 찼다.

6. What do you _____ about it?

넌 그것에 대해 어떻게 생각하니?

1. hole _____
2. secret _____
3. stage _____
4. children _____
5. know _____
6. lead _____
7. so _____
8. think _____
9. 돌봄, 주의 _____
10. 운전하다 _____
11. 역시, 또한 _____
12. 사촌, 먼 친척 _____
13. ~이 가득 찬 _____

B 주어진 우리말에 알맞게 단어를 배열하세요.

1. 너 비밀 지킬 수 있니? (you / can / secret / a / keep / ?)

_____

2. 집까지 나를 태워다 줄 수 있어요? (drive / home / can / me / you / ?)

_____

학교 시험문제 **C** 다음 괄호 안에서 알맞은 것을 고르시오.

My mom will (make / take) care of me.
He is known (for / to) his music.

누가 우리 반을 **lead**할지 투표했어?

응! 누구 뽑았는지는 **secret**이야.

children에게 말하지 않을 게. 알려줘~

그럼… 너만 **know**해야 돼!

Day 04

break
[breik]
- 명 쉬는 시간, 휴식
- 동 깨어지다, 깨다

• Let's take a _____ .
쉬었다 하자.

> break up 부서지다
> break in 침입하다
> break out 발생하다

famous
[féiməs]
- 형 유명한

• The city is _____ for great musicians.
그 도시는 훌륭한 음악가들로 유명하다.

glad
[glæd]
- 형 기쁜, 반가운

• I'm _____ to meet you. 너를 만나서 반가워.

head
[hed]
- 명 머리 동 향하다

• Where are we _____ing?
우리는 어디로 향하고 있는 거예요?

help
[help]
- 명 도움 동 돕다

• Thank you for your _____ . 당신의 도움에 감사 드립니다.
• I want to _____ you. 나는 너를 돕고 싶어.

history
[hístəri]
- 명 역사
- **historian** 명 역사학자

• a _____ teacher 역사 선생님

language
[lǽŋgwidʒ]
- 명 언어

• body _____ 몸짓 언어/보디랭귀지

leaf
[liːf]
- 명 나뭇잎

• a green _____ 녹색 잎

medicine
[médisin]
- 명 약, 의학

• It's time to take _____ . 약 먹을 시간이다.

museum
[mju(ː)zí(ː)əm]
- 명 박물관, 미술관

• a science _____ 과학 박물관

picture
[píktʃər]
- 명 그림, 사진

• Let's take a _____ . 사진 찍자.

pull
[pul]
- 명 당기기 동 당기다

• You push, and I'll _____ . 네가 밀면 내가 당길게.

tale
[teil]
- 명 이야기, 소설

• a fairy _____ 동화

> 발음이 같은 단어 주의!
> tail [teil] 명 꼬리

A 빈칸에 알맞은 단어를 채워 넣으세요.

1. a science _____
과학 박물관

2. a green _____
녹색 잎

3. Let's take a _____.
사진 찍자.

4. You push, and I'll _____.
네가 밀면 내가 당길게.

5. a _____ teacher
역사 선생님

6. The city is _____ for great musicians.
그 도시는 훌륭한 음악가들로 유명하다.

30초

1. glad _____
2. history _____
3. language _____
4. medicine _____
5. picture _____
6. pull _____
7. tale _____
8. leaf _____
9. 박물관, 미술관 _____
10. 쉬는 시간; 깨다 _____
11. 유명한 _____
12. 머리; 향하다 _____
13. 도움; 돕다 _____

B 주어진 우리말에 알맞게 단어를 배열하세요.

1. 당신의 도움에 감사 드립니다. (for / you / your / thank / help / .)

_____

2. 너를 만나서 반가워. (meet / I'm / to / glad / you / .)

_____

학교 시험문제 **C** 다음 중 **보기** 의 단어들이 공통으로 표현하는 단어는?

| 보기 | French | German | Korean | Chinese |

① language   ② continent   ③ state   ④ travel   ⑤ car

| 선생님ㅠ 선생님의 **help**가 필요해요! | **history** 공부 중이었구나. | 너무 어려워요ㅠ **head**가 아파요. | **picture**를 보면서 공부하면 더 쉬울 거야~ |

Day 05

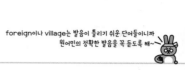

foreign
[fɔ́:rin]
혱 외국의
foreigner 몡 외국인

- a _____ language 외국어

glass
[glæs]
몡 유리

- a _____ dish 유리 접시 < glasses 몡 안경

grade
[greid]
몡 학년, 등급, 성적

- What _____ are you in? 넌 몇 학년이니?
- I'm in the third _____. 난 3학년이야.

habit
[hǽbit]
몡 습관

- bad _____s 나쁜 버릇

information
[ìnfərméiʃən]
몡 정보

- an _____ desk
정보(안내) 데스크

> 한 개의 정보
> an information (X)
> a piece of information (O)

job
[dʒɑb]
몡 직업, 일

- Good _____! 잘 했어!

long
[lɔ(:)ŋ]
혱 긴 [부] 오래
length 몡 길이

- _____ boots 긴 장화

noise
[nɔiz]
몡 소리, 잡음

- Don't make any _____. 시끄럽게 하지 마.

popular
[pápjələr]
혱 인기 있는, 대중적인

- _____ music 대중 음악

special
[spéʃəl]
혱 특별한
specialist 몡 전문가

- a _____ event 특별 행사

station
[stéiʃən]
몡 역, 정거장

- a train _____ 기차역

village
[vílidʒ]
몡 마을

- a little _____ 작은 마을

way
[wei]
몡 길, 방법

- on my _____ home 집에 오는 길에

A 빈칸에 알맞은 단어를 채워 넣으세요.

1. an _____ desk
정보(안내) 데스크

2. a _____ event
특별 행사

3. a _____ language
외국어

4. on my _____ home
집에 오는 길에

5. _____ music
대중 음악

6. bad _____
나쁜 버릇

30초

1. job _____
2. long _____
3. popular _____
4. special _____
5. way _____
6. foreign _____
7. information _____
8. noise _____
9. 마을 _____
10. 역, 정거장 _____
11. 습관 _____
12. 유리 _____
13. 학년, 등급, 성적 _____

B 주어진 우리말에 알맞게 단어를 배열하세요.

1. 넌 몇 학년이니? (in / what / are / grade / you / ?)

_____

2. 난 3학년이야. (third / I'm / the / grade / in / .)

_____

학교 시험문제 **C** 다음 우리말 뜻에 맞게 빈칸에 들어갈 말은?

a _____ of information 한 개의 정보

① glass   ② cup   ③ way   ④ grade   ⑤ piece

Day 06

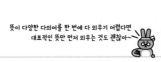

area
[ɛ́əriə]
명 지역, 분야

- a large _____ 광대한 지역
- a parking _____ 주차 구역

brain
[brein]
명 두뇌

- _____ cells 뇌 세포

build
[bild]
동 세우다, 짓다
build-built-built

- Let's _____ a house. 집을 짓자.
- This tower was _____ in 1960.
  이 탑은 1960년에 세워졌다.

  be built 세워지다

chance
[tʃæns]
명 기회, 가능성

- the _____ of rain 비올 가능성
- Please give me one more _____. 한번 더 기회를 주세요.

community
[kəmjúːnəti]
명 지역사회, 공동체

- the international _____ 국제 공동체

drink
[drink]
명 음료 동 마시다
drink-drank-drunk

- I don't _____ milk. 나는 우유는 안 마셔.

dumb
[dʌm]
명 바보
형 벙어리의, 바보 같은

- _____ animals 말 못하는 짐승

nature
[néitʃər]
명 자연, 본질
natural 형 자연의

- the laws of _____ 자연의 법칙
- the _____ of society 사회의 본질

remember
[rimémbər]
동 기억하다

- Can you _____ me? 나 기억할 수 있어?

right
[rait]
명 권리, 오른쪽
형 오른쪽의, 옳은

- It's not your _____. 그것은 네 권리가 아니야.
- a _____ hand 오른손

rock
[rɑk]
명 바위
동 흔들다, 흔들리다

- The boat _____ed very much.
  그 배는 아주 많이 흔들렸다.

subject
[sʌ́bdʒikt]
명 과목, 주제

- my favorite _____ 내가 좋아하는 과목

tradition
[trədíʃən]
명 전통
traditional 형 전통적인

- the Korean _____ 한국의 전통

A 빈칸에 알맞은 단어를 채워 넣으세요.

1. _____ cells
뇌 세포

2. Can you _____ me?
나 기억할 수 있어?

3. the Korean _____
한국의 전통

4. I don't _____ milk.
나는 우유는 안 마셔.

5. _____ animals
말 못하는 짐승

6. the laws of _____
자연의 법칙

1. build _____
2. chance _____
3. drink _____
4. nature _____
5. area _____
6. brain _____
7. community _____
8. dumb _____
9. 권리; 오른쪽의 _____
10. 과목, 주제 _____
11. 기억하다 _____
12. 바위; 흔들다 _____
13. 전통 _____

B 주어진 우리말에 알맞게 단어를 배열하세요.

1. 이 탑은 1960년에 세워졌다. (was / built / this tower / in / 1960 / .)

_____

2. 한번 더 기회를 주세요. (give / more / one / me / chance / please / .)

_____

학교 시험문제 **C** 다음 밑줄 친 부분과 뜻이 같은 것은?

It's not your <u>right</u>.

① Close your <u>right</u> eye.　　② You're <u>right</u>.　　③ The house is on the <u>right</u>.
④ Raise your <u>right</u> hand.　　⑤ I have the <u>right</u> to know the truth.

저기 **rock** 위에서 잠깐 쉬었다 가자!

그래~ 물 좀 **drink**하고 싶어!

우와! **right**를 봐!

참 아름다운 **nature**야. 그렇지?

Day 07

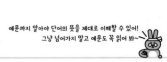

예문까지 알아야 단어의 뜻을 제대로 이해할 수 있어!
그냥 넘어가지 말고 예문도 꼭 읽어 봐~

□ **address**
[ǽdres]
명 주소, 연설

- What is your _____ ? 너희 집 주소는 뭐니?
- His _____ is powerful. 그의 연설은 강렬하다.

□ **also**
[ɔ́ːlsou]
부 또한, ~도, 게다가

- He is _____ a famous writer.
  그는 또한 유명한 작가이기도 하다.

□ **bill**
[bil]
명 계산서, 지폐

- Can you check the _____ again?
  계산서를 다시 확인해 주시겠어요?

□ **business**
[bíznis]
명 사업, 일

- on _____ 사업차/업무로

□ **college**
[kάlidʒ]
명 대학

- It's good to go to _____ .
  대학에 가는 게 좋다.
- a _____ student 대학생

  > university 명 (종합) 대학교

□ **field**
[fiːld]
명 들판, 분야

- the _____ of music 음악 분야

□ **flour**
[flauər]
명 밀가루

- Add more _____ .
  밀가루를 더 넣어.

  > 발음이 같은 단어 주의!
  > flower [flauər] 명 꽃

□ **learn**
[ləːrn]
동 배우다

- It's fun to _____ languages. 언어를 배우는 것은 재미있다.

□ **lucky**
[lʌ́ki]
형 행운의

- a _____ guy 행운의 남자

  > ↔ unlucky 형 불행의

□ **machine**
[məʃíːn]
명 기계

- a washing _____ 세탁기

□ **take**
[teik]
동 잡다, 가지고 가다, 데리고 가다
take-took-taken

- You should _____ a hold of the rail.
  난간을 잡아야 한다.
- _____ this umbrella. 이 우산을 가지고 가.
- I'll _____ you home. 내가 널 집에 바래다 줄게.

□ **trip**
[trip]
명 (비교적 짧은) 여행

- a business _____ 출장

□ **turn**
[təːrn]
명 차례, 순번
동 돌다, 돌리다, 변하다, 바뀌다

- It's your _____ . 네 차례야.
- _____ right at the corner. 모퉁이에서 오른쪽으로 도세요.
- The leaves _____ ed red. 잎이 붉게 변했다.

A 빈칸에 알맞은 단어를 채워 넣으세요.

1. a business _____
출장

2. Add more _____ .
밀가루를 더 넣어.

3. He is _____ a famous writer.
그는 또한 유명한 작가이기도 하다.

4. a _____ guy
행운의 남자

5. You should _____ a hold of the rail.
난간을 잡아야 한다.

6. a washing _____
세탁기

B 주어진 우리말에 알맞게 단어를 배열하세요.

1. 그의 연설은 강렬하다. (powerful / his / is / address / .)

_____

2. 언어를 배우는 것은 재미있다. (fun / learn / it's / to / languages / .)

_____

C 다음 빈칸에 공통으로 들어가는 것은?

· It's your _____ .   · _____ right at the corner.

① take   ② make   ③ have   ④ turn   ⑤ find

| 우리 아빠는 **business** 하시느라 바쁘셔. | 우리 형은 **college**에서 공부하느라 바쁘고 | 나도 **also** 바쁘지! | 난 **trip** 준비로 바쁘지롱~ 흐흐 |

Day 08

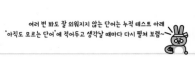

ago
[əgóu]
囝 ~전에

• two years _____ 2년 전에

clothes
[klouðz]
몡 옷
cloth 몡 천, 옷감
clothe 동 옷을 입히다
clothing 몡 (특정 종류의) 옷

• new _____ 새 옷

deep
[di:p]
혱 깊은

• _____ sea 깊은 바다

joke
[ʤouk]
몡 농담 동 농담하다

• It's no _____. 농담 아니야.

make
[meik]
동 만들다, ~하게 하다

• He always _____s me laugh. 그는 항상 나를 웃게 한다.

maybe
[méibi:]
囝 아마도

• _____ he is right.
아마도 그가 옳을 것이다.
≒ probably, perhaps

nation
[néiʃən]
몡 국가

• Asian _____s 아시아 국가들

season
[sí:zən]
몡 계절, 시기

• four _____s 사계절
• off _____ 비수기

slide
[slaid]
몡 미끄럼틀 동 미끄러지다
slide-slid-slid

• People _____ down the hill.
사람들이 언덕에서 미끄러져 내려온다.

teens
[ti:nz]
몡 10대(13세 ~19세)

• She is in her early/late _____.
그녀는 10대 초반/후반이다.

title
[táitl]
몡 제목, 직함

• The _____ of the book is *Animal Farm*.
그 책의 제목은 '동물 농장'이다.

wide
[waid]
혱 넓은

• a _____ road (폭이) 넓은 길

work
[wə:rk]
몡 일, 작품 동 일하다
worker 몡 일하는 사람, 노동자

• My dad is _____ing now. 우리 아빠는 지금 일하고 계시다.

A 빈칸에 알맞은 단어를 채워 넣으세요.

1. four _____
사계절

2. two years _____
2년 전에

3. new _____
새 옷

4. a _____ road
(폭이) 넓은 길

5. My dad is _____ now.
우리 아빠는 지금 일하고 계시다.

6. Asian _____
아시아 국가들

30초

1. title _____
2. work _____
3. nation _____
4. teens _____
5. ago _____
6. clothes _____
7. deep _____
8. maybe _____
9. 만들다 _____
10. 농담; 농담하다 _____
11. 계절, 시기 _____
12. 미끄러지다 _____
13. 넓은 _____

B 주어진 우리말에 알맞게 단어를 배열하세요.

1. 사람들이 언덕에서 미끄러져 내려온다. (down / the / people / hill / slide / .)

_____

2. 그녀는 10대 초반이다. (is / in / teens / she / her / early / .)

_____

학교 시험문제 **C** 다음 밑줄 친 부분과 의미가 비슷한 것은?

Maybe he is right.

① May   ② Probably   ③ Very   ④ Really   ⑤ Exactly

추운 **season**이 왔구나.

왜! 그럼 겨울 **clothes**를 더 사야겠어요~

뭐라고? 엄마가 이틀 **ago**에 사줬잖아!

엄마! 그건 엄마 스타일이죠! **teens** 취향이 아니란 말이에요~

단어를 외우다가 지루하면 만화를 먼저 봐도 좋아!

☐ **beat** [bi:t]	동 때리다, 이기다 **beat-beat-beaten**	• He _____ me at the game. 그는 그 게임에서 나를 이겼다.
☐ **call** [kɔ:l]	명 전화 통화 동 부르다, 전화하다	• _____ me later. 나중에 전화해. • Did you _____ me? 나 불렀니?
☐ **carry** [kǽri]	동 옮기다, (이동 중에) 들고 있다 **carrier** 명 항공사, 나르는 사람[것]	• She was _____ing her umbrella. 그녀는 우산을 들고 있었다.
☐ **dentist** [déntist]	명 치과의사	• I want to be a _____. 나는 치과의사가 되고 싶어.
☐ **flu** [flu:]	명 독감	• I have (got) the _____. influenza의 약자 독감에 걸렸어.
☐ **foot** [fut]	명 발	• I came on _____. on foot 걸어서 나는 걸어서 왔어.
☐ **forget** [fərgét]	동 잊어버리다 **forget-forgot-forgotten**	• Don't _____ it. 그것을 잊어버리지 마.
☐ **neighbor** [néibər]	명 이웃, 옆자리 사람	• a good _____ 좋은 이웃
☐ **nuclear** [njú:kliər]	형 원자력의, 핵의	• _____ war 핵전쟁
☐ **remove** [rimú:v]	동 제거하다 **remover** 명 제거제	• Let's _____ it. 그것을 제거하자.
☐ **throat** [θrout]	명 목, 목구멍	• I have a sore _____. 목이 아파요.
☐ **vet** [vet]	명 수의사	• I know the _____. veterinarian의 약자 나는 그 수의사를 안다.
☐ **volunteer** [vὰləntíər]	명 자원 봉사자 동 자원하다	• I _____ed to help others. 나는 다른 사람들을 돕기 위해 자원하였다.

A 빈칸에 알맞은 단어를 채워 넣으세요.

1. _____ war
핵전쟁

2. I know the _____ .
나는 그 수의사를 안다.

3. Don't _____ it.
그것을 잊어버리지 마.

4. Let's _____ it.
그것을 제거하자.

5. a good _____
좋은 이웃

6. I have a sore _____ .
목이 아파요

30초

1. flu
2. forget
3. neighbor
4. remove
5. throat
6. volunteer
7. dentist
8. nuclear
9. 수의사
10. 때리다, 이기다
11. 전화 통화; 부르다
12. 옮기다, 들고 있다
13. 발

B 주어진 우리말에 알맞게 단어를 배열하세요.

1. 나는 다른 사람들을 돕기 위해 자원하였다. (volunteered / to / others / I / help / .)

_____

2. 그녀는 우산을 들고 있었다. (was / umbrella / she / her / carrying / .)

_____

학교 시험문제 **C** 다음 문장의 빈칸에 공통으로 들어갈 알맞은 말은?

· I _____ the flu. · I _____ a sore throat.

① make ② come ③ find ④ go ⑤ have

의사 선생님… 저 throat이 아파요ㅠ	저 flu에 걸린 것 같아요ㅠ	선생님… 저 심장 beat도 빠른 것 같아요.	나는 vet야! 나는 동물을 진료한다고~

Day 10

우와! 벌써 10일이 지났다고? 대단해!

cartoon
[kɑːrtúːn]
몡 만화
cartoonist 몡 만화가

• a _____ character
만화의 등장인물

> cartoon 4컷 만화, 만화영화
> comic book 만화책

couple
[kʌ́pl]
몡 두 사람, 두 개, 부부

• a _____ of years 2년 정도

create
[kriéit]
통 창조하다, 만들다
creative 몔 창조적인, 창의력이 있는

• He _____d the robot. 그는 그 로보트를 만들었다.

forest
[fɔ́(:)rist]
몡 숲

• a tropical _____ 열대 숲

move
[muːv]
몡 움직임, 이사
통 움직이다, 옮기다
movement 몡 움직임, (조직적인) 운동

• I can't _____ anything. 나는 어떤 것도 움직일 수 없다.

office
[ɔ́(:)fis]
몡 사무실
official 몔 공식적인, 공무상의

• Welcome to my _____. 제 사무실에 오신 것을 환영합니다.

opinion
[əpínjən]
몡 의견, 견해

• In my _____, it is wrong. 내 의견으로는, 그것은 틀리다.

pet
[pet]
몡 애완동물

• a _____ shop 애완동물 가게

piece
[piːs]
몡 조각, 부분, 장

• a _____ of paper 한 장의 종이

> a piece of + 셀 수 없는 명사(종이, 케이크 등)

• a _____ of cake 한 조각의 케이크(식은 죽 먹기)

rule
[ruːl]
몡 규칙, 통치, 지배
통 통치하다, 지배하다
ruler 몡 통치자, (줄 긋는) 자

• The king will _____ the kingdom.
그 왕이 왕국을 통치할 것이다.

side
[said]
몡 쪽, 옆면

• the right _____ 오른쪽

> side by side 나란히

site
[sait]
몡 장소, 위치

• Here is a special _____.
여기는 특별한 장소이다.

> = place, location, spot

wait
[weit]
통 기다리다

• I will _____ for him until 3.
나는 그를 3시까지 기다릴 것이다.

> wait for ~을 기다리다

A 빈칸에 알맞은 단어를 채워 넣으세요.

1. a _____ character
만화의 등장인물

2. a _____ shop
애완동물 가게

3. the right _____
오른쪽

4. Welcome to my _____.
제 사무실에 오신 것을 환영합니다.

5. a _____ of years
2년 정도

6. a _____ of paper
한 장의 종이

30초

1. move _____
2. office _____
3. piece _____
4. site _____
5. wait _____
6. couple _____
7. create _____
8. forest _____
9. 의견, 견해 _____
10. 애완동물 _____
11. 규칙; 통치하다 _____
12. 만화 _____
13. 쪽, 옆면 _____

B 주어진 우리말에 알맞게 단어를 배열하세요.

1. 그 왕이 왕국을 통치할 것이다. (will / the king / rule / kingdom / the / .)

_____

2. 나는 그를 3시까지 기다릴 것이다. (wait / I / 3 / until / will / for / him / .)

_____

학교 시험문제 **C** 다음 중 단어의 의미가 알맞지 <u>않은</u> 것은?

① side by side ― 나란히   ② wait to ― ~을 기다리다   ③ a piece of paper ― 한 장의 종이
④ a tropical forest ― 열대 숲   ⑤ cartoonist ― 만화가

Day 11

always
[ɔ́:lweiz]
(부) 항상, 언제나

- He is _____ late.
  그는 항상 늦는다.

award
[əwɔ́:rd]
(명) 상

- an _____ ceremony 시상식

dialogue
[dáiəlɔ̀(:)g]
(명) 대화

- a _____ between Korea and the USA 한국과 미국간의 대화

  = conversation (명) (사적인) 대화, 회화

example
[igzǽmpl]
(명) 예, 모범

- Show us an _____.
  우리에게 예를 보여 주세요.

  for example 예를 들어
  = for instance

fast
[fæst]
(형) 빠른 (부) 빨리

- Don't run so _____!
  그렇게 빨리 뛰지 마!

  '빠르게'는 fastly(X) quickly(O)

hand
[hænd]
(명) 손, 도움 (동) 건네주다

- Do you need a _____? 도움이 필요하니?
- He _____ed me the book. 그는 내게 그 책을 건네 주었다.

hard
[hɑ:rd]
(형) 딱딱한, 어려운
(부) 열심히, 세게

- I study English _____.
  나는 영어를 열심히 공부한다.

high
[hai]
(형) 높은 (부) 높게
height (명) 높이

- That mountain is very _____. 저 산은 매우 높다.
- The plane flew _____.
  그 비행기는 높게 날았다.

holiday
[hálidèi]
(명) 휴일, 방학, 휴가(영국식)

- a public _____ 공휴일

  = vacation (명) 방학, 휴가(미국식)

late
[leit]
(형) 늦은 (부) 늦게

- Don't be _____! 늦지 마!
- I got up _____. 나는 늦게 일어났다.

  '늦게'는 lately(X) late(O)

listen
[lísn]
(동) (귀 기울여) 듣다

- I like to _____ to music. 나는 음악 듣는 것을 좋아한다.

use
[ju:s]
(명) 사용, 쓰임새
(동) 사용하다 [ju:z]
useful (형) 유용한
useless (형) 소용없는

- Don't _____ my pen. 내 펜 쓰지 마.

win
[win]
(동) 이기다, 얻다, 타다
win-won-won
winner (명) 우승자

- Korea _____ 10 gold medals.
  한국은 10개의 금메달을 땄다.

A 빈칸에 알맞은 단어를 채워 넣으세요.

1. an _____ ceremony
시상식

2. a public _____ 공휴일

3. Don't be _____! 늦지 마!

4. Show us an _____.
우리에게 예를 보여 주세요.

5. a _____ between Korea and the USA
한국과 미국간의 대화

6. I like to _____ to music.
나는 음악 듣는 것을 좋아한다.

30초

1. high _____
2. fast _____
3. listen _____
4. hard _____
5. always _____
6. late _____
7. hand _____
8. use _____
9. 이기다, 얻다, 타다 _____
10. 상 _____
11. 대화 _____
12. 예, 모범 _____
13. 휴일, 방학 _____

B 주어진 우리말에 알맞게 단어를 배열하세요.

1. 도움이 필요하니? (a / need / do / you / hand / ?)

_____

2. 한국은 10개의 금메달을 땄다. (gold / Korea / 10 / won / medals / .)

_____

학교 시험문제 **C** A와 B에 들어갈 말로 알맞게 짝지어진 것은?

The plane flew ____A____.
I got up ____B____.

	A	B		A	B
①	highly	late	②	high	lately
③	highly	lately	④	high	late
⑤	lately	late			

Day 12

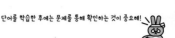

단어를 학습한 후에는 문제를 통해 확인하는 것이 중요해!

able [éibl]	형 할 수 있는, 재능 있는	• I'm happy to be _____ to help you. 너를 도울 수 있어서 기뻐. *be able to ~을 할 수 있다(= can)*
afraid [əfréid]	형 두려워하는	• Don't be _____ of him. 그를 두려워하지 마. *be afraid of ~을 두려워하다*
audition [ɔːdíʃən]	명 오디션 동 오디션을 보다	• _____s for new singers 새로운 가수를 뽑기 위한 오디션
fact [fækt]	명 사실, 현실	• In _____, I didn't go to the library. 사실은 나는 도서관에 가지 않았다.
fresh [freʃ]	형 신선한, 민물의	• _____ air 신선한 공기 • _____water and sea water 민물과 바닷물
heaven [hévən]	명 천국, 하늘	• the kingdom of _____ 신의 나라
leave [liːv] leave-left-left	동 떠나다, 그대로 두다	• I have to _____. 나는 떠나야만 한다. • _____ me alone. 나를 내버려 둬.
note [nout]	명 메모, 쪽지	• Leave a _____. 쪽지를 남겨.
order [ɔ́ːrdər]	명 순서, 명령, 질서 동 명령하다, 주문하다	• Are you ready to _____ now? 지금 주문하시겠어요?
sidewalk [sáidwɔ̀ːk]	명 보도, 인도	• a _____ artist 거리의 화가
soldier [sóuldʒər]	명 군인, 병사	• a brave _____ 용감한 군인
street [striːt]	명 거리, ~가	• 5th _____ 5번가
weekend [wíːkènd]	명 주말	• on the _____ 주말에

A 빈칸에 알맞은 단어를 채워 넣으세요.

1. 5th _____
5번가

2. on the _____
주말에

3. a brave _____
용감한 군인

4. a _____ artist
거리의 화가

5. Leave a _____ .
쪽지를 남겨.

6. Don't be _____ of him.
그를 두려워하지 마.

30초

1. soldier _____
2. weekend _____
3. sidewalk _____
4. able _____
5. afraid _____
6. fact _____
7. fresh _____
8. heaven _____
9. 떠나다 _____
10. 메모, 쪽지 _____
11. 순서; 명령하다 _____
12. 거리, ~가 _____
13. 오디션 _____

B 주어진 우리말에 알맞게 단어를 배열하세요.

1. 나를 내버려 둬. (me / leave / alone / .)

_____

2. 지금 주문하시겠어요? (ready / are / to / now / order / you / ?)

_____

C 다음 중 단어 풀이가 알맞지 <u>않은</u> 것은?

① fresh — 신선한　　② able — 할 수 있는　　③ order — 명령
④ fact — 사실　　⑤ street — 가게

Day 13

bored
[bɔːrd]
[형] 지루한

- I was _____ with the movie. 나는 그 영화가 지루했다.

chief
[tʃiːf]
[명] (단체의) 장, 우두머리
[형] 주된, 최고의

- the _____ of a family 가장

decide
[disáid]
[동] 결정하다
decision [명] 결정

- I didn't _____ yet.
나는 아직 결정하지 못했다.

> make a decision 결정하다

depression
[dipréʃən]
[명] 우울, 우울증, 불경기, 불황
depress [동] 낙담시키다, 악화시키다

- the Great D_____
경제 대공황(1929년에 시작된 사상 최대의 공황)

> de~(아래) + press(누르다)
> + ion(명사형 어미)

excited
[iksáitid]
[형] 흥미진진한

- I was very _____ at the game.
나는 그 경기에 매우 흥분해 있었다.

letter
[létər]
[명] 편지, 글자, 문자

- A is the first _____ of the alphabet.
A는 알파벳의 첫 번째 글자이다.

locate
[lóukeit]
[동] (특정 위치에) 두다, 위치를 찾다
location [명] 위치, 장소

- The city is _____d in Canada.
그 도시는 캐나다에 위치해 있다.

> be located in
> ~에 위치하다

magic
[mǽdʒik]
[명] 마술 [형] 마술의
magical [형] 마술의

- _____ tricks 마술 묘기

mess
[mes]
[명] 엉망인 상태
[동] 엉망으로 만들다

- What a _____! 완전히 엉망이군!

planet
[plǽnit]
[명] 행성

- the _____ Earth 지구라는 행성

psychology
[saikálədʒi]
[명] 심리학, 심리

- child _____ 아동 심리학

scratch
[skrætʃ]
[명] 긁힌 자국
[동] 긁다, 할퀴다

- It's only a _____. 좀 긁힌 것뿐이야.

wheat
[hwiːt]
[명] 밀

- _____ flour 밀가루

A 빈칸에 알맞은 단어를 채워 넣으세요.

1. _____ tricks 마술 묘기

2. the Great _____
경제 대공황

3. the _____ of a family 가장

4. the _____ Earth
지구라는 행성

5. What a _____ !
완전히 엉망이군!

6. I was very _____ at the game.
나는 그 경기에 매우 흥분해 있었다.

30초

1. chief _____
2. depression _____
3. magic _____
4. mess _____
5. planet _____
6. locate _____
7. psychology _____
8. scratch _____
9. 밀 _____
10. 지루한 _____
11. 결정하다 _____
12. 흥미진진한 _____
13. 편지, 글자, 문자 _____

B 주어진 우리말에 알맞게 단어를 배열하세요.

1. 그 도시는 캐나다에 위치해 있다. (located / the / is / city / in / Canada / .)

_____

2. A는 알파벳의 첫 번째 글자이다. (is / the / letter / the alphabet / of / A / first / .)

_____

학교 시험문제 **C** A와 B에 들어갈 말이 알맞게 짝지어진 것은?

| I was ____A____ with the movie. |
| I was ____B____ at the game. |

A	B		A	B
① bored	excited	② bore	excite
③ bored	exciting	④ boring	excited
⑤ boring	exciting			

너무 심심하고 **bored**해ㅠ | 그래? 내가 재밌는 **magic**을 보여줄게! | 눈 감아봐~ **letter**를 사라지게 해볼게! | 우왜! 신기하다~ 나 정말 **excited**했어!

Day 14

announce
[ənáuns]
동 발표하다
announcer 명 아나운서

- He will _____ his plan.
그는 그의 계획을 발표할 것이다.

attitude
[ǽtitjùːd]
명 태도, 마음 자세

- a friendly _____ 우호적인 태도

blow
[blou]
명 세게 때림, 강타
동 불다
blow-blew-blown

- Let it _____. (바람아) 불어라.

grab
[græb]
동 꼭 쥐다, 붙잡다

- I _____bed my mom's hand.
나는 엄마의 손을 꼭 붙잡았다.

ignore
[ignɔ́ːr]
동 무시하다

- Just _____ it. 그냥 무시해.

pretty
[príti]
형 예쁜 부 매우, 꽤

- The movie was _____ good. 그 영화는 꽤 좋았어요.

ready
[rédi]
형 준비되어 있는

- Are you _____? 준비되었니?

ride
[raid]
명 타기 동 타다
ride-rode-ridden

- Do you _____ on this bus often?
이 버스 자주 타세요?

satisfy
[sǽtisfài]
동 만족시키다
satisfaction 명 만족

- I'm _____ed with my phone.
나는 내 전화기에 만족한다.

> be satisfied with
> ~에 만족하다

seem
[siːm]
동 ~인 것 같다,
~처럼 보이다

- You _____ happy. 너는 행복해 보여.

shake
[ʃeik]
동 흔들다, 흔들리다
shake-shook-shaken

- Let's _____ hands. 악수하자.

soon
[suːn]
부 곧, 빨리

- See you _____. 곧 보자.

> as soon as ~하자마자

suddenly
[sʌ́dnli]
부 갑자기
sudden 형 갑작스런

- _____, he became rich.
갑자기 그는 부자가 되었다.

A 빈칸에 알맞은 단어를 채워 넣으세요.

1. a friendly _____
우호적인 태도

2. Let's _____ hands.
악수하자.

3. Let it _____.
(바람아) 불어라.

4. See you _____.
곧 보자.

5. _____, he became rich.
갑자기 그는 부자가 되었다.

6. Do you _____ on this bus often?
이 버스 자주 타세요?

1. pretty _____
2. ride _____
3. satisfy _____
4. seem _____
5. soon _____
6. announce _____
7. attitude _____
8. blow _____
9. 꼭 쥐다, 붙잡다 _____
10. 무시하다 _____
11. 준비되어 있는 _____
12. 흔들다 _____
13. 갑자기 _____

B 주어진 우리말에 알맞게 단어를 배열하세요.

1. 그는 그의 계획을 발표할 것이다. (plan / announce / will / his / he / .)

_____

2. 나는 내 전화기에 만족한다. (am / I / my / phone / with / satisfied / .)

_____

학교 시험문제 **C** 다음 중 우리말에 알맞은 단어의 철자가 틀린 것은 ?

① 만족시키다 — satisfy ② 꼭 쥐다 — grab ③ 발표하다 — anounce

④ 태도 — attitude ⑤ 무시하다 — ignore

Day 15

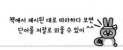

책에서 제시된 대로 따라하다 보면
단어를 저절로 외울 수 있어 ^^

boot
[bu:t]
명 부츠(목이 긴 신발)

- hiking _____s 하이킹 부츠

customer
[kʌ́stəmər]
명 손님, 고객

- an old _____ 오랜 손님[단골]

diary
[dáiəri]
명 일기, 수첩

- I'll keep a _____. 나는 일기를 쓸 것이다.

difficult
[dífəkʌ̀lt]
형 어려운
difficulty 명 어려움

- a _____ problem 어려운 문제 ⟨ ↔ easy 형 쉬운 ⟩

document
[dákjəmənt]
명 서류
documentary 명 기록물, 다큐멘터리

- a public _____ 공문서

fridge
[fridʒ]
명 냉장고

- Not the freezer, but the _____. 냉동고 말고 냉장고. ⟨ = refrigerator ⟩

health
[helθ]
명 건강, 보건
healthy 형 건강한

- I am in poor _____. 나는 건강이 안 좋아.

kind
[kaind]
형 친절한 명 종류
kindness 명 친절

- What _____ of fruit do you like? 넌 무슨 종류의 과일을 좋아하니?

license
[láisəns]
명 면허증 동 허가하다

- a driver's _____ 운전 면허증

patient
[péiʃənt]
명 환자 형 참을성 있는
patience 명 참을성

- Be _____! 참아! ⟨ ↔ impatient 형 참을성 없는 ⟩

poor
[puər]
형 형편없는, 가난한

- a _____ player 형편없는 선수 ⟨ ↔ good 형 훌륭한 / ↔ rich 형 부자의, 풍부한 ⟩

sorry
[sɔ́(:)ri]
형 미안한, 유감스러운

- I'm _____ to hear the news. 그 소식을 들어서 유감이다. ⟨ Sorry. ↘ 미안합니다. / Sorry. ↗ 뭐라고요? ⟩

tired
[taiərd]
형 피곤한, 지루한

- Are you _____? 너 피곤하니?

A 빈칸에 알맞은 단어를 채워 넣으세요.

1. a _____ player
형편없는 선수

2. I'll keep a _____.
나는 일기를 쓸 것이다.

3. a _____ problem
어려운 문제

4. Be _____!
참아!

5. a driver's _____
운전 면허증

6. I am in poor _____.
나는 건강이 안 좋아.

B 주어진 우리말에 알맞게 단어를 배열하세요.

1. 그 소식을 들어서 유감이다. (sorry / hear / news / the / I'm / to / .)

_____

2. 넌 무슨 종류의 과일을 좋아하니? (fruit / kind / what / do / of / like / you / ?)

_____

C 다음 밑줄 친 kind의 뜻이 나머지와 <u>다른</u> 것은?

① two <u>kinds</u> of cars   ② that <u>kind</u> of girl   ③ different <u>kinds</u> of music
④ a <u>kind</u> face   ⑤ every <u>kind</u> of animal

이제 **diary** 쓸 시간이야!

엄마! 오늘은 너무 **tired**해요ㅠ

그럼, 딱 오늘만 쉬고 **fridge**에서 음료수 꺼내 마시렴.

역시 우리 엄마는 **kind**하시다니까~ 최고!

Day 16

according
[əkɔ́ːrdiŋ]
图 ~에 따라서

• _____ to rumors 소문에 따르면
> according to ~에 따르면

capital
[kǽpitəl]
圆 수도, 자본, 대문자

• Seoul is the _____ of Korea. 서울은 한국의 수도이다.

delivery
[dilívəri]
圆 배달

• a _____ service 배달 서비스

fever
[fíːvər]
圆 열, 열기

• I have a slight _____. 나는 열이 좀 나요.
• K-pop _____ K팝 열기

garage
[gəráːʤ]
圆 차고, 주차장

• a _____ sale 차고에서 하는 중고 염가 판매

political
[pəlítikəl]
웹 정치의, 정치적인
politician 圆 정치가

• a _____ party 정당

shorts
[ʃɔ́ːrts]
圆 반바지

• a pair of _____ 반바지 한 벌

stair
[stέər]
圆 계단

• He ran up the _____s. 그는 계단을 뛰어 올라갔다.

temperature
[témpərətʃər]
圆 온도

• room _____ 실내 온도

type
[taip]
圆 유형, 형태
图 타자를 치다

• blood _____ 혈액형

uniform
[júːnəfɔ̀ːrm]
圆 유니폼, 제복, 교복

• The student is wearing his school _____.
그 학생은 교복을 입고 있다.

view
[vjuː]
圆 전망, 경관, 견해
viewer 圆 시청자

• sea _____ 바다가 보이는 전망

wish
[wiʃ]
圆 바람, 소원 图 바라다

• I _____ I was taller. 나는 키가 더 컸으면 좋겠다.

정답 50쪽

A 빈칸에 알맞은 단어를 채워 넣으세요.

1. blood _____
혈액형

2. a _____ service
배달 서비스

3. sea _____
바다가 보이는 전망

4. a _____ sale
차고에서 하는 중고 염가 판매

5. K-pop _____
K팝 열기

6. Seoul is the _____ of Korea.
서울은 한국의 수도이다.

30초

1. view _____
2. wish _____
3. according _____
4. capital _____
5. fever _____
6. temperature _____
7. type _____
8. uniform _____
9. 배달 _____
10. 차고, 주차장 _____
11. 정치의, 정치적인 _____
12. 반바지 _____
13. 계단 _____

B 주어진 우리말에 알맞게 단어를 배열하세요.

1. 나는 열이 좀 나요. (have / slight / a / fever / I / .)

_____

2. 그 학생은 교복을 입고 있다. (wearing / school / the student / his / is / uniform / .)

_____

학교 시험문제 **C** 다음 문장에서 밑줄 친 부분의 의미로 알맞은 것은?

According to the newspaper, there was a big accident today.

① ~을 떠나서   ② ~에 따르면   ③ ~을 위하여   ④ ~을 뛰어 넘어   ⑤ ~와 같이

Day 17

arm
[ɑːrm]
명 팔
arms 무기

- right _____ 오른팔

careful
[kέərfəl]
형 조심하는, 주의하는
carefully 부 주의깊게

- Be _____! 조심해!

detail
[ditéil]
명 세부 사항

- Tell me in _____.
자세하게 말해줘.
in detail 자세하게

even
[íːvən]
부 심지어 ~도,
(비교급 강조) 훨씬

- _____ a child can do it.
심지어 어린아이도 그것을 할 수 있다.
- My brother is _____ taller than me.
내 형이 나보다 훨씬 크다.

fault
[fɔːlt]
명 잘못, 결점

- It's my _____. 그건 내 잘못이야.

interest
[íntərəst]
명 관심, 흥미
동 흥미를 갖게 하다

- I am _____ed in the book.
나는 그 책에 관심이 있다.
be interested in ~에 관심이 있다

look
[luk]
동 보다, ~처럼 보이다

- I'm _____ing at him. 나는 그를 보고 있다.
- You _____ happy. 너는 행복해 보여.

often
[ɔ́(ː)fən]
부 자주, 종종

- How _____ do you visit your grandparents?
넌 얼마나 자주 조부모님을 방문하니?

park
[pɑːrk]
명 공원 동 주차하다

- a city _____ 도시 공원
- You may _____ here. 여기에 주차할 수 있습니다.

sharp
[ʃɑːrp]
형 날카로운

- a _____ knife 날카로운 칼

simple
[símpl]
형 간단한
simply 부 간단하게

- a _____ answer
간단한 대답
↔ complex 형 복잡한
명 복합건물, 콤플렉스

together
[təgéðər]
부 함께, 같이

- Let's go _____. 함께 가자.

watch
[wɑtʃ]
명 시계
동 지켜 보다, 조심하다

- _____ your step. 발걸음을 조심하세요.

정답 50쪽

A 빈칸에 알맞은 단어를 채워 넣으세요.

1. a _____ answer
간단한 대답

2. right _____
오른팔

3. Let's go _____ .
함께 가자.

4. a _____ knife
날카로운 칼

5. It's my _____ .
그건 내 잘못이야.

6. Tell me in _____ .
자세하게 말해줘.

30초

1. look _____
2. careful _____
3. together _____
4. interest _____
5. arm _____
6. often _____
7. park _____
8. even _____
9. 시계; 지켜 보다 _____
10. 세부 사항 _____
11. 잘못, 결점 _____
12. 날카로운 _____
13. 간단한 _____

B 주어진 우리말에 알맞게 단어를 배열하세요.

1. 심지어 어린아이도 그것을 할 수 있다. (a / can / child / even / do / it / .)

_____

2. 넌 얼마나 자주 조부모님을 방문하니? (grandparents / your / do / you / how often / visit / ?)

_____

학교 시험문제 **C** 다음 중 짝지어진 관계가 같도록 빈칸에 알맞은 것은?

tall : short = simple : _____

① complex   ② careful   ③ even   ④ sharp   ⑤ often

우리 집 강아지랑 **together** 있는 게 너무 좋아~

그냥 **watch**만 해도 좋은걸?^^

나는 저 남자애한테 **interest** 있어!

왕자님처럼 **look**하지 않니~?

Day 18

enjoy
[indʒɔ́i]
동 즐기다

• _____ yourselves. 즐겁게들 보내세요.

face
[feis]
명 얼굴 동 직면하다

• I've never met her _____ to face.
나는 그녀와 대면한 적이 없다.
> face to face 대면하여

finish
[fíniʃ]
명 끝 동 끝내다

• from start to _____ 처음부터 끝까지

keep
[ki:p]
동 유지하다, 계속하다, 보관하다
keep-kept-kept

• I _____ my notebook in the drawer.
나는 내 공책을 서랍에 보관한다.

law
[lɔ:]
명 법, 법칙

• _____ and order 법과 질서
> break the law 법을 어기다

service
[sə́:rvis]
명 서비스, 봉사
serve 동 봉사하다, 제공하다

• the _____ industry 서비스 산업

shrug
[ʃrʌg]
동 어깨를 으쓱하다

• I _____ged my shoulders. 나는 어깨를 으쓱했다.

sight
[sait]
명 보는 것, 광경, 시력

• Out of _____, out of mind.
눈에서 멀어지면 마음에서도 멀어진다.

summary
[sʌ́məri]
명 요약, 개요

• a news _____ 뉴스 개요

surround
[səráund]
동 둘러싸다, 포위하다

• They are _____ed by the soldiers.
그들은 군인들에 둘러싸였다.
> be surrounded by ~에 둘러싸이다

traffic
[trǽfik]
명 교통, 차량들

• a _____ jam 교통 정체

well
[wel]
부 잘, 좋게 명 우물

• _____ done. 잘 했어.

witness
[wítnis]
명 증인, 목격자
동 목격하다

• a _____ to the accident 그 사고의 목격자

정답 50쪽

A 빈칸에 알맞은 단어를 채워 넣으세요.

1. _____ and order
법과 질서

2. a _____ jam
교통 정체

3. the _____ industry
서비스 산업

4. a news _____
뉴스 개요

5. from start to _____
처음부터 끝까지

6. _____ yourselves.
즐겁게들 보내세요.

30초

1. shrug _____
2. surround _____
3. sight _____
4. summary _____
5. witness _____
6. enjoy _____
7. face _____
8. finish _____
9. 유지하다 _____
10. 법, 법칙 _____
11. 서비스, 봉사 _____
12. 교통, 차량들 _____
13. 잘, 좋게; 우물 _____

B 주어진 우리말에 알맞게 단어를 배열하세요.

1. 나는 내 공책을 서랍에 보관한다. (my notebook / drawer / the / in / keep / I / .)

_____

2. 나는 그녀와 대면한 적이 없다. (I've / face to face / met / never / her / .)

_____

C 다음 중 빈칸에 들어갈 말로 알맞은 것은?

They are _____ by the soldiers.

① surround　　② surrounded　　③ surrounding　　④ interest　　⑤ interesting

수학 시간에는 잠의 요정들이 저를 **surround**해요.

수업이 끝날 때까지 졸음이 **keep**돼요.

오늘은 꿈에서 무서운 사람을 **witness**했어요.

꿈에서 깨보니 선생님의 **face**였네요.

Day 19

arrest
[ərést]
명 체포 동 체포하다

• I'll _____ you. 널 체포하겠다.

bless
[bles]
동 축복을 빌다

• God _____ you! 하느님의 축복이 있기를!

cancer
[kǽnsər]
명 암

• stomach _____ 위암 { die of cancer 암으로 죽다 }

change
[tʃeindʒ]
명 변화 동 바뀌다

• Leaves _____ colors. 잎은 색깔이 바뀐다.

festival
[féstəvəl]
명 축제

• a music _____ 음악 축제

gas
[gæs]
명 기체, 가스, 휘발유

• a greenhouse _____ 온실 가스
• a _____ station 주유소

memory
[méməri]
명 기억, 기억력
memorize 동 기억하다

• I have a good _____. 나는 기억력이 좋다.

mind
[maind]
명 마음, 정신
동 ~을 꺼리다, 상관하다

• Do you _____ if I open the window?
창문 좀 열어도 괜찮을까요?
• Never _____. 걱정하지 매[괜찮아].

normal
[nɔ́ːrməl]
명 보통, 정상
형 보통의, 정상의
abnormal 형 비정상적인

• _____ speed 보통의 속도

plant
[plænt]
명 식물, 공장 동 심다

• Let's _____ trees. 나무를 심자.

police
[pəlíːs]
명 경찰

• The _____ were chasing the thief.
경찰이 도둑을 추적 중이었다. { the와 함께 쓰면 복수 취급! }

prove
[pruːv]
동 증명하다, 판명되다
proof 명 증거

• _____ to me. 나에게 증명해 봐.

ruin
[rú(ː)in]
동 망치다, 파괴하다

• I don't want to _____ it. 나는 그것을 망치고 싶지 않다.

정답 51쪽

A 빈칸에 알맞은 단어를 채워 넣으세요.

1. stomach _____
위암

2. a greenhouse _____
온실 가스

3. _____ speed
보통의 속도

4. God _____ you!
하느님의 축복이 있기를!

5. _____ to me.
나에게 증명해 봐.

6. Leaves _____ colors.
잎은 색깔이 바뀐다.

30초

1. gas _____
2. bless _____
3. police _____
4. arrest _____
5. memory _____
6. mind _____
7. normal _____
8. change _____
9. 증명하다 _____
10. 암 _____
11. 축제 _____
12. 식물, 공장, 심다 _____
13. 망치다, 파괴하다 _____

B 주어진 우리말에 알맞게 단어를 배열하세요.

1. 나는 그것을 망치고 싶지 않다. (don't / to / I / want / ruin / it / .)

_____

2. 경찰이 도둑을 추적 중이었다. (were / chasing / the police / thief / the / .)

_____

C 다음 중 우리말에 맞게 빈칸에 공통으로 들어갈 말은?

Do you _____ if I open the window? 창문 좀 열어도 괜찮을까요?
Never _____. 걱정하지 마[괜찮아].

① yes   ② well   ③ right   ④ okay   ⑤ mind

우리 엄마는 **plant**를 정말 좋아하세요.

물을 줄 때마다 이름을 **memory**해서 불러줘요.

잘 자라라고 **bless**하는 말도 해줘요.

지금 시험지 보여드려도 엄마 **mind**가 괜찮을까요?

Day 20

 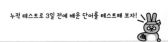

advice
[ədváis]
명 충고
advise 통 충고하다

- a piece of _____ 충고 한마디

custom
[kʌ́stəm]
명 관습, 풍습

> customs는 '세관, 관세'라는 뜻으로 많이 쓰이므로 유의!

- an old _____ 오래된 관습
- the _____ of the time 시대의 관습

general
[dʒénərəl]
명 장군
형 일반적인, 보편적인

- the _____ opinion 일반적인 견해

> in general 보통, 일반적으로 = generally
> generally speaking 일반적으로 말해서

hear
[hiər]
통 듣다, 들리다
hear-heard-heard

- I can't _____ you. 안 들려.

host
[houst]
명 주인, 진행자
통 주최하다, 진행하다
hostess 명 여주인

- Korea _____ed the Olympics. 한국은 올림픽을 개최했다.

meeting
[mí:tiŋ]
명 회의, 집회, 만남

- a long _____ 긴 회의

once
[wʌns]
부 한 번, 한때

- _____ a day 하루에 한 번
- I _____ lived there. 나는 한때 거기 살았다.

put
[put]
통 놓다, 두다
put-put-put

- I _____ the pen on the desk. 나는 펜을 책상 위에 올려 놓았다.

see
[si:]
통 보이다, 보다, 알다, 이해하다
see-saw-seen

- I can't _____ it. 안 보여.
- Oh, I _____. 아, 알겠어.

spring
[spriŋ]
명 봄, 용수철, 샘
통 튀어 오르다
spring-sprang[sprung]-sprung

- _____ flowers 봄꽃

stomach
[stʌ́mək]
명 위, 배

- _____ pains 복통

> I have a stomachache.
> 나는 배가 아프다.

surprise
[sərpráiz]
통 놀라게 하다

- You will be _____d by the story. 너는 그 이야기에 놀랄 거야.

> be surprised by[at]
> ~에 놀라다

talk
[tɔːk]
명 이야기, 대화
통 말하다, 대화하다
talkative 형 수다스러운

- Can I _____ to you? 이야기 좀 할 수 있을까요?

A 빈칸에 알맞은 단어를 채워 넣으세요.

1. a long _____
긴 회의

2. _____ a day
하루에 한 번

3. _____ pains
복통

4. _____ flowers
봄꽃

5. a piece of _____
충고 한마디

6. an old _____
오래된 관습

30초

1. once _____
2. meeting _____
3. hear _____
4. put _____
5. see _____
6. talk _____
7. surprise _____
8. spring _____
9. 충고 _____
10. 관습, 풍습 _____
11. 장군; 일반적인 _____
12. 주인; 주최하다 _____
13. 위, 배 _____

B 주어진 우리말에 알맞게 단어를 배열하세요.

1. 나는 펜을 책상 위에 올려 놓았다. (put / I / on / the / desk / pen / the / .)

_____

2. 너는 그 이야기에 놀랄 거야. (be / you / the story / surprised / will / by / .)

_____

학교 시험문제 **C** 다음 중 우리말에 맞게 빈칸에 들어갈 알맞은 말은?

_____ , the animal isn't harmful. 일반적으로 말해서, 그 동물은 해롭지 않다.

① Really   ② Generally speaking   ③ Carefully   ④ Frankly speaking   ⑤ Once

| 너희들에게 한 가지 **advice**를 하겠다. | **hear**는 빨리 하고 | **talk**는 천천히 해야 한다. | 내 말을 **see**하겠느냐? |

Day 21

class
[klæs]
명 학급, 수업, 계급

- English _____ 영어 수업
- high _____ 상류 계급[계층]

dish
[diʃ]
명 접시, 요리

- Can you do the _____es for me today?
  날 위해 오늘 설거지 좀 해 줄래?
  > do the dishes 설거지하다
- a fish _____ 생선 요리

funny
[fʌ́ni]
형 우스운, 웃기는
fun 명 재미, 장난 형 재미있는

- a _____ story 우스운 이야기

play
[plei]
명 놀이, 연극
동 놀다, 연기하다

- Let's _____ house. 소꿉 놀이하자.
- I like to _____ Hamlet. 나는 햄릿 역할을 하는 것을 좋아한다.

sometimes
[sʌ́mtàimz]
부 때때로, 가끔

- _____ I see a movie.
  때때로 나는 영화를 본다.
  > = from time to time, occasionally, now and then, once in a while

stamp
[stæmp]
명 도장, 우표

- a date _____ 날짜 도장

store
[stɔ:r]
명 가게 동 저장하다

- a candy _____ 과자 가게
- I _____ only your photos. 나는 네 사진만 저장해.

stress
[stres]
명 스트레스, 강세
동 강조하다

- mental _____ 정신적 스트레스

suffer
[sʌ́fər]
동 고통받다, 시달리다

- I _____ed from the pain.
  나는 통증으로 고통을 겪었다.
  > suffer from ~로부터 고통받다

terrible
[térəbl]
형 끔찍한, 형편없는
terror 명 두려움, 테러

- _____ news 끔찍한 뉴스

terrific
[tərífik]
형 아주 좋은, 멋진, 대단한

- a _____ idea 멋진 생각

translate
[trænsléit]
동 번역[통역]하다, 옮기다
translator 명 번역가, 통역가
translation 명 번역, 통역

- Can you _____ Korean into English?
  너는 한국어를 영어로 번역할 수 있니?
  > translate A into B
  > A를 B로 번역하다

vocabulary
[voukǽbjəlèri]
명 어휘, 단어

- I know a lot of _____.
  나는 많은 어휘를 알고 있다.

정답 51쪽

A 빈칸에 알맞은 단어를 채워 넣으세요.

1. a date _____
날짜 도장

2. a candy _____
과자 가게

3. mental _____
정신적 스트레스

4. _____ news
끔찍한 뉴스

5. a _____ idea
멋진 생각

6. _____ I see a movie.
때때로 나는 영화를 본다.

30초

1. store _____
2. stress _____
3. suffer _____
4. stamp _____
5. translate _____
6. vocabulary _____
7. class _____
8. dish _____
9. 우스운, 웃기는 _____
10. 놀이, 연극; 놀다 _____
11. 때때로, 가끔 _____
12. 끔찍한, 형편없는 _____
13. 아주 좋은, 멋진 _____

B 주어진 우리말에 알맞게 단어를 배열하세요.

1. 날 위해 오늘 설거지 좀 해 줄래? (you / do / can / the dishes / me / for / today / ?)

_____

2. 너는 한국어를 영어로 번역할 수 있니? (translate / can / into / Korean / English / you / ?)

_____

학교 시험문제 **C** 다음 중 밑줄 친 부분에 해당하는 표현과 뜻이 비슷하지 <u>않은</u> 것은?

_____, I see a movie. 때때로 나는 영화를 본다.

① From time to time   ② Now and then   ③ Occasionally
④ Once in a while   ⑤ Generally speaking

vocabulary 외우기 너무 힘들다ㅠ

넌 **stress** 받으면 어떻게 풀어?

난 **store**에서 맛있는 걸 사먹기도 하고

sometimes 영화를 보기도 해!

Day 22

adapt
[ədǽpt]
동 맞추다, 적응하다
adaption(= adaptation)
명 적응
- You need to _____. 너는 적응이 필요하다.

bat
[bæt]
명 방망이, 박쥐
- a baseball _____ 야구 방망이

battle
[bǽtl]
명 전투, 싸움
동 싸우다
- an air _____ 공중전

burden
[bə́:rdən]
명 짐 동 짐을 지우다
- It's always a _____. 그건 항상 짐이죠.

deer
[diər]
명 사슴
- a herd of _____ 사슴 떼 < deer의 복수형은 그대로 deer

divide
[diváid]
명 분할
동 나뉘다, 나누다
division 명 분할, 나눗셈
- _____ ten by two and you get five. divide by ~로 나누다
10을 2로 나누면 5가 된다.

economics
[ì:kənámiks]
명 경제학
economy 명 경제
- a book on _____ 경제학 책
과목을 나타내는 단어는 뒤에 s가 붙어도 항상 단수 취급

fantasy
[fǽntəsi]
명 공상, 상상
fantastic 형 환상적인, 굉장한
- a _____ novel 공상 소설

independent
[ìndipéndənt]
형 독립된,
자립심이 강한
independence 명 독립
- an _____ film ↔ dependent 형 의존하는
독립 영화

limit
[límit]
명 한계 동 제한하다
limitation 명 한계, 제약
limitless 형 한계 없는, 방대한
- a speed _____ 속도 제한

policy
[pálisi]
명 정책, 방책
- Honesty is the best _____. 정직이 최선의 방책이다.

president
[prézidənt]
명 대통령, 회장
- the P_____ of the United States
미국 대통령

reason
[rí:zən]
명 이유, 이성
동 추론하다
reasonable 형 타당한,
가격이 적정한
- I didn't give a _____. 나는 이유를 제시하지 않았다.
- an appeal to _____ 이성에의 호소
- How do people _____ from experience?
사람들은 어떻게 경험으로 추론할까?

정답 51쪽

A 빈칸에 알맞은 단어를 채워 넣으세요.

30초

1. a baseball _____
야구 방망이

2. a herd of _____
사슴 떼

3. a speed _____
속도 제한

4. a _____ novel
공상 소설

5. an air _____
공중전

6. the _____ of the United States
미국 대통령

1. deer _____
2. battle _____
3. bat _____
4. economics _____
5. policy _____
6. independent _____
7. fantasy _____
8. president _____
9. 이유; 추론하다 _____
10. 맞추다, 적응하다 _____
11. 짐; 짐을 지우다 _____
12. 분할; 나뉘다 _____
13. 한계; 제한하다 _____

B 주어진 우리말에 알맞게 단어를 배열하세요.

1. 너는 적응이 필요하다. (need / to / you / adapt / .)

_____

2. 정직이 최선의 방책이다. (honesty / the / policy / best / is / .)

_____

학교 시험문제 **C** 다음 문장에서 밑줄 친 부분의 의미로 알맞은 것은?

He gave no <u>reasons</u> for his decision.

① 이성　　　　② 이유　　　　③ 추리하다　　　　④ 원인　　　　⑤ 추론하다

날개 달린 **deer**가 있다면 어떨까?	말하는 **bat**는 어떨까? 안녕?	마법사들의 **battle**을 보고 싶어!	말도 안 되지만 **fantasy**가 좋아~

Day 23

 try나 word는 뜻이 여러 개 있고 의미가 다양해~
잘 쓰이는 단어들이니까 뜻을 다 알아두는 것이 좋아!

earth
[ə:rθ]
명 지구, 땅

- the _____'s surface 지구 표면

fight
[fait]
명 싸움 동 싸우다
fight-fought-fought

- They are always _____ing. 그들은 항상 싸운다.

heart
[hɑ:rt]
명 심장, 가슴

- I love her with all my _____.
나는 진심으로 그녀를 사랑한다.

> with all one's heart 진심으로

hour
[áuər]
명 시간

- for two _____s 2시간 동안

> time – 추상적인 시간을 의미하며 앞에 숫자가 오지 않음
> hour – 앞에 숫자가 올 수 있음

moment
[móumənt]
명 잠깐, 순간

- Wait a _____. 잠깐 기다려.

need
[ni:d]
동 필요하다 명 필요

- I _____ you. 나는 네가 필요해.

part
[pɑ:rt]
명 일부, 부분
partial 형 부분적인

- _____-time job 시간제 일

> take part in ~에 참여하다

peak
[pi:k]
명 절정, 최고점
형 절정기의

- the _____ season 성수기

show
[ʃou]
동 보여주다 명 쇼, 공연

- _____ me. 나에게 보여줘.

solar
[sóulər]
형 태양의, 태양을 이용한

- _____ energy 태양 에너지

> lunar 형 달의

swear
[swɛər]
동 맹세하다, 욕을 하다
swear-swore-sworn

- I _____ to you. 너에게 맹세해.

try
[trai]
명 시도
동 애쓰다, 한 번 해보다

- Nice _____! 멋진 시도야!
- _____ it once again.
다시 한번 해봐.

> keep one's word 약속을 지키다
> break one's word 약속을 어기다

word
[wə:rd]
명 단어, 말

- She left without a _____.
그녀는 아무 말 없이 떠났다.

A 빈칸에 알맞은 단어를 채워 넣으세요.

1. for two _____
2시간 동안

2. the _____ season
성수기

3. Wait a _____.
잠깐 기다려.

4. _____ energy
태양 에너지

5. the _____'s surface
지구 표면

6. Nice _____!
멋진 시도야!

30초

1. peak _____
2. moment _____
3. solar _____
4. swear _____
5. earth _____
6. fight _____
7. heart _____
8. hour _____
9. 필요하다; 필요 _____
10. 일부, 부분 _____
11. 보여주다; 공연 _____
12. 시도; 애쓰다 _____
13. 단어, 말 _____

B 주어진 우리말에 알맞게 단어를 배열하세요.

1. 나는 진심으로 그녀를 사랑한다. (love / her / all / heart / I / my / with / .)

_____

2. 그녀는 아무 말 없이 떠났다. (word / left / a / she / without / .)

_____

C 다음 문장의 빈칸에 공통으로 들어갈 수 있는 말은? 학교 시험문제

· I started my _____-time job. · I will take _____ in the festival.

① word   ② hour   ③ heart   ④ peak   ⑤ part

강한 solar 햇살이 나를 부르는구나~

지금이 물놀이하기 peak인데ㅠ

안돼! 넌 공부가 need해!

윽ㅜ heart가 찢어지는구나ㅠ

Day 24

☐ **delicious**
[dilíʃəs]
형 아주 맛있는

- a _____ dinner 맛있는 저녁 식사 ← = yummy

☐ **follow**
[fálou]
동 따라가다,
(결과가) 뒤따르다
follower 명 추종자

- _____ me! 나를 따르라!

☐ **introduce**
[ìntrədjúːs]
동 소개하다
introduction 명 소개

- Let me _____ myself. 제 소개를 하겠습니다.

☐ **message**
[mésidʒ]
명 메시지, 교훈

- I got a _____ .
(카톡과 같은) 메시지 왔어.
발음과 스펠링이 비슷한 단어 유의!
massage [məsáːdʒ] 명 안마, 마사지

☐ **minute**
[mínit]
명 분, 잠깐
형 아주 작은[mainjúːt]

- Wait a _____ ! 잠깐 기다려!
- It's _____ , but it's there. 그것은 작지만, 존재한다.

☐ **monitor**
[mánitər]
명 화면 동 모니터하다

- The producer will _____ it.
그 PD는 그것을 모니터할 것이다.

☐ **noble**
[nóubl]
형 고귀한, 품위 있는

- a _____ man 귀족

☐ **passion**
[pǽʃən]
명 열정

- _____ is like genius. 열정은 천재와 같다.

☐ **physics**
[fíziks]
명 물리학

- the laws of _____ 물리학 법칙들
play a role in
~에서 역할을 하다

☐ **role**
[roul]
명 역할

- He plays an important _____ in the play.
그는 그 연극에서 중요한 역할을 한다.

☐ **second**
[sékənd]
명 초, 잠깐 형 두 번째의

- Wait a _____ . 잠깐 기다려.
- He is _____ to none as a singer.
그는 가수로서 누구에게도 뒤지지 않는다.
second to none
누구에게도 뒤지지 않는

☐ **vegetable**
[védʒitəbl]
명 채소, 야채
vegetarian 명 채식주의자

- root _____ s 뿌리 채소

☐ **wallet**
[wálit]
명 지갑, 납작한 가방

- a leather _____ 가죽 지갑

A 빈칸에 알맞은 단어를 채워 넣으세요.

1. a _____ man
귀족

2. a _____ dinner
맛있는 저녁 식사

3. the laws of _____
물리학 법칙들

4. I got a _____.
메시지 왔어.

5. _____ me!
나를 따르라!

6. a leather _____
가죽 지갑

30초

1. follow _____
2. delicious _____
3. introduce _____
4. role _____
5. minute _____
6. physics _____
7. message _____
8. second _____
9. 화면 _____
10. 고귀한, 품위 있는 _____
11. 열정 _____
12. 채소, 야채 _____
13. 지갑, 납작한 가방 _____

B 주어진 우리말에 알맞게 단어를 배열하세요.

1. 제 소개를 하겠습니다. (me / introduce / let / myself / .)

_____

2. 그는 그 연극에서 중요한 역할을 한다. (in / plays / he / the play / an / role / important / .)

_____

학교 시험문제 **C** 다음 밑줄 친 부분의 의미로 알맞은 것은?

He is <u>second to none</u> as a singer.

① 두 번째의   ② 두 번째는 아닌   ③ 누구에게도 뒤지지 않는   ④ 아무것도 아닌   ⑤ 두 번 경험의

Day 25

□ **affect**
[əfékt]
동 영향을 미치다

- It will _____ our record.
  그것은 우리의 기록에 영향을 미칠 것이다.

> 발음과 스펠링이 비슷한 단어 유의!
> effect [ifékt] 명 영향

□ **again**
[əgén]
부 다시

- Can you say that _____?
  다시 말씀해 주실 수 있어요?

□ **bed**
[bed]
명 침대, 바닥

- the ocean _____ 해저

> at the center of ~의 중심에

□ **center**
[séntər]
명 중심, 중앙, 중심지
central 형 중앙의, 중심이 되는

- He is at the _____ of the problem.
  그는 그 문제의 중심에 있다.

□ **engineer**
[èndʒəníər]
명 기사, 기술자

- a computer _____ 컴퓨터 기사

□ **ground**
[graund]
명 땅, 근거, 이유

- Touch the _____. 땅을 짚어라.

> playground 명 운동장

- You have no _____s for leaving. 너는 떠날 이유가 없어.

□ **happen**
[hǽpən]
동 발생하다, 우연히 ~하다

- What _____ed? 무슨 일이니?

□ **last**
[læst]
형 지난, 마지막의
동 지속되다

- _____ year 작년

> at last 결국, 마침내 = finally

- The movie _____s two hours. 그 영화는 2시간 상영된다.

□ **liberty**
[líbərti]
명 자유

- Statue of L_____ 자유의 여신상

□ **open**
[óupən]
동 열다 형 열려 있는

- He has an _____ mind.
  그는 개방적인 마음을 가지고 있다.

□ **shop**
[ʃap]
명 가게 동 물건을 사다
shopping 명 쇼핑

- I like to _____ at the market.
  나는 시장에서 쇼핑하는 것을 좋아한다.

□ **start**
[staːrt]
명 시작 동 시작하다

- _____ now! 지금 시작해!

□ **taste**
[teist]
명 맛 동 맛나다, 맛보다
tasty 형 맛있는

- It _____s sweet. 단 맛이 난다.

A 빈칸에 알맞은 단어를 채워 넣으세요.

1. _____ year
작년

2. the ocean _____
해저

3. _____ now!
지금 시작해!

4. Statue of _____
자유의 여신상

5. a computer _____
컴퓨터 기사

6. He is at the _____ of the problem.
그는 그 문제의 중심에 있다.

30초

1. last
2. bed
3. shop
4. happen
5. again
6. open
7. center
8. start
9. 맛; 맛나다
10. 영향을 미치다
11. 기사, 기술자
12. 땅, 근거, 이유
13. 자유

B 주어진 우리말에 알맞게 단어를 배열하세요.

1. 그것은 우리의 기록에 영향을 미칠 것이다. (record / it / affect / will / our / .)

_____

2. 나는 시장에서 쇼핑하는 것을 좋아한다. (like / I / to / at / market / shop / the / .)

_____

C 다음 밑줄 친 last의 뜻이 나머지와 다른 것은?

① I went there <u>last</u> year.　　② The movie <u>lasts</u> two hours.

③ I met him <u>last</u> month.　　④ She gave me the flower <u>last</u> holiday.

⑤ I finished it <u>last</u> week.

Day 26

어려운 단어일수록 여러 번 복습해줘~

carve
[kɑːrv]
통 조각하다, 새기다

• I will _____ my name on it.
나는 그 위에 내 이름을 새길 것이다.

century
[séntʃəri]
명 세기, 100년

• the 21st _____ 21세기

> cooker는 '요리사(X)'
> '요리도구, (가스, 전기) 레인지'(O)

cook
[kuk]
명 요리사 통 요리하다

• Too many _____s spoil the broth.
요리사가 많으면 수프의 맛을 버린다.(사공이 많으면 배가 산으로 간다.)

cover
[kʌ́vər]
명 덮개, 표지
통 덮다, 가리다

• a book _____ 책 표지

> ↔ uncover 통 덮개를 벗기다,
> (비밀을) 알아내다

fund
[fʌnd]
명 자금, 기금

• a _____ manager 자금 관리사[펀드 매니저]

list
[list]
명 목록, 리스트

• a shopping _____ 쇼핑 품목 리스트

mail
[meil]
명 우편물, 메일
통 우편물을 보내다,
메일을 보내다

• junk _____ 정크 메일(원하지 않는데도 일방적으로 보내는 메일)
• E-_____ me. 나에게 이메일 보내.

mean
[miːn]
통 의미하다 형 비열한

• What do you _____? 무슨 뜻이니?
• It is a _____ thing. 그것은 비열한 것이다.

> means
> 명 수단, 재산

nap
[næp]
명 낮잠 통 낮잠을 자다

• I'm going to take a _____.
낮잠을 자야겠어.

> take[have] a nap
> 낮잠 자다

select
[silékt]
통 선택하다
형 선택된, 엄선된
selection 명 선택

• _____ what you want. 네가 원하는 것을 골라.
• _____ books 엄선된 도서들

style
[stail]
명 스타일, 유행, 방식
stylish 형 유행을 따르는, 멋진

• hair _____ 머리 스타일
• _____ of living 살아가는 방식

unless
[ənlés]
접 ~하지 않으면

• You will miss the bus _____ you hurry up.
서두르지 않으면 너는 버스를 놓칠 거야.

whether
[hwéðər]
접 ~인지 아닌지

• Tell me _____ you like it (or not).
그것을 좋아하는지 아닌지 말해.

A 빈칸에 알맞은 단어를 채워 넣으세요.

30초

1. a book _____
   책 표지

2. a shopping _____
   쇼핑 품목 리스트

3. hair _____
   머리 스타일

4. a _____ manager
   자금 관리사[펀드 매니저]

5. the 21st _____
   21세기

6. I'm going to take a _____.
   낮잠을 자야겠어.

1. list _____
2. mean _____
3. style _____
4. unless _____
5. whether _____
6. carve _____
7. fund _____
8. mail _____
9. 낮잠; 낮잠을 자다 _____
10. 선택하다; 선택된 _____
11. 세기, 100년 _____
12. 요리사; 요리하다 _____
13. 덮개, 표지; 덮다 _____

B 주어진 우리말에 알맞게 단어를 배열하세요.

1. 네가 원하는 것을 골라. (select / you / what / want / .)

_____

2. 그것을 좋아하는지 아닌지 말해. (me / whether / it / like / you / tell / .)

_____

학교 시험문제 **C** 다음 빈칸에 들어갈 알맞은 말은?

You will miss the bus _____ you hurry up.

① if   ② unless   ③ so   ④ when   ⑤ as

드디어 여름 방학 >.< 계획을 **list**에 적어 봐야지~

할머니께 **mail**도 쓰고

엄마한테서 **cook**하는 법도 배워야지!

음… 오늘은 **nap**이나 자야 겠어. 히히

Day 27

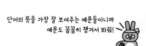

bear
[bɛər]
bear-bore-born
뗑 곰 뙤 참다, ~을 낳다

- I can't _____ the hot weather.
  나는 더운 날씨를 참을 수 없다.
  > be born 태어나다

cool
[ku:l]
뗑 시원한, 침착한, 멋진

- Keep _____ ! 침착해!
- Your dress is _____ today. 오늘 옷 멋진데.

empty
[émpti]
뗑 비어있는, 공허한

- an _____ room 빈 방

environment
[inváiərənmənt]
뗑 환경

- natural _____ 자연 환경

find
[faind]
find-found-found
뙤 찾다, 찾아내다

- I couldn't _____ my lost computer.
  나는 잃어버린 컴퓨터를 찾을 수가 없었다.

height
[hait]
high 뗑 최고 뗑 높은 뙤 높이
뗑 높이, 키

- My _____ is 170cm.
  내 키는 170센티미터이다.

match
[mætʃ]
뗑 경기, 성냥
뙤 어울리다

- a football _____ 축구 경기
- The scarf doesn't _____ her dress.
  그 스카프는 그녀의 옷과 어울리지 않는다.

pollution
[pəljú:ʃən]
뗑 오염

- air _____ 대기 오염

random
[rǽndəm]
뗑 무작위의

- _____ order 무작위 순서

state
[steit]
뗑 주, 나라, 상태
뙤 진술하다

- He was in an excited _____ . 그는 흥분된 상태에 있었다.
- James _____d that it was a true story.
  제임스는 그것이 진실된 이야기라고 진술했다.

steady
[stédi]
뗑 꾸준한 뙤 꾸준히

- a _____ seller 스테디셀러(꾸준히 잘 팔리는 책)

wild
[waild]
wildly 뙤 거칠게, 걷잡을 수 없이
뗑 야생의, 격렬한

- _____ animals 야생 동물

wisdom
[wízdəm]
wise 뗑 지혜로운, 현명한
뗑 지혜

- the _____ of ages 고금의 지혜

A 빈칸에 알맞은 단어를 채워 넣으세요.

1. an _____ room
빈 방

2. a _____ seller
스테디셀러(꾸준히 잘 팔리는 책)

3. _____ animals
야생 동물

4. the _____ of ages
고금의 지혜

5. _____ order
무작위 순서

6. air _____
대기 오염

30초

1. empty _____
2. find _____
3. height _____
4. match _____
5. wisdom _____
6. bear _____
7. cool _____
8. environment _____
9. 오염 _____
10. 무작위의 _____
11. 주, 나라; 진술하다 _____
12. 꾸준한 _____
13. 야생의 _____

B 주어진 우리말에 알맞게 단어를 배열하세요.

1. 오늘 옷 멋진데. (is / your / cool / dress / today / .)

_____

2. 나는 더운 날씨를 참을 수 없다. (bear / I / can't / weather / the / hot / .)

_____

학교 시험문제 **C** 다음 문장의 빈칸에 공통으로 들어갈 알맞은 말은?

· a football _____   · The scarf doesn't _____ her dress.

① state   ② cool   ③ bear   ④ find   ⑤ match

빙하가 녹아서 북극 **bear**가 고생한다는 이야기 들었어?	응ㅠ **wild** 동물들이 수난을 겪고 있는 것 같아.	이게 다 인간이 **environment**를 파괴했기 때문이야!	더 이상 **pollution**이 심해지지 않도록 우리가 노력하자!

Day 28

잠깐만! 오늘은 그 동안 틀렸던 단어들을
다시 확인해 보는 게 어때?

attempt [ətémpt]	명 시도 동 시도하다	• first _____ 첫 번째 시도
begin [bigín]	동 시작하다 begin-began-begun	• Let's _____. 시작하자.
end [end]	명 끝 동 끝나다, 끝내다 endless 형 끝없는	• The road _____s here. in the end 마침내 = finally 도로가 여기서 끝난다.
exceed [iksí:d]	동 넘어서다, 초과하다 excess 명 초과	• He was _____ing the speed limit. 그는 제한 속도를 초과하고 있었다.
fair [fɛər]	명 축제, 박람회 형 공정한, 타당한 부 공정하게	• _____ play 정정당당한 시합
fan [fæn]	명 팬, 선풍기, 부채	• a movie _____ 영화 팬
fierce [fiərs]	형 사나운, 맹렬한	• a _____ dog 사나운 개
form [fɔːrm]	명 형태, 형식 formal 형 형식적인, 격식을 차린 formless 형 형체 없는	• The vase has a nice _____. 그 꽃병은 형태가 좋다. • The _____ of the human body is unique. 인체의 형태는 독특하다.
hate [heit]	동 몹시 싫어하다, 혐오하다 명 미움, 증오	• love and _____ 사랑과 증오
light [lait]	형 가벼운, 밝은 명 빛, 광선 동 ~에 점화하다 light-lighted[lit]-lighted[lit]	• a traffic _____ 신호등 • a _____ bag 가벼운 가방
line [lain]	명 선, 줄, 전화 동 줄을 서다	• Hold the _____, please. 끊지 말고 잠깐 기다리세요.
pop [pɑp]	명 팝(음악), 팡 터지는 소리	• a _____ quiz 깜짝 퀴즈
shower [ʃáuər]	명 샤워, 소나기 동 샤워하다	• summer _____s 여름 소나기 have[take] a shower 샤워하다

A 빈칸에 알맞은 단어를 채워 넣으세요.

1. a _____ bag
가벼운 가방

2. _____ play
정정당당한 시합

3. love and _____
사랑과 증오

4. a movie _____
영화 팬

5. Hold the _____ , please.
끊지 말고 잠깐 기다리세요.

6. first _____
첫 번째 시도

30초

1. fan _____
2. exceed _____
3. attempt _____
4. fierce _____
5. line _____
6. pop _____
7. shower _____
8. begin _____
9. 끝; 끝나다 _____
10. 축제; 공정한 _____
11. 형태, 형식 _____
12. 몹시 싫어하다 _____
13. 빛, 광선; 가벼운 _____

B 주어진 우리말에 알맞게 단어를 배열하세요.

1. 도로가 여기서 끝난다. (ends / road / here / the / .)

_____

2. 그는 제한 속도를 초과하고 있었다. (was / he / speed / the / exceeding / limit / .)

_____

학교 시험문제 **C** 다음 문장에서 밑줄 친 부분의 의미로 알맞은 말은?

He succeeded <u>in the end</u>.

① 마침내   ② 목적한 바를 이루며   ③ 일찍   ④ 늦게   ⑤ 처음으로

| 날이 너무 더워서 찬물로 **shower**하고 | **fan** 바람을 오래 쐬었더니 | 콧물이 나고 열이 나기 **begin**했다. | 약 먹기 정말 **hate**하는데ㅠ |

Day 29

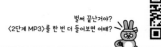

adult [ədʌ́lt]	명 성인 형 성인의, 다 자란

- _____ behavior 어른다운 행동 〈 = grown-up 명 어른

audience [ɔ́:diəns]	명 청중, 시청자 audible 형 잘 들리는

- a young _____ 젊은 청중

behave [bihéiv]	동 행동하다 behavior 명 행동

- _____ well. 얌전히 굴어라.

continue [kəntínju(:)]	동 계속하다

- May I _____? 계속해도 돼요?

film [film]	명 영화(영국식), 필름 동 촬영하다

- The man is _____ing in France. 〈 = movie 명 영화(미국식)
그 남자는 프랑스에서 촬영 중이다.

flood [flʌd]	명 홍수 동 물에 잠기게 하다

- a _____ of information 정보의 홍수
- The river _____ed the city. 강물이 그 도시를 잠기게 했다.

immigrate [íməgrèit]	동 이주해 오다 immigration 명 이주

- Many people _____d to America.
많은 사람들이 미국으로 이주했다.

musical [mjú:zikəl]	명 뮤지컬 형 음악적인

- _____ talent 음악적 재능

opportunity [àpərtjú:nəti]	명 기회

- equal _____ 〈 = chance
기회 균등

point [pɔint]	명 요점 동 가리키다, 지적하다

- You missed my _____. 너는 내 요점을 놓쳤어.

potential [pəténʃəl]	명 잠재력, 가능성 형 잠재력이 있는

- _____ energy 잠재 에너지

on purpose 고의로

purpose [pə́:rpəs]	명 목적

- What's the _____ of your visit?
당신의 방문 목적은 무엇입니까?

risk [risk]	명 위험

- a fire _____ 화재 위험 〈 take a risk 위험을 무릅쓰다

A 빈칸에 알맞은 단어를 채워 넣으세요.

1. _____ energy
잠재 에너지

2. _____ talent
음악적 재능

3. _____ behavior
어른다운 행동

4. a fire _____
화재 위험

5. You missed my _____.
너는 내 요점을 놓쳤어.

6. equal _____
기회 균등

30초

1. risk _____
2. purpose _____
3. adult _____
4. audience _____
5. behave _____
6. continue _____
7. immigrate _____
8. musical _____
9. 기회 _____
10. 요점; 가리키다 _____
11. 잠재력, 가능성 _____
12. 영화; 촬영하다 _____
13. 홍수 _____

B 주어진 우리말에 알맞게 단어를 배열하세요.

1. 당신의 방문 목적은 무엇입니까? (the / visit / what / is / of / purpose / your / ?)

_____

2. 그 남자는 프랑스에서 촬영 중이다. (is / the / man / France / in / filming / .)

_____

C 다음 중 짝지어진 관계가 같도록 빈칸에 알맞은 것은?

adult : grown-up = opportunity : _____

① point　　② film　　③ chance　　④ risk　　⑤ purpose

너는 음악 공부하는 **purpose**가 뭐야?

음~ 나는 나중에 **adult**가 되면~

musical 배우가 되고 싶어!

우왜! 그럼 난 너의 **audience**가 되어 줄게!

Day 30

어제보다 더 잘했구나~

□ **advance**
[ədvǽns]
동 전진하다 형 사전의

- _____ sale 예매
- I'm sorry in _____. 미리 사과드려요. 〈 in advance 미리
- He is _____ about my health. 그는 나의 건강을 걱정한다.
- He is _____ to know the results.
  그는 결과를 알기를 열망한다.

□ **anxious**
[ǽŋkʃəs]
형 불안해하는, 걱정하는, 열망하는
anxiety 명 불안, 걱정, 열망

□ **chemistry**
[kémistri]
명 화학

- a _____ room 화학 교실

□ **clear**
[kliər]
형 맑은, 또렷한

- a _____ sky 맑은 하늘
- The photo is very _____. 사진이 아주 또렷하다.

□ **delight**
[diláit]
명 기쁨 동 기쁨을 주다

- To my _____, I passed the exam.
  기쁘게도 나는 시험에 통과하였다.

□ **discuss**
[diskʌ́s]
동 토의하다
discussion 명 토의

- We have to _____ it now. 우리는 지금 토의해야 해.

□ **effort**
[éfərt]
명 수고, 노력

- a great _____ 대단한 노력 〈 make an effort[efforts] 노력하다

□ **marry**
[mǽri]
동 결혼하다
marriage 명 결혼

- Will you _____ me? 나와 결혼해 주시겠어요?

□ **own**
[oun]
동 소유하다 형 자신의

- I don't _____ a car. 나는 자동차를 소유하고 있지 않다.

□ **pair**
[pɛər]
명 한 쌍, 짝

- a _____ of socks 양말 한 켤레 〈 a pair of 한 쌍의, 한 벌의

□ **pardon**
[páːrdn]
명 용서 동 용서하다

상대방의 말을 못 알아들을 때 끝을 올려 읽으며 Pardon (me)?

- _____ me?
  (끝을 내려 말하면: '죄송해요.' 끝을 올려 말하면: '뭐라고요?')

□ **stuff**
[stʌf]
명 ~것, 물건 동 (채워) 넣다

- Where's my _____? 내 물건이 어디에 있지?

□ **waiter**
[wéitər]
명 웨이터, 종업원

- a kind _____ 〈 waitress 명 웨이트리스(여성 웨이터)
  친절한 웨이터

A 빈칸에 알맞은 단어를 채워 넣으세요.

1. a great _____
대단한 노력

2. a _____ room
화학 교실

3. a _____ of socks
양말 한 켤레

4. a _____ sky
맑은 하늘

5. Will you _____ me?
나와 결혼해 주시겠어요?

6. We have to _____ it now.
우리는 지금 토의해야 해.

30초

1. stuff
2. waiter _____
3. advance _____
4. anxious _____
5. clear _____
6. delight _____
7. discuss _____
8. marry _____
9. 소유하다; 자신의 _____
10. 한 쌍, 짝 _____
11. 용서; 용서하다 _____
12. 화학 _____
13. 수고, 노력 _____

B 주어진 우리말에 알맞게 단어를 배열하세요.

1. 내 물건이 어디에 있지? (my / where / is / stuff / ?)

_____

2. 나는 자동차를 소유하고 있지 않다. (own / I / don't / a car / .)

_____

학교 시험문제 **C** 다음 문장의 빈칸에 공통으로 들어갈 말은?

· He is _____ about my health.
· He is _____ to know the results.

① delight   ② worry   ③ discuss   ④ anxious   ⑤ pair

| 공주, 나와 **marry**해 주겠소? | 부디 나의 **effort**를 저버리지 말아주시오. | 왕자님과의 결혼이 저에게도 **delight**이지만… | 아빠와 먼저 **discuss**해야 해요. 미안해요ㅠ |

Day 31

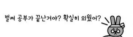

☐ **bow**
[bau]

명 인사, 절, 활[bou]
동 (고개 숙여) 인사하다,
절하다

- You should _____ like this.
  너는 이렇게 인사해야 해.
- a _____ and arrow 활과 화살

☐ **brave**
[breiv]

형 용감한

- Be _____ ! 용기를 내!

☐ **enter**
[éntər]

동 들어가다

- Do not _____ . 들어가지 마시오.

☐ **exercise**
[éksərsàiz]

명 운동, 연습 문제
동 운동하다

- I _____ every day. 나는 매일 운동한다.

☐ **fall**
[fɔːl]

명 가을, 폭포(falls)
동 떨어지다, 넘어지다
fall-fell-fallen

- It won't _____ , right?
  안 떨어지겠지?

  > fall in love 사랑에 빠지다

☐ **live**
[liv]

동 살다
형 살아 있는, 생방송의[laiv]
life 명 삶, 생명

- _____ animals 살아 있는 동물들

☐ **million**
[míljən]

명 백만
millionaire 명 백만장자

- three _____ 3백만

  > millions of 수많은

☐ **particular**
[pərtíkjələr]

형 특정한

- _____ risk
  특정한 위험

  > in particular 특히
  > = especially

☐ **pronunciation**
[prənÀnsiéiʃən]

명 발음
pronounce 동 발음하다

- How's my _____ ?
  내 발음이 어때?

☐ **separate**
[sépərèit]

동 분리하다, 헤어지다
형 분리된, 서로 별개의
[sépərit]

- _____ the waste. 쓰레기를 분리하시오.
- _____ rooms 분리된 방들

☐ **trillion**
[tríljən]

명 1조

- One _____ is 1 followed by 12 zeros.
  1조 뒤에는 0이 12개 붙는다.

☐ **venture**
[véntʃər]

명 벤처 사업, 모험

- a _____ capitalist 벤처 투자자

☐ **wage**
[weidʒ]

명 (보통 주 단위) 급여,
임금

- _____ cuts 임금 삭감

  > = income(수입), salary(월급),
  > pay(보수), earnings(소득)

A 빈칸에 알맞은 단어를 채워 넣으세요.

1. three ＿＿＿＿＿＿＿＿
3백만

2. Be ＿＿＿＿＿＿＿＿!
용기를 내!

3. ＿＿＿＿＿＿＿＿ risk
특정한 위험

4. ＿＿＿＿＿＿＿＿ rooms
분리된 방들

5. Do not ＿＿＿＿＿＿＿＿.
들어가지 마시오.

6. I ＿＿＿＿＿＿＿＿ every day.
나는 매일 운동한다.

1. fall ＿＿＿＿＿
2. million ＿＿＿＿＿
3. pronunciation ＿＿＿＿＿
4. venture ＿＿＿＿＿
5. wage ＿＿＿＿＿
6. brave ＿＿＿＿＿
7. live ＿＿＿＿＿
8. particular ＿＿＿＿＿
9. 분리하다; 분리된 ＿＿＿＿＿
10. 1조 ＿＿＿＿＿
11. 인사, 활; 인사하다 ＿＿＿＿＿
12. 들어가다 ＿＿＿＿＿
13. 운동; 운동하다 ＿＿＿＿＿

B 주어진 우리말에 알맞게 단어를 배열하세요.

1. 내 발음이 어때? (is / my / how / pronunciation / ?)

＿＿＿＿＿＿＿＿＿＿＿＿＿＿＿＿＿＿＿＿＿＿＿＿＿

2. 1조 뒤에는 0이 12개 붙는다. (trillion / is / by / one / followed / 1 / 12 zeros / .)

＿＿＿＿＿＿＿＿＿＿＿＿＿＿＿＿＿＿＿＿＿＿＿＿＿

학교 시험문제 **C** 다음 문장의 밑줄 친 단어와 바꿔쓸 수 있는 말은?

I like English <u>in particular</u>.

① at last ② especially ③ generally ④ sometimes ⑤ on purpose

우리 앞에는 **million**의 적군들이 있다!

우리 모두가 뭉치면 **live**할 것이고,

separate하면 모두 죽을 것이다!

쟈! 우리 **brave**하게 싸우쟈!

Day 32

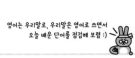

crown
[kraun]
명 왕관, 왕권

- a gold _____ 금관 〈 스펠링이 비슷한 단어 유의! clown 명 광대 〉

faithful
[féiθfəl]
형 충실한, 성실한
faith 명 믿음, 신뢰

- a _____ dog 충실한 개

fill
[fil]
동 채우다
full 형 ~이 가득한

- Can you _____ this glass? 이 잔 좀 채워 줄 수 있나요?

guess
[ges]
명 추측
동 추측하다, ~일 것 같다

- I _____ so/not. 나는 그렇다고/그렇지 않다고 생각해.

hide
[haid]
동 숨다, 숨기다
hide-hid-hidden

- We should _____ .
  우리 숨어야 돼.

nephew
[néfju:]
명 조카(남)

- a wife's _____ 처조카 〈 niece 명 조카딸, 질녀 〉

race
[reis]
명 경주, 인종 동 경주하다

- a close _____ 접전(막상막하의 경우)
- the human _____ 인류

relationship
[riléiʃənʃip]
명 관계

- a close _____ 가까운 관계

since
[sins]
전 ~이후로
접 ~이후로, ~때문에

- I've lived here _____ 2010.
  나는 2010년 이후로 여기에서 살고 있다.
- You can't succeed _____ you're very lazy.
  너는 아주 게으르기 때문에 성공할 수 없어.

speech
[spi:tʃ]
명 연설
speechless 형 (놀라거나 화나서) 말을 못하는

- a short _____ 짧은 연설

symbol
[símbəl]
명 상징, 기호

- a _____ of wealth 부의 상징
- a chemical _____ 화학 기호

useful
[jú:sfəl]
형 유용한, 쓸모 있는

- _____ information 유용한 정보 〈 ↔ useless 형 쓸모 없는 〉

wound
[wu:nd]
명 상처, 부상
동 상처를 입히다

- a serious _____ 중상
- He was badly _____ed in the battle.
  그는 그 전투에서 심한 부상을 당했다.

A 빈칸에 알맞은 단어를 채워 넣으세요.

1. _____ information
유용한 정보

2. a close _____
가까운 관계

3. a _____ dog
충실한 개

4. a short _____
짧은 연설

5. a wife's _____
처조카

6. a _____ of wealth
부의 상징

30초

1. fill
2. guess
3. since
4. symbol
5. useful
6. relationship
7. crown
8. faithful
9. 숨다, 숨기다
10. 조카(남)
11. 경주, 인종
12. 연설
13. 상처, 부상

B 주어진 우리말에 알맞게 단어를 배열하세요.

1. 나는 2010년 이후로 여기에서 살고 있다. (lived / since / I've / here / 2010 / .)

_____

2. 너는 아주 게으르기 때문에 성공할 수 없어. (you're / can't / succeed / you / since / lazy / very / .)

_____

C 다음 문장의 밑줄 친 부분의 의미로 알맞은 것은?

He was badly <u>wounded</u> in the battle.

① 감아 있는   ② 싸운   ③ 지고 있는   ④ 부상을 입은   ⑤ 승리하는

Day 32 » **71**

Day 33

매일매일 꾸준히 외운 단어들이
오~래 기억에 남고 모두 실력이 되는 거야!

---

accident
[ǽksidənt]
명 사고

- a car _____
  자동차 사고
  > by accident 우연히
  > = accidentally, by chance

amuse
[əmjúːz]
동 즐겁게 하다

- I feel so _____d. 아주 재미있네.

ancient
[éinʃənt]
형 고대의

- an _____ culture 고대 문화
  > ↔ modern 형 현대의, 근대의

comfortable
[kʌ́mfərtəbl]
형 편안한

- a _____ house 편안한 집

contact
[kántækt]
명 접촉, 연락
동 ~와 연락하다

- _____ lenses 콘택트렌즈(눈에 접촉하는 렌즈)

date
[deit]
명 날짜,
(남녀간의) 데이트

- blind _____ 소개팅
  > What's the date?
  > 날짜를 묻는 질문

day
[dei]
명 하루, 낮, 요일

- all _____ long 하루 종일
- _____ and night 밤낮으로
  > What day is it?
  > 요일을 묻는 질문

exam
[igzǽm]
명 시험

- an _____ paper 시험지
  > take an exam 시험을 치다
  > pass/fail an exam
  > 시험에 합격하다/떨어지다

library
[láibrèri]
명 도서관

- a school _____ 학교 도서관

poem
[póuəm]
poet 명 시인
명 (한편의) 시

- I know the _____ by heart. 나는 그 시를 외우고 있다.

present
[prézənt]
명 현재, 선물
형 현재의, 참석한
동 주다 [prizént]

- Thirty were _____. 30명이 참석했다.
- The new teacher will _____ the prizes.
  새로운 선생님이 상을 주실 것이다.

problem
[prábləm]
명 문제

- No _____. 문제 없어요/좋아요.

quiet
[kwáiət]
형 조용한

- Be _____. 조용히 해.
  > 발음과 스펠링이 비슷한 단어 주의!
  > quite [kwait] 부 꽤, 상당히

Ⓐ 빈칸에 알맞은 단어를 채워 넣으세요.

1. a car _____
자동차 사고

2. _____ lenses
콘택트렌즈

3. a school _____
학교 도서관

4. Be _____ .
조용히 해.

5. an _____ paper
시험지

6. an _____ culture
고대 문화

1. date _____
2. day _____
3. exam _____
4. problem _____
5. amuse _____
6. comfortable _____
7. contact _____
8. library _____
9. (한편의) 시 _____
10. 조용한 _____
11. 현재; 현재의; 주다 _____
12. 사고 _____
13. 고대의 _____

Ⓑ 주어진 우리말에 알맞게 단어를 배열하세요.

1. 30명이 참석했다. (were / thirty / present / .)

_____

2. 새로운 선생님이 상을 주실 것이다. (will / present / the / prizes / the / new / teacher / .)

_____

학교 시험문제 **Ⓒ** 다음 질문의 대답으로 알맞은 것은?

> What's the date?

① It was great.   ② It's Monday.   ③ Very nice.   ④ It's Sunday.   ⑤ It's June 25.

Day 34

bet
[bet]
명 내기
동 돈을 걸다, ~이 틀림없다

- How much do you _____? 넌 얼마를 걸거니?
- You _____. 물론이지.

character
[kǽriktər]
명 성격, 특징, 등장인물, 글자

- a strong _____ 강한 성격
- a main _____ 주인공
- Chinese _____s 한자

contest
[kántest]
명 대회, 시합

- a beauty _____ 미인 대회

dig
[dig]
동 파다

- I'll _____ up some potatoes. 나는 감자를 캘거야.

harmony
[háːrməni]
명 조화, 화합

- racial _____ 인종간의 조화

inner
[ínər]
형 내부의, 내적인

- _____ peace 내적인 평화   ↔ outer 형 외부의

lean
[liːn]
동 기울다, 기대다

- The building is _____ing a little.
  그 건물은 약간 기울었다.
- My friend is _____ing on me. 내 친구는 내게 기대고 있다.

record
[rékərd]
명 기록, 음반
동 기록하다, 녹음하다

- medical _____s 의료 기록

rub
[rʌb]
동 문지르다
rubber 명 고무, 지우개

- Don't _____ your eyes. 눈 비비지 마.

scholar
[skálər]
명 학자, 장학생

- a China _____ 중국 학자

shave
[ʃeiv]
명 면도 동 면도하다

- Please _____. 면도 좀 해요.

sow
[sou]
동 (씨를) 뿌리다

- Water well after _____ing it.
  씨를 뿌린 후에는 물을 잘 주어라.

suppose
[səpóuz]
동 생각하다, 추측하다, 가정하다

- I am _____d to meet him
  tomorrow. 나는 내일 그를 만나기로 되어 있다.   be supposed to ~하기로 되어 있다
- I _____ that I will be the winner. 내가 이길 것 같은데.

A 빈칸에 알맞은 단어를 채워 넣으세요.

1. a China _____
중국 학자

2. _____ peace
내적인 평화

3. a main _____
주인공

4. racial _____
인종간의 조화

5. Please _____ .
면도 좀 해요.

6. Don't _____ your eyes.
눈 비비지 마.

30초

1. dig _____
2. record _____
3. inner _____
4. lean _____
5. rub _____
6. suppose _____
7. harmony _____
8. scholar _____
9. 성격, 특징, 글자 _____
10. 면도; 면도하다 _____
11. (씨를) 뿌리다 _____
12. 내기; 돈을 걸다 _____
13. 대회, 시합 _____

B 주어진 우리말에 알맞게 단어를 배열하세요.

1. 넌 얼마를 걸거니? (do / bet / much / you / how / ?)

_____

2. 내가 이길 것 같은데. (that / I will / the / winner / I / suppose / be / .)

_____

C 다음 문장에서 우리말의 뜻에 맞게 빈칸에 들어갈 말은?

I am _____ to meet him tomorrow. 나는 내일 그를 만나기로 되어 있다.

① happy   ② nice   ③ supposed   ④ full   ⑤ glad

이번 합창 contest가 걱정이야ㅠ | 왜? 너희 팀은 harmony가 잘 되잖아! | 근데 character가 이상한 애가 한 명 있어! | 자기가 제일 잘한다고 suppose하나 봐!

Day 35

단어를 4번 이상 반복하도록 되어 있어서
저절로 외워지는 효과를 얻을 수 있을거야~

desert
[dézərt]
명 사막

- a _____ island 무인도

dessert
[dizə́ːrt]
명 후식, 디저트

- What's for _____? 디저트는 뭐예요?

discover
[diskʌ́vər]
동 발견하다
discovery 명 발견, 발견물

- Many scientists _____ed new facts.
많은 과학자들은 새로운 사실들을 발견했다.

employ
[implɔ́i]
동 고용하다
employer 명 고용주
employee 명 고용인, 종업원

- I'm _____ed here. 난 여기에 취직되었어요.

hang
[hæŋ]
동 걸다, 매달다
hang-hung-hung
교수형에 처하다
hang-hanged-hanged

- _____ your coat up. 네 코트를 걸어 놔.
- He was _____ed for murder.
그는 살인죄로 교수형을 당했다.

male
[meil]
명 남성, 수컷
형 남성의, 수컷의

- a _____ cat 수고양이

↔ female 명 여성, 암컷
형 여성의, 암컷의

pity
[píti]
명 연민, 동정심

- What a _____! 불쌍해라!

sale
[seil]
명 판매, 할인

- _____ prices 할인 판매가

on sale 할인 중인
for sale 판매용의(미국식 영어)

scene
[siːn]
명 장면, (좋지 못한 일이
일어나는) 현장

- the _____ of the accident 사고 현장

seek
[siːk]
동 찾다
seek-sought-sought

- hide-and-_____ 숨바꼭질

sentence
[séntəns]
명 문장, 형벌, 판결

- a long _____ 긴 문장
- a heavy _____ 혹독한 판결

sink
[siŋk]
명 싱크대 동 가라앉다
sink-sank-sunk

- The boat is _____ing. 배가 가라앉고 있다.

trash
[træʃ]
명 쓰레기

- a _____ can 쓰레기통

Ⓐ 빈칸에 알맞은 단어를 채워 넣으세요.

1. a _____ island
무인도

2. a _____ cat
수고양이

3. the _____ of the accident
사고 현장

4. What a _____ !
불쌍해라!

5. a long _____
긴 문장

6. a _____ can
쓰레기통

1. hang _____
2. employ _____
3. sale _____
4. sink _____
5. trash _____
6. pity _____
7. seek _____
8. sentence _____
9. 발견하다 _____
10. 남성, 수컷; 남성의 _____
11. 장면, 현장 _____
12. 사막 _____
13. 후식, 디저트 _____

Ⓑ 주어진 우리말에 알맞게 단어를 배열하세요.

1. 많은 과학자들은 새로운 사실들을 발견했다. (discovered / scientists / new / many / facts / .)

_____

2. 그는 살인죄로 교수형을 당했다. (was / he / murder / for / hanged / .)

_____

학교 시험문제 **Ⓒ** 다음 중에서 단어 풀이가 알맞은 것은?

① employ — 취직하다　　② discover — 발명하다　　③ male — 여성의

④ sentence — 형벌　　⑤ seek — 보다

| 그는 **desert** 한가운데서 길을 잃었다. | 길을 **seek**하려고 했지만 찾지 못했다. | 사람들도 **discover**할 수 없었다. | 너무 **pity**가 느껴지는 이야기야ㅠ |

Day 36

belong
[bilɔ́(ː)ŋ]
图 속하다, ~의 것이다

• The pen _____ s to me. 그 펜은 내 것이다.

bend
[bend]
图 구부리다, 굽히다
bend-bent-bent

• I can _____ this wire. 나는 이 철사를 구부릴 수 있다.

departure
[dipáːrtʃər]
图 출발

• _____ time   ↔ arrival 图 도착
출발 시각

dull
[dʌl]
图 둔한, 무딘, 따분한

↔ sharp 图 날카로운

• The edge of the knife is _____. 칼날이 무디다.

• The party was _____. 그 파티는 따분했다.

fortune
[fɔ́ːrtʃən]
图 행운, 재산

• I don't seek to make a _____.
나는 재산을 모으는 것을 추구하지 않는다.

make a fortune
재산을 모으다

• a _____ teller 점술가

journey
[dʒə́ːrni]
图 (비교적 긴) 여행

• a long _____ 긴 여행

lightning
[láitniŋ]
图 번개

• thunder and _____ 천둥 번개

murder
[mə́ːrdər]
图 살인
murderer 图 살인자

• a _____ case 살인 사건

observe
[əbzə́ːrv]
图 관찰하다, 준수하다

• They _____d the beginning of a new star.
그들은 새로운 별의 탄생을 관찰했다.

• We should _____ the law. 우리는 법을 준수해야 한다.

pleasure
[pléʒər]
图 즐거움

• It's my _____. 별 말씀을.(저의 즐거움이죠.)

recipe
[résəpìː]
图 요리법

• a _____ book 요리책

safety
[séifti]
图 안전
safe 图 안전한

• traffic _____ 교통 안전

spell
[spel]
图 철자를 말하다

• How do you _____ it? 철자가 어떻게 되나요?

정답 53쪽

A 빈칸에 알맞은 단어를 채워 넣으세요.

1. thunder and _____
천둥 번개

2. a _____ case
살인 사건

3. traffic _____
교통 안전

4. a long _____
긴 여행

5. a _____ teller
점술가

6. It's my _____.
별 말씀을.(저의 즐거움이죠.)

30초

1. journey _____
2. pleasure _____
3. spell _____
4. belong _____
5. dull _____
6. fortune _____
7. recipe _____
8. safety _____
9. 관찰하다 _____
10. 출발 _____
11. 번개 _____
12. 살인 _____
13. 구부리다, 굽히다 _____

B 주어진 우리말에 알맞게 단어를 배열하세요.

1. 그 펜은 내 것이다. (to / the / belongs / pen / me / .)

_____

2. 우리는 법을 준수해야 한다. (should / we / law / observe / the / .)

_____

C 다음 중 짝지어진 단어의 관계가 같도록 빈칸에 알맞은 것은?

dull : sharp = departure : _____

① observe　　② fortune　　③ arrival　　④ journey　　⑤ pleasure

| 우리 가족 첫 캠핑 **departure**! | 엄마는 맛있는 캠핑 **recipe**를 알아왔지! | 아빠는 우리 가족의 **safety**를 책임지고! | 저는 아빠 엄마의 **pleasure**를 담당할게요! |

Day 37

단어의 뜻을 한 번에 다 외우기 어렵다면
첫 번째 의미를 먼저 알아둬!

blame
[bleim]
명 책임, 탓
동 ~을 탓하다

- Don't _____ me. 날 탓하지 마.

branch
[bræntʃ]
명 나뭇가지, 지사, 분점

- a low _____ 낮은 가지
- our Seoul _____ 우리의 서울 지사

chase
[tʃeis]
동 뒤쫓다, 추격하다

- I _____d a rabbit. 나는 토끼를 뒤쫓았다.

convince
[kənvíns]
동 확신시키다

- I am _____d of my success.
  나는 나의 성공을 확신한다.
  > be convinced of ~을 확신하다

crisis
[kráisəs]
명 위기
critical 형 중대한, 비판적인

- an oil _____ 석유 파동[위기]

declare
[diklέər]
동 선언하다, 선포하다, 신고하다
declaration 명 선언, 신고서

- Germany _____d war on France.
  독일이 프랑스에 전쟁을 선포했다.
- Do you have anything to _____?
  신고할 것이 있습니까?

examine
[igzǽmin]
동 조사하다, 검사하다, 진찰하다
examination 명 시험, 조사, 검사

- The doctor will _____ the patient.
  그 의사는 환자를 진찰할 것이다.

explore
[ikspló:r]
동 탐사하다, 탐구하다
explorer 명 탐험가

- He will _____ space. 그는 우주를 탐사할 것이다.

instrument
[ínstrəmənt]
명 기구, 악기

- I can play the _____.
  나는 그 악기를 연주할 수 있다.

lot
[lɑt]
명 많음, 구역

- a _____ of people 많은 사람들
  > a lot of = lots of 많은
- a parking _____ 주차장

organization
[ɔ̀:rgənizéiʃən]
명 조직, 단체
organize 동 조직하다

- World Health O_____ (WHO)
  세계 보건 기구

refuse
[rifjú:z]
동 거절하다, 거부하다
refusal 명 거절

- She _____d to meet John.
  그녀는 존을 만나는 것을 거부했다.

thing
[θiŋ]
명 물건, 일

- a good _____ 좋은 일

A 빈칸에 알맞은 단어를 채워 넣으세요.

1. a good _____
좋은 일

2. a _____ of people
많은 사람들

3. an oil _____
석유 파동[위기]

4. a low _____
낮은 가지

5. World Health _____ (WHO)
세계 보건 기구

6. He will _____ space.
그는 우주를 탐사할 것이다.

30초

1. branch _____
2. refuse _____
3. crisis _____
4. organization _____
5. examine _____
6. lot _____
7. thing _____
8. blame _____
9. 선언하다, 신고하다 _____
10. 탐사하다, 탐구하다 _____
11. 확신시키다 _____
12. 기구, 악기 _____
13. 뒤쫓다 _____

B 주어진 우리말에 알맞게 단어를 배열하세요.

1. 신고할 것이 있습니까? (to / do / have / you / anything / declare / ?)

_____

2. 그녀는 존을 만나는 것을 거부했다. (to / John / meet / refused / she / .)

_____

C 다음 중 단어의 의미가 알맞지 <u>않은</u> 것은?

① a lot of ─ 많은　　② blame ─ ~을 탓하다　　③ explore ─ 탐험가

④ declare ─ 선언하다　　⑤ examine ─ 조사하다

당신이 **thing**들을 훔쳤지?　　앗! **crisis**다! 도망치자!　　나를 **chase**하지 마세요!　　잡고 말겠어! 너를 꼭 잡을 거라고 **convince**해!!

Day 38

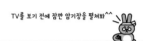 TV를 보기 전에 잠깐 암기장을 펼쳐봐^^

absent
[ǽbsənt]
형 결석한
absence 명 결석, 부재

- Tom was _____ from school today.
  톰은 오늘 학교에 결석했다.
  ↔ present 형 참석한

almost
[ɔ́:lmoust]
부 거의

- We are _____ there. 거의 다 왔다.

arrow
[ǽrou]
명 화살

- a bow and _____ 활과 화살

comedy
[kámidi]
명 코미디, 희극

- a black _____
  블랙 코미디(빈정대는 유머가 담긴 희극)
  ↔ tragedy 명 비극

constant
[kánstənt]
형 끊임없는
constantly 부 끊임없이

- _____ rain 끊임없는 비

dangerous
[déindʒərəs]
형 위험한
danger 명 위험

- a _____ man 위험한 남자

hit
[hit]
동 치다, 때리다
hit-hit-hit

- Don't _____ me. 나 때리지 마.

mouthful
[máuθfùl]
명 한 입 (가득), 한 모금

- a _____ of water 물 한 모금

prejudice
[prédʒədis]
명 편견

- *Pride and P_____* '오만과 편견'(제인 오스틴의 소설)

proud
[praud]
형 자랑스러운
pride 명 자부심

- He is _____ of his son.
  그는 그의 아들을 자랑스럽게 여긴다.
  be proud of
  ~을 자랑스럽게 여기다
  = take pride in

spirit
[spírit]
명 정신, 기분

- team _____ 단체 정신
- He was in good _____s. 그는 기분이 좋았다.

visit
[vízit]
명 방문 동 방문하다

- This is my first _____. 이번이 나의 첫 방문이다.

weight
[weit]
명 무게, 체중
weigh 동 체중이 ~이다, 무게를 달다

- I gained _____. 나 살쪘어.

A 빈칸에 알맞은 단어를 채워 넣으세요.

1. a _____ man
위험한 남자

2. Don't _____ me.
나 때리지 마.

3. _____ rain
끊임없는 비

4. a _____ of water
물 한 모금

5. *Pride and* _____
'오만과 편견'(제인 오스틴의 소설)

6. This is my first _____ .
이번이 나의 첫 방문이다.

B 주어진 우리말에 알맞게 단어를 배열하세요.

1. 그는 그의 아들을 자랑스럽게 여긴다. (of / proud / he / son / is / his / .)

_____

2. 톰은 오늘 학교에 결석했다. (was / today / absent / Tom / from / school / .)

_____

C 다음 중 짝지어진 단어의 관계가 같도록 빈칸에 알맞은 것은?

comedy : tragedy = _____ : present

① absent　② almost　③ constant　④ proud　⑤ spirit

천천히 먹어! **mouthful** 가득 찼잖아!

너 **weight**가 너무 많이 나가는 거 아니야?

노노! 그럴 거라는 **prejudice**는 버려!

난 **almost** 매일 운동을 한다구~

Day 39

 만화도 보면서 쉽게 외워 볼까?

add
[æd]
동 더하다
addition 명 덧셈, 추가

- Do not _____ salt. 소금 더 넣지 마.

away
[əwéi]
부 떨어진 곳에, 다른 곳에

- The city is an hour _____.
  그 도시는 한 시간 떨어진 거리에 있다.
- Get _____! (다른 곳으로) 가버려!

bean
[bi:n]
명 콩

- coffee _____s 커피콩

breathe
[bri:ð]
동 숨쉬다, 호흡하다
breath 명 숨

- Close your eyes and _____ deeply.
  눈을 감고 숨을 깊게 쉬세요.

fish
[fiʃ]
명 물고기 동 낚시하다

- a school of _____ 물고기 떼   [fish의 복수형은 fish]
- Let's go _____ing today. 오늘 낚시하러 가자.

goose
[gu:s]
명 거위

- _____ down 거위털   [oo가 ee로 바뀌는 복수형
  goose – geese
  tooth – teeth]

laugh
[læf]
동 웃다

- You always make me _____.
  넌 항상 날 웃게 만드는구나.

nail
[neil]
명 손톱, 발톱, 못

- _____ clippers 손톱깎이

sheep
[ʃi:p]
명 양

- mountain _____ 산양   [sheep의 복수형은 sheep]

silent
[sáilənt]
형 고요한, 말이 없는
silence 명 고요

- He is always _____. 그는 항상 말이 없다.

theory
[θí(:)əri]
명 이론

- _____ and practice 이론과 실제

through
[θru:]
전 ~을 통해

- The Han River flows _____ Seoul.
  한강은 서울을 통과하여 흐른다.

vehicle
[ví:ikl]
명 탈 것, 차량

- a motor _____ 자동차

A 빈칸에 알맞은 단어를 채워 넣으세요.

1. coffee _____
커피콩

2. _____ down
거위털

3. _____ and practice
이론과 실제

4. Get _____ !
(다른 곳으로) 가버려!

5. _____ clippers
손톱깎이

6. You always make me _____ .
넌 항상 날 웃게 만드는구나.

30초

1. vehicle _____
2. add _____
3. away _____
4. breathe _____
5. nail _____
6. silent _____
7. theory _____
8. through _____
9. 콩 _____
10. 물고기; 낚시하다 _____
11. 거위 _____
12. 웃다 _____
13. 양 _____

B 주어진 우리말에 알맞게 단어를 배열하세요.

1. 그 도시는 한 시간 떨어진 거리에 있다. (an / city / the / away / is / hour / .)

_____

2. 한강은 서울을 통과하여 흐른다. (Seoul / the Han River / through / flows / .)

_____

학교 시험문제 **C** 다음 각 단어의 복수형이 <u>잘못된</u> 것은?

① sheep – sheep   ② goose – geese   ③ tooth – tooths

④ fish – fish   ⑤ bean – beans

얘들아~ **sheep**이 16마리 있고,

goose가 27마리 있어요!

이것들을 모두 **add**하면 얼마지?

다들 **silent**하네! ^^;

Day 40

appeal
[əpíːl]
명 호소, 매력
동 호소하다, 관심을 끌다

- popular _____ 대중적 매력

catch
[kætʃ]
동 잡다, 병에 걸리다
catch-caught-caught

- _____ me. 날 잡아 봐.
- I _____ a cold every winter. 나는 매년 겨울 감기에 걸린다.

disease
[dizíːz]
명 질병

- a rare _____ 희귀병

electricity
[ilektrísəti]
명 전기, 전력

- a waste of _____ 전력 낭비

friendly
[fréndli]
형 친절한

- a _____ person 친절한 사람

imagine
[imædʒin]
동 상상하다

- Just _____ it. 그냥 상상해 봐.

leather
[léðər]
명 가죽

- a _____ jacket 가죽 재킷

little
[lítl]
형 작은 부 조금, 약간

- a _____ house 작은 집
- Give me a _____ more. 조금 더 줘.

lonely
[lóunli]
형 외로운

- I'm _____. 나는 외로워.

lovely
[lʌ́vli]
형 사랑스러운

- my _____ dog 내 사랑스러운 개

quantity
[kwɑ́ntəti]
명 양, 수량

- a large _____ of food
많은 양의 음식

> quality 명 질, 자질

though
[ðou]
부 그렇지만 접 ~이지만

- We won _____. 그렇지만 우리가 이겼어.
- _____ he is young, he is smart.
그는 어리지만, 현명하다.

wave
[weiv]
명 파도, 파동

- a big _____ 큰 파도
- radio _____s 전파

A 빈칸에 알맞은 단어를 채워 넣으세요.

1. my _____ dog
내 사랑스러운 개

2. a rare _____
희귀병

3. a _____ jacket
가죽 재킷

4. a waste of _____
전력 낭비

5. I'm _____ .
나는 외로워.

6. a large _____ of food
많은 양의 음식

1. little
2. disease
3. though
4. imagine
5. catch
6. lonely
7. lovely
8. friendly
9. 파도, 파동
10. 호소; 호소하다
11. 전기, 전력
12. 가죽
13. 양, 수량

B 주어진 우리말에 알맞게 단어를 배열하세요.

1. 나는 매년 겨울 감기에 걸린다. (a / every / catch / I / winter / cold / .)

_____

2. 조금 더 줘. (me / a little / give / more / .)

_____

학교 시험문제 **C** 다음 중 빈칸에 들어갈 말로 알맞은 것은?

_____ he is young, he is smart.

① Through   ② They   ③ Their   ④ Though   ⑤ These

봄에는 꽃이 많이 펴서 세상이 **lovely**해~

여름에는 바다에서 **wave**를 타며 놀고~

가을에는 **lonely**하지만 단풍이 아름답지~

겨울에는 친구들끼리 꼭 껴안고 더 **friendly**할 수 있어!

Day 41

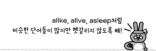

☐ **alike**
[əláik]
형 비슷한 부 비슷하게

• They are so _____. 그들은 너무 비슷하다.

☐ **alive**
[əláiv]
형 살아 있는
lively 형 활기 넘치는

• Is your grandfather _____?
너희 할아버지는 살아 계시니?

☐ **asleep**
[əslí:p]
형 잠이 든

• I couldn't fall _____ because of the hot weather. 더운 날씨 때문에 잠을 잘 수가 없었다.

fall asleep 잠들다

☐ **carpenter**
[ká:rpəntər]
명 목수

• a _____ shop 목공소

☐ **coach**
[koutʃ]
명 코치 동 지도하다

• a basketball _____ 농구 코치

☐ **emperor**
[émpərər]
명 황제(남)
empress 명 여자 황제, 여제

• the Roman _____ 로마 황제

☐ **feature**
[fí:tʃər]
명 특징

• a civic _____ 도시의 특징

☐ **pine**
[pain]
명 소나무

• _____ needles 솔잎

☐ **receive**
[risí:v]
동 받다

• I _____d a present. 나는 선물을 받았다.

☐ **set**
[set]
동 놓다, (시계를) 맞추다, 정하다, (해, 달이) 지다
set-set-set

• I _____ my watch by the TV.
나는 TV를 보고 내 시계를 맞췄다.
• The sun will _____ at 7. 해는 7시에 질 것이다.

☐ **sign**
[sain]
명 징후, 표지판, 몸짓, 신호
동 서명하다

• _____ language 수화
• _____ here, please. 여기에 서명하세요.

☐ **step**
[step]
명 걸음, 보폭, 단계

• Watch your _____! 발걸음 조심해!

step by step 단계적으로

☐ **trunk**
[trʌŋk]
명 나무의 몸통, 코끼리의 코

• The bus hit the tree _____.
그 버스는 나무의 몸통을 들이받았다.

정답 54쪽

A 빈칸에 알맞은 단어를 채워 넣으세요.

1. the Roman ＿＿＿＿＿＿＿＿
로마 황제

2. a ＿＿＿＿＿＿＿＿ shop
목공소

3. ＿＿＿＿＿＿ language
수화

4. Watch your ＿＿＿＿＿＿!
발걸음 조심해!

5. a civic ＿＿＿＿＿＿＿
도시의 특징

6. They are so ＿＿＿＿＿＿.
그들은 너무 비슷하다.

⏱ **30초**

1. receive ＿＿＿＿
2. set ＿＿＿＿
3. sign ＿＿＿＿
4. step ＿＿＿＿
5. carpenter ＿＿＿＿
6. coach ＿＿＿＿
7. emperor ＿＿＿＿
8. pine ＿＿＿＿
9. 나무의 몸통 ＿＿＿＿
10. 비슷한; 비슷하게 ＿＿＿＿
11. 살아 있는 ＿＿＿＿
12. 잠이 든 ＿＿＿＿
13. 특징 ＿＿＿＿

B 주어진 우리말에 알맞게 단어를 배열하세요.

1. 너희 할아버지는 살아 계시니? (your / is / alive / grandfather / ?)

＿＿＿＿＿＿＿＿＿＿＿＿＿＿＿＿＿＿＿＿＿＿＿＿＿＿＿＿＿

2. 나는 TV를 보고 내 시계를 맞췄다. (set / my / by / TV / the / I / watch / .)

＿＿＿＿＿＿＿＿＿＿＿＿＿＿＿＿＿＿＿＿＿＿＿＿＿＿＿＿＿

학교 시험문제 **C** 다음 보기 의 단어가 공통으로 연관되어 있는 것은?

보기	carpenter	pine	trunk

① bird ② fish ③ car ④ coach ⑤ tree

저기 pine들 좀 봐!	두 나무가 정말 alike하다~	둘 다 키도 같고 trunk도 비슷하다!	둘이 오래오래 alive하렴~

Day 42

actor
[ǽktər]
명 배우
actress 명 여자 배우

- a film _____ 영화 배우

alarm
[əláːrm]
명 경보, 불안, 공포

- a fire _____ 화재 경보

awake
[əwéik]
동 깨다, 깨우다
형 깨어 있는
awake-awoke-awoken

- Don't _____ me! 나 깨우지 마!
- I was half _____. 나는 반쯤 잠이 들어 있었다.

circle
[sə́ːrkl]
명 원, 동그라미
동 동그라미를 그리다

- Draw a _____. 원을 그리시오.

device
[diváis]
명 장치

- a safety _____ 안전 장치

few
[fjuː]
형 (수가) 많지 않은 대 소수

- _____ people accepted it.
사람들은 거의 그것을 받아들이지 않았다.

> few 거의 없는 (부정)
> a few 조금 있는 (긍정)

mostly
[móustli]
부 주로, 일반적으로

- I am _____ out on weekends.
나는 주로 주말에 밖에 나간다.

section
[sékʃən]
명 부분, (신문 등의) 난

- the sports _____ 스포츠란

shout
[ʃaut]
동 소리치다, 외치다

- Stop _____ing. 소리 그만 질러.

> = yell 명 외침 동 고함치다

throw
[θrou]
동 던지다
throw-threw-thrown

- _____ it away! 던져 버려!

track
[træk]
명 길, 선로

- The train is on _____ 3. 그 기차는 3번 선로에 있다.

usually
[júːʒuəli]
부 보통, 대개

- I _____ get up at 7. 나는 보통 7시에 일어난다.

wealth
[welθ]
명 부, 부유함
wealthy 형 부유한

- They came into _____. 그들은 부자가 되었다.

A 빈칸에 알맞은 단어를 채워 넣으세요.

1. a film _____
   영화 배우

2. Draw a _____.
   원을 그리시오.

3. the sports _____
   스포츠란

4. _____ it away!
   던져 버려!

5. a safety _____
   안전 장치

6. I _____ get up at 7.
   나는 보통 7시에 일어난다.

30초

1. few _____
2. mostly _____
3. usually _____
4. wealth _____
5. actor _____
6. alarm _____
7. awake _____
8. circle _____
9. 장치 _____
10. 부분, 난 _____
11. 소리치다 _____
12. 던지다 _____
13. 길, 선로 _____

B 주어진 우리말에 알맞게 단어를 배열하세요.

1. 나는 반쯤 잠이 들어 있었다. (was / I / awake / half / .)

_____

2. 사람들은 거의 그것을 받아들이지 않았다. (people / accepted / it / few / .)

_____

학교 시험문제 **C** 다음 문장에서 밑줄 친 부분의 의미로 알맞은 것은?

I <u>usually</u> get up at 7.

① 항상   ② 결코 ~이 아닌   ③ 어쩌다 한번   ④ 매일   ⑤ 대개

네가 좋아하는 **actor**가 야구장에 왔다며?

응~! 공을 **throw**하러 왔었어!

좋았겠다~ 엄청 **shout**했겠는데?

소리 안 지른 사람은 **few**였어~ 흐흐

Day 43

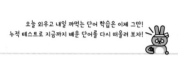

act
[ækt]
명 행동 동 행동하다
active 형 활동적인

- an _____ of kindness 친절한 행동

avoid
[əvɔ́id]
동 피하다

- We wish to _____ war. 우리는 전쟁을 피하고 싶어한다.

become
[bikʌ́m]
동 ~이 되다

- I want to _____ your friend. 난 너의 친구가 되고 싶어.

bully
[búli]
명 (약자를) 괴롭히는 사람
동 괴롭히다
bullying 명 괴롭힘, 집단 따돌림[왕따]

- I didn't _____ anyone. 나는 누구도 괴롭히지 않았다.

elbow
[élbou]
명 팔꿈치

- a left _____ 왼쪽 팔꿈치

enemy
[énəmi]
명 적

- an old _____ 숙적

entrance
[éntrəns]
명 입구, 입장, 입학
enter 동 들어가다

- the museum _____ 박물관 입구
- a university _____ exam 대학 입학 시험

mineral
[mínərəl]
명 광물, 미네랄

- _____ water 광천수/생수

off
[ɔːf]
부 전 멀리 떨어져서, (근무를) 쉬어서

- I must be _____. 나는 떠나야 해.
- I am _____ today.
나는 오늘 쉬는 날이야.

> take off 이륙하다(땅에서 떨어짐)
> get off (버스에서) 내리다
> (버스에서 멀리 떨어짐)

other
[ʌ́ðər]
형 다른 대 다른 사람[것]

- Are there any _____ questions? 다른 질문 있나요?

post
[poust]
명 우편
동 우편물을 보내다, (웹사이트에) 올리다

- She _____ed her picture on the blog.
그녀는 블로그에 그녀의 사진을 올렸다.

practice
[præktis]
명 실천, 연습 동 연습하다
practical 형 실용적인, 현실적인

- _____ makes perfect. 연습하면 완벽해진다.

stop
[stɑp]
동 멈추다, 막다

- We can't _____ her anymore.
우리는 더 이상 그녀를 막을 수 없다.

A 빈칸에 알맞은 단어를 채워 넣으세요.

1. an old _____
숙적

2. _____ water
광천수/생수

3. an _____ of kindness
친절한 행동

4. the museum _____
박물관 입구

5. I am _____ today.
나는 오늘 쉬는 날이야.

6. We wish to _____ war.
우리는 전쟁을 피하고 싶어한다.

30초

1. off _____
2. post _____
3. act _____
4. avoid _____
5. become _____
6. enemy _____
7. mineral _____
8. other _____
9. 실천; 연습하다 _____
10. 멈추다, 막다 _____
11. 입구, 입장, 입학 _____
12. 괴롭히다 _____
13. 팔꿈치 _____

B 주어진 우리말에 알맞게 단어를 배열하세요.

1. 연습하면 완벽해진다. (perfect / makes / practice / .)

_____

2. 우리는 더 이상 그녀를 막을 수 없다. (can't / anymore / stop / we / her / .)

_____

학교 시험문제 **C** 다음 문장에서 우리말에 맞게 빈칸에 공통으로 들어갈 말은?

· The plane will take _____ soon. 그 비행기는 곧 이륙할 것이다.
· I will get _____ the bus. 나는 버스에서 내릴 것이다.

① of   ② off   ③ in   ④ at   ⑤ on

Day 44

힘들어도 끝까지!

☐ **Antarctica**
[æntάːrktikə]
몡 남극 대륙

- Penguins are found in _____.
  펭귄은 남극에서 발견된다.

☐ **arctic**
[άːrktik]
혱 북극의, 북극 지방의

- an _____ fox 북극 여우

☐ **ask**
[æsk]
동 묻다, 요청하다

- I _____ ed her to send the box.
  나는 그녀에게 상자를 보내 달라고 요청했다.

  = inquire 동 묻다, 요청하다
  ask A to B
  A에게 B하도록 요청하다

☐ **both**
[bouθ]
혱 둘 다의 떼 둘 다

- _____ of us are happy.
  우리 둘 다 행복하다.

  both A and B A와 B 둘다

☐ **depend**
[dipénd]
동 의존하다, ~에 달려 있다

- His mother always _____ s on her son.
  그의 엄마는 항상 아들에게 의지한다.

- It _____ s on you. 그것은 네게 달려 있어.

  depend on
  ~에 의존하다

☐ **experience**
[ikspí(ː)əriəns]
몡 경험

- long _____ 오랜 경험

☐ **invite**
[inváit]
동 초대하다
invitation 몡 초대

- I'll _____ her. 나는 그녀를 초대할 거야.

☐ **liquid**
[líkwid]
몡 액체 혱 액체의

- _____ soap 액체 비누

☐ **plain**
[plein]
혱 순수한

- _____ yogurt 플레인 요구르트

☐ **routine**
[ruːtíːn]
몡 일상
혱 일상적인, 판에 박힌

- _____ work 하루의 일상적인 일

☐ **senior**
[síːnjər]
몡 연장자, 손윗사람
혱 연상의

- She is 2 years _____ to me.
  그녀는 나보다 2살 연상이다.

  ↔ junior
  몡 부하 혱 연하의

☐ **victim**
[víktim]
몡 희생자, 피해자

- a _____ of war 전쟁의 피해자

☐ **waist**
[weist]
몡 허리

- a slim _____ 날씬한 허리

A 빈칸에 알맞은 단어를 채워 넣으세요.

1. long _____ 오랜 경험

2. _____ work
하루의 일상적인 일

3. an _____ fox
북극 여우

4. a slim _____ 날씬한 허리

5. _____ soap
액체 비누

6. I'll _____ her.
나는 그녀를 초대할 거야.

30초

1. liquid _____
2. plain _____
3. senior _____
4. victim _____
5. waist _____
6. Antarctica _____
7. arctic _____
8. routine _____
9. 묻다, 요청하다 _____
10. 둘 다의; 둘 다 _____
11. 의존하다 _____
12. 경험 _____
13. 초대하다 _____

B 주어진 우리말에 알맞게 단어를 배열하세요.

1. 그녀는 나보다 2살 연상이다. (me / senior / is / 2 years / she / to / .)

_____

2. 나는 그녀에게 상자를 보내 달라고 요청했다. (asked / the / I / her / to / send / box / .)

_____

학교 시험문제 **C** A, B에 들어갈 말이 알맞게 짝지어진 것은?

She is 2 years ___A___ to me. 그녀는 나보다 2살 연상이다.
It ___B___ on you. 그것은 네게 달려 있어.

	A	B		A	B
①	senior	invites	②	junior	depends
③	ask	invites	④	senior	depends
⑤	depends	junior			

선생님, **ask**하고 싶은 문제가 있어요!

선생님, **both** 페이지 다 모르겠어요!

선생님을 집에 **invite**해서 여쭤보고 싶어요~^^

depend하지 말고 먼저 스스로 풀어보렴~

Day 45

단어를 제대로 읽지 못한다면 단어를 안다고 할 수 없어!
원어민이 어떻게 읽는지 확인해 보렴~

ancestor
[ǽnsestər]
명 조상

_____ worship 조상 숭배

apologize
[əpálədʒàiz]
동 사과하다
apology 명 사과

I _____ for my son's behavior.
제 아들의 행동에 대해 사과 드립니다.

constitution
[kὰnstitjúːʃən]
명 헌법

a written _____ 성문 헌법

course
[kɔːrs]
명 강의, 과정

a Chinese _____ 중국어 강의

demand
[dimǽnd]
명 요구, 수요 동 요구하다

a reasonable _____
합리적인 요구
↔ supply 명 공급
동 공급하다

figure
[fígjər]
명 수치, 인물

an important _____ 중요한 인물
figure out 알아내다

glacier
[gléiʃər]
명 빙하

a _____ lake 빙하호

key
[kiː]
명 열쇠, 해결책
형 가장 중요한, 핵심적인

the _____ answer 가장 중요한 대답

many
[méni]
형 많은
명 많은 것, 많은 사람

_____ people like me.
많은 사람들이 나를 좋아한다.
many + 셀 수 있는 명사
many = a lot of, lots of

much
[mʌtʃ]
형 많은 명 많은 것 부 많이

I don't have _____ time.
나는 시간이 별로 없어요.
much + 셀 수 없는 명사
much = a lot of, lots of

review
[rivjúː]
명 복습, 검토, 논평
동 복습하다, 재검토하다, 논평하다

a book _____ 서평

rush
[rʌʃ]
명 돌진, 혼잡
동 급히 움직이다

_____ hour 혼잡 시간대

serve
[səːrv]
동 (음식 등을) 제공하다, (조직·국가 등에) 근무하다
service 명 서비스, 봉사

He _____d as a general. 그는 장군으로 복무했다.

정답 55쪽

A 빈칸에 알맞은 단어를 채워 넣으세요.

1. the _____ answer
가장 중요한 대답

2. a book _____
서평

3. _____ hour
혼잡 시간대

4. an important _____
중요한 인물

5. a written _____
성문 헌법

6. a _____ lake
빙하호

30초

1. many _____
2. serve _____
3. much _____
4. ancestor _____
5. apologize _____
6. course _____
7. demand _____
8. figure _____
9. 열쇠; 가장 중요한 _____
10. 복습; 복습하다 _____
11. 돌진, 혼잡 _____
12. 헌법 _____
13. 빙하 _____

B 주어진 우리말에 알맞게 단어를 배열하세요.

1. 많은 사람들이 나를 좋아한다. (like / many / me / people / .)

_____

2. 제 아들의 행동에 대해 사과 드립니다. (apologize / I / son's / my / behavior / for / .)

_____

C 다음 중 우리말에 맞게 빈칸에 들어갈 말로 알맞은 것은?

I can't _____ what you mean. 나는 네가 무슨 말을 하는지 알 수가 없어.

① apologize ② serve ③ demand ④ figure out ⑤ review

더울 땐 팥빙수! **many** 사람들이 있네~

much 시간이 흘렀어ㅠ 언제 나오는 거야?

늦어서 **apologize**합니다. 대신 많이 드렸어요~

왜 **glacier** 같다! 잘 먹겠습니다~

Day 46

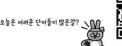

alone
[əlóun]
형 혼자의 부 혼자

- I'm _____ . 나는 혼자야.

  = lonely 형 외로운

- I live _____ . 나는 혼자 산다.

arrive
[əráiv]
동 도착하다
arrival 명 도착

- They will _____ here at 3.
  그들은 3시에 여기 도착할 것이다.

compare
[kəmpɛ́ər]
동 비교하다
comparison 명 비교

- Don't _____ yourself with others.
  널 다른 사람과 비교하지 마.

  compare A with B
  A와 B를 비교하다

curious
[kjú(:)əriəs]
형 궁금한, 호기심이 생기는
curiosity 명 호기심

- I am very _____ about the singer.
  나는 그 가수가 매우 궁금하다.

draw
[drɔ:]
동 그리다
draw-drew-drawn
drawing 명 데생, 도안

- You _____ beautifully. 너 예쁘게 그리는구나.

exactly
[igzǽktli]
부 정확하게,
맞아, 그거야!

- It's _____ 3 p.m. 정확히 오후 3시다.

factor
[fǽktər]
명 요인

- Money is an important _____ in my life.
  돈은 내 삶에 중요한 요인이다.

hike
[haik]
명 도보 여행
동 도보 여행을 하다

- Let's go on a _____ . 하이킹 가자.

  go on a hike
  하이킹 가다

miner
[máinər]
명 광부
mine 명 광산

- a coal _____ 탄광 광부

rope
[roup]
명 밧줄

- I like to jump _____ .
  나는 줄넘기를 좋아한다.

  jump rope 줄넘기하다

schedule
[skédʒu:l]
명 일정, 스케줄

- a bus _____ 버스 시간표

sesame
[sésəmi]
명 참깨

- Open _____ ! 열려라 참깨!

soul
[soul]
명 영혼

- Every person has a _____ . 모든 사람은 영혼이 있다.

A 빈칸에 알맞은 단어를 채워 넣으세요.

1. It's _____ 3 p.m. 정확히 오후 3시다.

2. a bus _____ 버스 시간표

3. Open _____!
열려라 참깨!

4. Money is an important _____ in my life.
돈은 내 삶에 중요한 요인이다.

5. I'm _____ .
나는 혼자야.

6. I like to jump _____ .
나는 줄넘기를 좋아한다.

30초

1. hike _____
2. miner _____
3. rope _____
4. schedule _____
5. sesame _____
6. soul _____
7. alone _____
8. arrive _____
9. 비교하다 _____
10. 궁금한 _____
11. 그리다 _____
12. 정확하게 _____
13. 요인 _____

B 주어진 우리말에 알맞게 단어를 배열하세요.

1. 그들은 3시에 여기 도착할 것이다. (3 / here / will / at / they / arrive / .)

_____

2. 널 다른 사람과 비교하지 마. (with / don't / yourself / others / compare / .)

_____

학교 시험문제 **C** 다음 대화에서 빈칸에 들어갈 말로 알맞은 것은?

A: I want to go home. 나 집에 가고 싶어.
B: You must be sleepy now. Right? 넌 지금 졸린 게 틀림없어. 맞지?
A: _____ 맞아.

① I'm alone.　② Good job.　③ Open sesame.　④ I'm curious.　⑤ Exactly.

드디어 마지막 집에 **arrive** 했네.

신발이 꼭 맞을지 **curious** 하네요.

우왜! 신발이 **exactly**하게 맞는다!!

제 **soul**을 다 바쳐 당신만을 사랑해요~

Day 47

예문도 읽어야지?!?

☐ **argue** [ɑ́ːrgjuː]	图 논쟁하다 **argument** 명 논쟁	• I don't want to _____ with you. 나는 너와 논쟁하고 싶지 않아.
☐ **attract** [ətrǽkt]	图 마음을 끌다 **attraction** 명 끌림, 명소	• I am _____ed by her smile. 나는 그녀의 미소에 매료되었다.
☐ **available** [əvéiləbl]	형 이용 가능한, 시간이 있는	_____ rooms 이용 가능한 방들 • Are you _____ to talk with me? 나와 이야기할 시간이 있니?
☐ **charity** [tʃǽrəti]	명 자선 (단체)	• a _____ concert 자선 콘서트
☐ **concentrate** [kánsəntrèit]	图 집중하다	• I can't _____ on my work. 나는 내 일에 집중할 수가 없다. concentrate on ~에 집중하다
☐ **conclude** [kənklúːd]	图 결론 짓다 **conclusion** 명 결론	• We don't _____ that. 우리는 결론을 짓지 않았다.
☐ **dead** [ded]	형 죽은 **death** 명 죽음	• a _____ animal 죽은 동물
☐ **earn** [əːrn]	图 (일하여 돈을) 벌다 **earnings** 명 소득	• He _____s $2,000 a month. 그는 한달에 2,000달러를 번다.
☐ **global** [glóubəl]	형 세계의, 지구의 **globalization** 명 세계화	• a _____ language 전세계적인 언어
☐ **lately** [léitli]	부 최근에	• I haven't seen her _____. 나는 최근에 그녀를 보지 못했다. late(늦은)의 부사형이 아님에 유의! late 형 늦은 부 늦게
☐ **spoil** [spɔil]	图 망치다	• I didn't _____ anything. 나는 어떤 것도 망치지 않았다.
☐ **still** [stil]	부 여전히 형 가만히 있는	• We are _____ hungry. 우리는 여전히 배고프다. • a _____ life 정물
☐ **talent** [tǽlənt]	명 재능 **talented** 형 타고난, 재능 있는	• a special _____ 특별한 재능

A 빈칸에 알맞은 단어를 채워 넣으세요.

1. a special _____
특별한 재능

2. a _____ language
전세계적인 언어

3. a _____ concert
자선 콘서트

4. a _____ animal
죽은 동물

5. I didn't _____ anything.
나는 어떤 것도 망치지 않았다.

6. Are you _____ to talk with me?
나와 이야기할 시간이 있니?

30초

1. lately _____
2. still _____
3. argue _____
4. attract _____
5. available _____
6. charity _____
7. concentrate _____
8. conclude _____
9. 죽은 _____
10. (일하여 돈을) 벌다 _____
11. 재능 _____
12. 세계의, 지구의 _____
13. 망치다 _____

B 주어진 우리말에 알맞게 단어를 배열하세요.

1. 나는 너와 논쟁하고 싶지 않아. (don't / I / with / to / want / argue / you / .)

_____

2. 나는 내 일에 집중할 수가 없다. (on / my / can't / I / work / concentrate / .)

_____

C 다음 중 단어의 의미가 알맞지 <u>않은</u> 것은?

① still life — 정물
② lately — 늦게
③ available — 이용 가능한
④ earnings — 소득
⑤ attraction — 명소

저는 커서 **charity**에서 일하고 싶어요!

talent가 많아서 잘 할 수 있을 거야~

그럼 여자 친구들을 **attract**할 수 있겠죠?

항상 여자 친구 이야기로 **conclude**하는구나…

Day 48

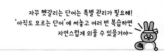

자꾸 헷갈리는 단어는 특별 관리가 필요해!
'아직도 모르는 단어'에 써놓고 여러 번 복습하면
자연스럽게 외울 수 있을거야~

☐ **across**
[əkrɔ́ːs]
⬝ 건너서 ⬝ 가로질러

• I walked _____ the field. 나는 들판을 가로질러 걸어갔다.

☐ **another**
[ənʌ́ðər]
⬝ 또 하나의 ⬝ 또 하나

• Do you have _____ one?
하나 더 있나요?

an(하나) + other(다른)
= another (다른 거 하나 더)

☐ **cross**
[krɔ(ː)s]
⬝ (가로질러) 건너다,
교차하다

• He is waiting to _____ the road.
그는 길을 건너려고 기다리고 있다.

☐ **diet**
[dáiət]
⬝ 식사, 식습관, 다이어트

• a healthy _____ 건강한 식사
• You should go on a _____ .
다이어트를 하셔야겠네요.

go on a diet
다이어트를 시작하다

☐ **exist**
[igzíst]
⬝ 존재하다

• God _____ s. 신은 존재한다.

☐ **interview**
[íntərvjùː]
⬝ 면접, 인터뷰

• a job _____ 취직 면접

☐ **matter**
[mǽtər]
⬝ 문제 ⬝ 중요하다

• What's the _____ ? 무슨 일이야?
• It doesn't _____ to me. 그것은 나에게 중요하지 않다.

☐ **result**
[rizʌ́lt]
⬝ 결과

• the same _____ 같은 결과

☐ **stay**
[stei]
⬝ 머무르다

• How long will you _____ here?
여기서 얼마나 머무를 예정이십니까?

☐ **straight**
[streit]
⬝ 곧은 ⬝ 똑바로

• Go _____ . 똑바로 가세요.

☐ **strange**
[streindʒ]
⬝ 이상한, 낯선
stranger ⬝ 낯선 사람, 이방인

• _____ people 낯선 사람들

☐ **without**
[wiðáut]
⬝ ~없이 ⬝ ~없는

• I can't live _____ you. 너 없이는 살 수 없어.

☐ **worry**
[wə́ːri]
⬝ 걱정 ⬝ 걱정하다

• Don't _____ . 걱정하지 마.

확인테스트

Ⓐ 빈칸에 알맞은 단어를 채워 넣으세요.

1. the same _____ 같은 결과

2. _____ people 낯선 사람들

3. Go _____.
똑바로 가세요.

4. a job _____
취직 면접

5. Don't _____.
걱정하지 마.

6. I walked _____ the field.
나는 들판을 가로질러 걸어갔다.

30초

1. exist _____
2. strange _____
3. across _____
4. another _____
5. straight _____
6. interview _____
7. matter _____
8. result _____
9. 머무르다 _____
10. ~없이; ~없는 _____
11. 걱정; 걱정하다 _____
12. 건너다, 교차하다 _____
13. 식사, 식습관 _____

Ⓑ 주어진 우리말에 알맞게 단어를 배열하세요.

1. 그것은 나에게 중요하지 않다. (doesn't / matter / it / me / to / .)

_____

2. 여기서 얼마나 머무를 예정이십니까? (will / how long / you / here / stay / ?)

_____

학교 시험문제 **Ⓒ** A, B에 들어갈 말이 알맞게 짝지어진 것은?

Do you have ___A___ one. 하나 더 있나요?
I can't live ___B___ you. 너 없이는 살 수 없어.

	A	B			A	B
①	one	no		②	other	with
③	the other	without		④	one	with
⑤	another	without				

matter가 생겼어. 우리집 강아지를 잃어버렸어ㅠ

길을 먼저 cross하더니 없어졌어ㅠ

아무 일 없이 근처에서 stay하고 있을 거야.

너무 worry하지 마. 같이 찾아보자!

Day 49

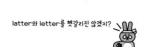 latter와 letter를 헷갈리진 않겠지?

beef
[biːf]
몡 소고기

• a chunk of _____ 소고기 한 덩어리

casual
[kǽʒuəl]
혱 평상시의, 가벼운

• _____ clothes 평상복
• a _____ friendship 가벼운 우정

convenient
[kənvíːnjənt]
혱 편리한
inconvenient 혱 불편한

• a _____ time
편리한 시간

> a convenience store 편의점

fine
[fain]
혱 좋은 몡 벌금

• I'm _____ . 나는 좋아요.
• a parking _____ 주차 위반 벌금

garlic
[gάːrlik]
몡 마늘

• Smash the _____ . 마늘을 으깨라.

handle
[hǽndl]
몡 손잡이 통 다루다

• It's hard to _____ . 그것은 다루기 어렵다.

latter
[lǽtər]
몡 (둘 중의) 후자
혱 (둘 중의) 후자의, 후반의

• the _____ part of the week
주 후반(목, 금, 토)

> ↔ former 몡 전자 혱 전자의

pork
[pɔːrk]
몡 돼지고기

• _____ ribs 돼지 갈비

rid
[rid]
통 제거하다

• Get _____ of the dirt. 먼지를 제거해.

> get rid of
~을 제거하다

route
[ruːt]
몡 길, 경로, 노선

• a bus _____ 버스 노선

same
[seim]
혱 똑같은 떼 똑같은 것

• _____ here. 나도 똑같아.

> at the same time 동시에
> the same as ~와 똑같은 것

species
[spíːʃiːz]
몡 종(생물 분류 단위), 종류

• On the Origin of S_____ '종의 기원'(Charles Darwin 저)

worship
[wə́ːrʃip]
몡 숭배 통 숭배하다

• a place of _____ 예배 장소

A 빈칸에 알맞은 단어를 채워 넣으세요.

1. a bus _____
버스 노선

2. a chunk of _____
소고기 한 덩어리

3. a place of _____
예배 장소

4. a parking _____
주차 위반 벌금

5. _____ clothes
평상복

6. a _____ time
편리한 시간

30초

1. fine _____
2. latter _____
3. convenient _____
4. rid _____
5. same _____
6. species _____
7. beef _____
8. garlic _____
9. 손잡이; 다루다 _____
10. 돼지고기 _____
11. 길, 경로, 노선 _____
12. 숭배; 숭배하다 _____
13. 평상시의, 가벼운 _____

B 주어진 우리말에 알맞게 단어를 배열하세요.

1. 먼지를 제거해. (dirt / get / the / of / rid / .)

_____

2. 그것은 다루기 어렵다. (hard / it's / handle / to / .)

_____

학교 시험문제 **C** 다음 문장의 밑줄 친 부분의 의미로 알맞은 것은?

Get rid of the dirt.

① 더럽히다　　② 제거하다　　③ 번영하다　　④ 살피다　　⑤ 광을 내다

| pork와 beef 중 어느 것이 좋아? | 난 둘 다 fine이야~ | 하나만 고르라면 latter가 더 좋아! | 나도~ 우린 same이네! 갑자기 배고프다! |

Day 50

 벌써 50일이 지났어~ 해낼 줄 알았어!

author
[ɔ́ːθər]
명 작가, 저자

- the _____ of a book 책의 저자

exhibition
[èksəbíʃən]
명 전시, 전시회
exhibit 명 전시품 동 전시하다

- a home _____ 국내 전시회

far
[fɑːr]
형 먼 부 멀리

- The shop is not _____ from here.
  그 가게는 여기서 멀지 않다.

graduate
[grǽdʒuèit]
동 졸업하다
명 대학 졸업자[grǽdʒəwət]

- I _____d from the school.
  나는 그 학교를 졸업했다.

  > graduate from ~을 졸업하다

lose
[luːz]
동 잃어버리다, 잃다
lose-lost-lost

- They will _____ their lives. 그들은 목숨을 잃을 것이다.

loud
[laud]
형 소리가 큰 부 크게
loudly 부 큰 소리로

- Don't talk so _____. 너무 크게 말하지 마.

low
[lou]
형 낮은 부 낮게

- _____ level 낮은 수준

main
[mein]
형 주된, 주요한

- my _____ job 나의 주업

offer
[ɔ́(ː)fər]
동 제공하다, 제안하다

- She _____ed the information.
  그녀가 그 정보를 제공했다.

overcome
[òuvərkʌ́m]
동 극복하다, 이기다
overcome-overcame-overcome

- I will _____ many difficulties.
  나는 온갖 어려움을 극복할 것이다.

succeed
[səksíːd]
동 성공하다, ~의 뒤를 잇다
success 명 성공
successful 형 성공한

- He will _____ in that business.
  그는 그 사업에 성공할 것이다.
- He _____ed James as king.
  그는 제임스의 뒤를 이어 왕이 되었다.

thin
[θin]
형 얇은, 가는

- _____ ice 얇은 얼음 ↔ thick 형 두꺼운

tight
[tait]
형 단단한, 딱 붙는
부 단단히, 꽉

- a _____ shirt 꽉 끼는 셔츠 ↔ loose 형 헐렁한
- Hold on _____! 꽉 잡아!

Ⓐ 빈칸에 알맞은 단어를 채워 넣으세요.

1. _____ level
낮은 수준

2. the _____ of a book
책의 저자

3. my _____ job
나의 주업

4. _____ ice
얇은 얼음

5. a home _____
국내 전시회

6. Hold on _____!
꽉 잡아!

Ⓑ 주어진 우리말에 알맞게 단어를 배열하세요.

1. 그는 그 사업에 성공할 것이다. (in / he / business / will / succeed / that / .)

_____

2. 나는 온갖 어려움을 극복할 것이다. (many / will / I / overcome / difficulties / .)

_____

학교 시험문제 Ⓒ 다음 괄호 안에서 알맞은 것을 고르시오.

· I graduated (in / from) the school.
· They will (lose / loud) their lives.

Day 51

졸면서 공부한 거 아니지?!?

doubt [daut]	명 의심 동 의심하다	• His success is not in _____ . 그의 성공은 의심의 여지가 없다.
editor [éditər]	명 편집자 edit 동 편집하다	• a book _____ 책 편집자
especially [ispéʃəli]	부 특히, 특별히	• I _____ love his books. 나는 특히 그의 책을 좋아한다. = particularly 부 특히
government [ɡʌ́vərnmənt]	명 정부, 정권, 통치 govern 동 통치하다, 지배하다	• the _____ of the day 현 정부
inspire [inspáiər]	동 영감을 주다	• I was _____ d by this book. 나는 이 책에 의해 영감을 받았다.
pay [pei]	명 급료, 보수 동 지불하다 pay-paid-paid payment 명 지불(금)	• _____ increase[rise] 급료 인상
persuade [pərswéid]	동 설득하다	• He _____ d his son to come back home. 그는 그의 아들에게 집에 돌아오라고 설득했다. persuade A to B A에게 B하도록 설득하다
pour [pɔːr]	동 붓다	• _____ it slowly. 천천히 부어.
publish [pʌ́bliʃ]	동 출판하다, 발행하다 publisher 명 출판인, 출판사	• Hemingway _____ ed his first novel in 1922. 헤밍웨이는 그의 첫 번째 소설을 1922년에 출간했다.
puzzle [pʌ́zl]	명 퍼즐 동 어리둥절하게 만들다	• The math problem _____ d me. 그 수학 문제는 나를 어리둥절하게 만들었다.
raise [reiz]	동 들어 올리다, 기르다, 양육하다 raise-raised-raised	• _____ your hand, please. 손을 들어 보세요. • I _____ d cattle. 나는 소를 길렀다.
symptom [símptəm]	명 증상	• flu _____ s 독감 증상
trust [trʌst]	명 신뢰, 신임 동 신뢰하다	• _____ me! 날 믿어!

A 빈칸에 알맞은 단어를 채워 넣으세요.

1. _____ your hand, please.
   손을 들어 보세요.

2. a book _____
   책 편집자

3. flu _____
   독감 증상

4. _____ me!
   날 믿어!

5. the _____ of the day
   현 정부

6. _____ it slowly.
   천천히 부어.

B 주어진 우리말에 알맞게 단어를 배열하세요.

1. 그 수학 문제는 나를 어리둥절하게 만들었다. (math / puzzled / the / me / problem / .)

   _____

2. 헤밍웨이는 그의 첫 번째 소설을 1922년에 출간했다. (published / 1922 / Hemingway / novel / his / first / in / .)

   _____

C 다음 밑줄 친 부분과 의미가 같은 것은?

학교 시험문제

I <u>especially</u> love his books.

① partly   ② really   ③ tightly   ④ particularly   ⑤ casually

난 청룡열차가 **especially** 좋아 흐흐 | 난 벌써 어지럼 **symptom** 이 나타나ㅠ | 진짜 재밌어! **doubt**할 이유가 없지~ | 날 **trust**하고 손잡이 꽉 잡아!

Day 52

□ **celebration** 명 기념, 축하 행사
[sèləbréiʃən]
celebrate 동 기념하다, 축하하다

- wedding _____ s
  결혼 기념 행사

> check in 호텔 투숙 수속을 밟다
> check out 호텔에서 나오다

□ **check** 명 확인, 수표, 계산서
[tʃek] 동 확인하다

- double-_____ 이중 확인
- Can I have the _____ , please?
  계산서 좀 갖다 주시겠어요?

□ **creativity** 명 창조성, 독창력
[krìːeitívəti]
create 동 창조하다
creative 형 창조적인

- We have to develop our _____ .
  우리는 우리의 창의력을 개발해야 한다.

□ **determine** 동 결심하다, 결정하다
[ditə́ːrmin]
determination 명 결심, 결정

- They _____ d to start now.
  그들은 지금 시작하기로 결정했다.

□ **foolish** 형 어리석은
[fúːliʃ]

- I was _____ . 내가 어리석었어.

□ **globe** 명 지구본, (the ~) 세계
[gloub]
global 형 세계적인

- the whole _____ 전세계

□ **mad** 형 몹시 화난, 미친(영국식)
[mæd]

- He got _____ at me. 그는 내게 화가 났다.

□ **manage** 동 운영하다, 경영하다
[mǽnidʒ]
manager 명 관리인, 부장

- He _____ s a hotel in the city.
  그는 그 도시의 호텔을 경영한다.

□ **northern** 형 북쪽의, 북향의
[nɔ́ːrðərn]

- _____ Europe 북유럽

> ↔ southern 형 남쪽의, 남향의

□ **proper** 형 적당한, 올바른
[prápər]
properly 부 적절히

- a _____ place 적당한 위치

□ **remain** 동 남아 있다, 머무르다
[riméin]
remains 명 남은 것, 유적

- There _____ ed a big problem.
  하나의 큰 문제가 남아 있다.

□ **rest** 명 휴식, 나머지 동 쉬다
[rest]

- The _____ of them followed us.
  그들 중 나머지는 우리를 따랐다.

□ **speak** 동 말하다, (언어를) 구사하다
[spiːk]
speak-spoke-spoken
speech 명 연설 speaker 명 연사

- I can _____ three languages.
  나는 세 개의 언어를 구사할 수 있다.

정답 56쪽

A 빈칸에 알맞은 단어를 채워 넣으세요.

1. a _____ place
적당한 위치

2. _____ Europe
북유럽

3. the whole _____
전세계

4. wedding _____
결혼 기념 행사

5. I was _____ .
내가 어리석었어.

6. Can I have the _____ , please?
계산서 좀 갖다 주시겠어요?

30초

1. rest _____
2. speak _____
3. check _____
4. creativity _____
5. foolish _____
6. globe _____
7. mad _____
8. northern _____
9. 운영하다 _____
10. 적당한, 올바른 _____
11. 남아 있다 _____
12. 기념, 축하 행사 _____
13. 결심하다 _____

B 주어진 우리말에 알맞게 단어를 배열하세요.

1. 그들은 지금 시작하기로 결정했다. (now / they / start / to / determined / .)

_____

2. 우리는 우리의 창의력을 개발해야 한다. (our / have to / we / creativity / develop / .)

_____

학교 시험문제 C 다음 중 짝지어진 단어의 관계가 같도록 빈칸에 알맞은 것은?

tight : loose = _____ : northern

① southern   ② eastern   ③ western   ④ arctic   ⑤ antarctic

방학 시작 **celebration** 파티할래요~

잘 **rest**하는 것도 중요하지만~

이번엔 시간을 잘 **manage** 해보렴!

숙제도 밀리지 않고 알차게 보내기로 **determine** 했어요!

Day 53

believe [bilíːv]	통 믿다 **belief** 명 믿음	• Don't _____ him. 그를 믿지 마. • I _____ in God. 나는 신의 존재를 믿는다. *believe in ~의 존재를 믿다*
forgive [fərgív]	통 용서하다	• I'll _____ you this time. 이번에는 너를 용서할게.
free [friː]	형 자유로운, 무료의, ~이 없는 **freedom** 명 자유	• I'm _____ . 나 한가해요. • a _____ ticket 무료 티켓 • a tax-_____ item 면세 상품
grow [grou]	통 자라다 grow-grew-grown	• I'll be a lawyer when I _____ up. 나는 커서 변호사가 될거야. *grow up 성장하다*
hasty [héisti]	형 성급한, 서두른 **haste** 명 서두름	• Don't be so _____ . 너무 성급하게 굴지 마.
party [páːrti]	명 파티, 정당	• a dinner _____ 저녁 파티 • the _____ leader 정당 대표
perfect [páːrfikt]	형 완벽한 **perfectly** 부 완벽하게	• a _____ day 완벽하게 좋은 날
quite [kwait]	부 매우, 꽤	• He is _____ tall. 그는 매우 키가 크다. *스펠링이 비슷한 단어 주의! quiet 형 조용한 quit 통 그만두다*
resemble [rizémbl]	통 닮다	• I _____ my mother a lot. 나는 엄마를 많이 닮았다.
sculpture [skʌ́lptʃər]	명 조각품 **sculptor** 명 조각가	• ancient/modern _____ 고대/현대 조각
straw [strɔː]	명 짚, 빨대	• a _____ man 허수아비
tell [tel]	통 말하다, 알리다 tell-told-told	• _____ me why. 이유를 말해 봐.
train [trein]	명 기차 통 훈련하다 **trainer** 명 조련사	• a _____ trip 기차 여행

A 빈칸에 알맞은 단어를 채워 넣으세요.

30초

1. a _____ day
완벽하게 좋은 날

2. a dinner _____
저녁 파티

3. a _____ man
허수아비

4. a _____ trip
기차 여행

5. Don't be so _____.
너무 성급하게 굴지 마.

6. He is _____ tall.
그는 매우 키가 크다.

1. hasty _____
2. party _____
3. sculpture _____
4. straw _____
5. train _____
6. believe _____
7. forgive _____
8. free _____
9. 자라다 _____
10. 완벽한 _____
11. 매우, 꽤 _____
12. 닮다 _____
13. 말하다, 알리다 _____

B 주어진 우리말에 알맞게 단어를 배열하세요.

1. 나는 엄마를 많이 닮았다. (a / my / mother / I / lot / resemble / .)

_____

2. 나는 커서 변호사가 될거야. (when / a lawyer / I'll / grow / be / I / up / .)

_____

학교 시험문제 **C** 다음 밑줄 친 free의 뜻이 보기와 같은 것은?

보기
> I have a <u>free</u> ticket.

① I am <u>free</u> today.　　② It's a tax-<u>free</u> item.
③ If you buy one, you can get one <u>free</u>.　　④ What do you do in your <u>free</u> time?
⑤ Are you <u>free</u> this weekend?

과자 **party**에 오길 잘했지? | 응! 나한테 **tell**해줘서 정말 고마워~ | 그거 알아? 여기서는 모든 과자가 **free**야! | 정말? 와! 진짜 **perfect**하다!

무료

Day 54

4단계 암기법으로 확실히 외워 보자!

agriculture
[ǽgrəkλ̀ltʃər]
명 농업, 농학

• traditional _____ 전통 농업

athlete
[ǽθliːt]
명 운동 선수

• a professional _____ 프로(직업으로 하는) 운동 선수

coal
[koul]
명 석탄

• a _____ mine 탄광

dirty
[də́ːrti]
형 더러운, 추잡한
dirt 명 먼지, 때

• _____ clothes 더러운 옷

distinguish
[distíŋgwiʃ]
통 구별하다

• I _____ right from wrong.
나는 선과 악을 구별한다.

endure
[indʒúər]
통 견디다, 인내하다

• I had to _____ the pain.
나는 고통을 견뎌야 했다.
= stand, bear

famine
[fǽmin]
명 기근, 기아

• a terrible _____ 끔찍한 기근

imitation
[ìmitéiʃən]
명 모방, 모조품
imitate 통 모방하다

• a poor _____ 형편없는 모조품

jam
[dʒæm]
명 혼잡, (과일의) 잼

• a traffic _____ 교통 혼잡

pain
[pein]
명 고통, 아픔

• I'm in _____. 나는 몸이 아프다.

script
[skript]
명 대본

• a movie _____ 영화 대본

then
[ðen]
부 그때, 그러면

• I have been sick since _____. 나는 그때 이후로 아팠다.
• What's wrong with you _____? 그러면 넌 뭐가 문제니?

tongue
[tʌŋ]
명 혀, 언어

• mother _____ 모국어

A 빈칸에 알맞은 단어를 채워 넣으세요.

1. a poor _____
형편없는 모조품

2. a _____ mine
탄광

3. a traffic _____
교통 혼잡

4. a movie _____
영화 대본

5. mother _____
모국어

6. a terrible _____
끔찍한 기근

1. coal _____
2. jam _____
3. then _____
4. imitation _____
5. distinguish _____
6. pain _____
7. script _____
8. endure _____
9. 혀, 언어 _____
10. 농업, 농학 _____
11. 운동 선수 _____
12. 더러운, 추잡한 _____
13. 기근, 기아 _____

B 주어진 우리말에 알맞게 단어를 배열하세요.

1. 나는 선과 악을 구별한다. (wrong / from / distinguish / I / right / .)

_____

2. 나는 고통을 견뎌야 했다. (the / had to / pain / I / endure / .)

_____

학교 시험문제 **C** 다음 밑줄 친 부분과 의미가 같은 것은?

I had to <u>endure</u> the pain.

① bear   ② jam   ③ tell   ④ grow   ⑤ lose

만 시간을 endure하면 그 분야의 전문가가 될 수 있단다~

전 만 시간 운동해서 athlete이 될래요!

전 script를 열심히 써서 유명한 작가가 될래요!

then 우리 지금부터 시작해 볼까?

Day 55

품사에 따라 뜻이 달라지기도 한다는 점을 잊지 마~

---

advertisement
[ædvərtáizmənt]

명 광고(비격식 ad)

• a magazine _____ 잡지 광고

---

burn
[bəːrn]

명 화상
동 불에 타다, 화상을 입다

• My skin _____s easily. 내 피부는 쉽게 탄다.

---

cell
[sel]

명 세포
cellular 형 세포의, 휴대전화의

• a blood _____ 혈구   a cellular phone 휴대전화

---

count
[kaunt]

명 셈, 계산 동 세다

• I'll _____ from 1 to 10. 1부터 10까지 셀게.

---

fossil
[fásl]

명 화석

• a _____ fuel 화석 연료
(petroleum(석유), coal(석탄) 등 땅속에 매장되어 있는 연료)

---

inside
[insáid]

전 ~의 안쪽에 부 안에

• What's _____ ?   ↔ outside 전 ~의 밖에 부 밖에
안에는 뭐가 있죠?

---

item
[áitəm]

명 항목, (하나의) 상품

• a hot _____ 잘 팔리는 상품

---

native
[néitiv]

명 원주민
형 출생지의, 원주민의

• a _____ speaker 원어민

---

occasion
[əkéiʒən]

명 경우, 때

• That was not proper for the _____.
그것은 경우에 맞지 않았다.

---

remind
[rimáind]

동 ~을 상기시키다,
기억나게 하다

• That picture _____s me of my mother.
그 사진은 나에게 어머니를 기억나게 한다.

  remind A of B
A에게 B를 상기시키다

---

rise
[raiz]

명 증가
동 오르다, (해가) 뜨다
rise-rose-risen

• a steady _____ 꾸준한 증가
• The sun _____s in the east. 해는 동쪽에서 뜬다.

---

sound
[saund]

명 소리
동 ~처럼 들리다,
소리가 나다

• It _____s strange. 그것은 이상하게 들린다.

---

within
[wiðín]

전 ~이내에, ~안에

• I'll be there _____ two minutes.
2분 내에 거기에 도착할 거예요.

A 빈칸에 알맞은 단어를 채워 넣으세요.

1. a _____ speaker
원어민

2. a _____ fuel
화석 연료

3. a magazine _____
잡지 광고

4. a hot _____
잘 팔리는 상품

5. a blood _____
혈구

6. I'll be there _____ two minutes.
2분 내에 거기에 도착할 거예요.

B 주어진 우리말에 알맞게 단어를 배열하세요.

1. 해는 동쪽에서 뜬다. (in / rises / sun / the / the / east / .)

_____

2. 그 사진은 나에게 어머니를 기억나게 한다. (me / my / of / that picture / reminds / mother / .)

_____

C 다음 중 단어의 의미가 알맞지 <u>않은</u> 것은?

① within ― ～이내에　　　② fossil ― 화약　　　③ occasion ― 경우

④ advertisement ― 광고　　　⑤ item ― 상품

Day 56

예문을 공부할 때에는 <2단계 MP3>를 들으면서 공부하자!

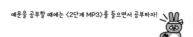

access [ǽksès]	명 접근 동 (컴퓨터에) 접근하다	• Tell me how to _____ the folder. 내가 그 폴더에 접근할 수 있는 방법을 말해줘.
bit [bit]	명 조금, 약간	• I am a _____ tired. 나는 조금 피곤하다. *a little bit 조금*
debut [déibjùː]	명 데뷔, 첫 출연	• a _____ as a singer 가수 데뷔
decoration [dèkəréiʃən]	명 장식 decorate 동 장식하다	• flower _____ 꽃장식
fire [fáiər]	명 불 동 발사하다, 해고하다	• big _____ 큰 불 • You're _____ d. 당신 해고야.
happiness [hǽpinis]	명 행복 happy 형 행복한	• the key to _____ 행복의 비결
humorous [hjúːmərəs]	형 재미있는, 유머러스한 humor 명 유머	• My teacher is _____. 우리 선생님은 재미있으시다.
lecture [léktʃər]	명 강의	• a _____ room 강의실
oppose [əpóuz]	동 ~에 반대하다 opposite 형 반대의	• I will _____ his plan. 나는 그의 계획에 반대할 것이다.
performance [pərfɔ́ːrməns]	명 공연 perform 동 연기하다, 수행하다	• a benefit _____ 자선 공연
repair [ripéər]	명 수리 동 고치다, 수리하다	• He _____s cars. 그는 자동차를 수리한다.
revolution [rèvəljúːʃən]	명 혁명	• a bloodless _____ 무혈 혁명
shame [ʃeim]	명 수치, 부끄러운 일	• What a _____! 얼마나 부끄러운 일인가!

A 빈칸에 알맞은 단어를 채워 넣으세요.

1. the key to _____
행복의 비결

2. a _____ room
강의실

3. What a _____ !
얼마나 부끄러운 일인가!

4. I am a _____ tired.
나는 조금 피곤하다.

5. flower _____
꽃장식

6. My teacher is _____ .
우리 선생님은 재미있으시다.

30초

1. repair
2. happiness
3. humorous
4. lecture
5. decoration
6. revolution
7. shame
8. access
9. 조금, 약간
10. 데뷔, 첫 출연
11. 불; 발사하다
12. ~에 반대하다
13. 공연

B 주어진 우리말에 알맞게 단어를 배열하세요.

1. 나는 그의 계획에 반대할 것이다. (oppose / plan / will / I / his / .)

_____

2. 내가 그 폴더에 접근할 수 있는 방법을 말해줘. (how / tell / access / me / folder / the / to / .)

_____

C 다음 중 짝지어진 단어의 관계가 같도록 빈칸에 알맞은 것은?

happiness : happy = humor : _____

① human   ② happier   ③ humorous   ④ happily   ⑤ happiest

| 오늘은 가수로 **debut**하는 날이네! | 무대 **decoration**도 너무 마음에 들어~ | 멋진 **performance**를 보여주겠어! | 뭐지? **happiness**를 주는 꿈이었네… |

Day 57

abroad
[əbrɔ́ːd]
⬆ 해외에

- He lives _____. 그는 외국에서 산다.

attention
[ətén∫ən]
⬆ 주의, 집중

- Please pay _____ to me.
제게 집중해 주세요.

> pay attention to ~에 집중하다

correct
[kərékt]
⬆ 올바르게 하다, 고치다
⬆ 올바른, 정확한
correction ⬆ 정정

- _____ any errors you find.
실수를 발견하면 고치시오.

> ↔ incorrect ⬆ 부정확한

divorce
[divɔ́ːrs]
⬆ 이혼 ⬆ 이혼하다

- a quick _____ 빠른 이혼

emergency
[imə́ːrdʒənsi]
⬆ 긴급 상황, 비상

- the _____ exit 비상구

harm
[haːrm]
⬆ 피해 ⬆ 피해를 끼치다
harmful ⬆ 해로운

- He would never _____ anyone.
그는 누구에게도 해를 끼치지 않을 것이다.

lie
[lai]
⬆ 거짓말
⬆ 누워 있다, 눕다,
놓여 있다, 거짓말하다
lie-lay-lain

- Don't tell a _____. 거짓말하지 마.
- The town _____s on the coast.
그 마을은 해변가에 있다.

never
[névər]
⬆ 결코 ~이 아닌

- He _____ helps me. 그는 절대 나를 도와주지 않는다.

polish
[páli∫]
⬆ 닦다

- I _____ed my father's shoes.
나는 아버지의 구두를 닦았다.

product
[prádəkt]
⬆ 생산품, 제품
producer ⬆ 프로듀서, 생산자
produce ⬆ 생산하다

- a local _____ 국산품

protest
[próutèst]
⬆ 항의
⬆ 항의하다, 주장하다

- He _____ed his innocence. 그는 무죄를 주장했다.

several
[sévərəl]
⬆ 몇몇 ⬆ 몇몇의

- _____ of them 그들 중 몇몇

shelter
[∫éltər]
⬆ 주거지, 피난처, 보호소

- an animal _____ 동물 보호소

A 빈칸에 알맞은 단어를 채워 넣으세요.

1. a local _____
국산품

2. an animal _____
동물 보호소

3. Please pay _____ to me.
제게 집중해 주세요.

4. a quick _____
빠른 이혼

5. Don't tell a _____.
거짓말하지 마.

6. the _____ exit
비상구

30초

1. polish _____
2. abroad _____
3. correct _____
4. harm _____
5. lie _____
6. never _____
7. product _____
8. protest _____
9. 몇몇; 몇몇의 _____
10. 주거지, 피난처 _____
11. 주의, 집중 _____
12. 이혼; 이혼하다 _____
13. 긴급 상황, 비상 _____

B 주어진 우리말에 알맞게 단어를 배열하세요.

1. 그는 무죄를 주장했다. (his / he / protested / innocence / .)

_____

2. 그는 누구에게도 해를 끼치지 않을 것이다. (never / he / would / harm / anyone / .)

_____

학교 시험문제 **C** 다음 중 짝지어진 단어의 관계가 같도록 빈칸에 알맞은 것은?

produce : product = correct : _____

① corrupt ② corridor ③ correctly ④ core ⑤ correction

| attention해서 숙제 다 끝내! | 엄마! emergency예요! 배 아파서 지금 못하겠어요ㅠ | 너 lie하면 코가 길어지는 거 알지? | 아니에요! never 거짓말 아니에요! |

Day 58

agent
[éidʒənt]
몡 대리인, 중개인

• a travel _____ 여행사 직원

bitter
[bítər]
혱 맛이 쓴, 격렬한, 혹독한

• a _____ battle 격렬한 전투
• _____ cold 혹독한 추위

company
[kʌ́mpəni]
몡 회사, 친구

• a small _____ 작은 회사 ⟨ = corporation 몡 (법인) 회사

conserve
[kənsə́ːrv]
통 아끼다, 보호하다
conservation 몡 보호

• We have to _____ water.
우리는 물을 아껴야 한다.

dry
[drai]
혱 마른, 건조한

• the _____ season 건기

hurt
[həːrt]
통 다치게 하다, 아프다

• Did you _____ yourself?
= Did you get _____ ? 다쳤니? ⟨ get hurt 다치다

literature
[lítərətʃùər]
몡 문학
literary 혱 문학의

• English L_____ Department 영문학과

professor
[prəfésər]
몡 교수
professional 혱 전문적인

• a college _____ 대학 교수

protect
[prətékt]
통 보호하다, 지키다
protection 몡 보호

• My parents will _____ us.
나의 부모님은 우리를 지켜 주실 것이다.

rotten
[rátən]
혱 썩은

• a _____ egg 썩은 계란

sour
[sauər]
혱 (맛이) 신

• _____ apples 맛이 신 사과

suitcase
[sjúːtkèis]
몡 여행 가방

• a heavy _____ 무거운 여행 가방

upset
[ʌpsét]
혱 속상한

• He was _____ because they arrived late.
그는 그들이 늦게 도착했기 때문에 화가 났다.

A 빈칸에 알맞은 단어를 채워 넣으세요.

1. a _____ egg
썩은 계란

2. a travel _____
여행사 직원

3. English _____ Department
영문학과

4. Did you get _____?
다쳤니?

5. _____ cold
혹독한 추위

6. a heavy _____
무거운 여행 가방

B 주어진 우리말에 알맞게 단어를 배열하세요.

1. 우리는 물을 아껴야 한다. (conserve / we / to / water / have / .)

_____

2. 나의 부모님은 우리를 지켜 주실 것이다. (will / my / us / parents / protect / .)

_____

학교 시험문제 **C** 다음 밑줄 친 부분과 의미가 비슷한 것은?

He was <u>upset</u> because they arrived late.

① up　　　② mad　　　③ rotten　　　④ down　　　⑤ correct

길고양이 이야기 들었어? 너무 upset해!

추운 겨울 길에서 bitter한 추위를 견디기도 힘든데

사람들이 괴롭혀서 hurt하게 만든대ㅠ

우리라도 고양이를 protect하자!

Day 59

appear
[əpíər]
동 나타나다

- They didn't _____ anymore.
  그들은 더 이상 나타나지 않았다.
  ↔ disappear 동 사라지다

architect
[ά:rkitèkt]
명 건축가
architecture 명 건축학

- a famous _____ 유명한 건축가

board
[bɔːrd]
명 판자, 이사회
동 승선하다

- The _____ will have 5 members.
  이사회는 5명의 구성원으로 될 것이다.

carbon
[kά:rbən]
명 탄소

- _____ dioxide 이산화탄소

domestic
[dəméstik]
형 국내의, 가정의

- a _____ airline 국내선
- _____ animals 가축

garbage
[gά:rbidʒ]
명 쓰레기, 쓰레기통

- _____ collection 쓰레기 수거
  = trash 명 쓰레기

hold
[hould]
동 잡다

- _____ on, please. (전화기를 잡고) 잠시만 기다리세요.

imply
[implái]
동 내포하다, 의미하다

- Are you _____ing that I am wrong?
  내가 틀렸다는 뜻이니?
  ↔ guilty 형 유죄의

innocent
[ínəsənt]
형 무죄의, 순진한

- I am convinced that she is _____.
  나는 그녀가 무죄라는 것을 확신한다.

lay
[lei]
동 놓다, (알을) 낳다
lay-laid-laid

- _____ the pen on the table. 그 펜을 책상 위에 올려놔.
- The chicken is _____ing well. 그 닭은 알을 잘 낳는다.

plastic
[plǽstik]
명 플라스틱 형 비닐로 된

- a _____ bag 비닐 봉지

population
[pὰpjəléiʃən]
명 인구

- What's the _____ of Korea?
  한국의 인구는 얼마나 됩니까?

round
[raund]
동 돌다 형 둥근
전 ~을 돌아

- The car _____ed the end of the road.
  그 차는 그 도로의 끝을 돌았다.
- The earth moves _____ the sun.
  지구는 태양 주위를 돈다.

정답 57쪽

A 빈칸에 알맞은 단어를 채워 넣으세요.

1. _____ dioxide
이산화탄소

2. a _____ bag
비닐 봉지

3. a famous _____
유명한 건축가

4. _____ collection
쓰레기 수거

5. _____ animals
가축

6. The earth moves _____ the sun.
지구는 태양 주위를 돈다.

30초

1. lay _____
2. board _____
3. round _____
4. hold _____
5. appear _____
6. plastic _____
7. population _____
8. carbon _____
9. 건축가 _____
10. 국내의, 가정의 _____
11. 쓰레기, 쓰레기통 _____
12. 내포하다, 의미하다 _____
13. 무죄의, 순진한 _____

B 주어진 우리말에 알맞게 단어를 배열하세요.

1. 이사회는 5명의 구성원으로 될 것이다. (will / 5 / the / board / have / members / .)

_____

2. 한국의 인구는 얼마나 됩니까? (the / what / is / of / population / Korea / ?)

_____

학교 시험문제 **C** 다음 문장에서 우리말에 맞게 빈칸에 공통으로 들어갈 말은?

· _____ the pen on the table. 그 펜을 책상 위에 올려놔.
· The chicken is _____ing well 그 닭은 알을 잘 낳는다.

① lie　　　　② lay　　　　③ laid　　　　④ lain　　　　⑤ lying

| 많은 환경 문제가 **appear** 하고 있습니다. | 일회용 **plastic** 사용량이 늘어나면서 | **garbage**가 점점 쌓이고 있습니다. | 이산화 **carbon** 때문에 온난화는 더욱 심해질 거예요. |

Day 60

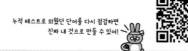

누적 테스트로 외웠던 단어를 다시 점검하면
진짜 내 것으로 만들 수 있어!

allowance [əláuəns]
명 용돈

- an _____ of ₩10,000 만 원의 용돈

broadcast [brɔ́:dkæ̀st]
동 방송하다 명 방송

- a _____ing station 방송국

choose [tʃuːz]
동 선택하다, 고르다
choose-chose-chosen
choice 명 선택

- We have to _____. 우리는 선택해야 한다.

crop [krɑp]
명 작물, 수확량

- a rich[heavy] _____ 풍작

design [dizáin]
명 디자인, 무늬
동 디자인하다

- floral _____s 꽃무늬

evolve [ivɑ́lv]
동 진화하다, 발전하다
evolution 명 진화, 발전

- Science has _____d. 과학은 발전해왔다.

familiar [fəmíljər]
형 친숙한

- a _____ neighbor 친숙한 이웃

invent [invént]
동 발명하다
invention 명 발명
inventor 명 발명가

- I will _____ a flying car.
나는 날아다니는 자동차를 발명할 것이다.

knock [nɑk]
명 노크 동 노크하다

- Two people are _____ing on the door.
두 사람이 문을 두드리고 있다.

moral [mɔ́(:)rəl]
형 도덕의

- a _____ life 도덕적인 삶

propose [prəpóuz]
동 제안하다, 청혼하다
proposal 명 제안, 청혼

- She _____d that we start to write the books.
그녀는 우리가 책을 쓰기 시작할 것을 제안했다.

ratio [réiʃou]
명 비율

- the _____ of 6 to 4 6대 4의 비율

roll [roul]
동 구르다, 돌다, 말다

- A _____ing stone gathers no moss.
구르는 돌에는 이끼가 끼지 않는다.

A 빈칸에 알맞은 단어를 채워 넣으세요.

1. a _____ neighbor
친숙한 이웃

2. a rich _____
풍작

3. the _____ of 6 to 4
6대 4의 비율

4. floral _____
꽃무늬

5. an _____ of ₩10,000
만 원의 용돈

6. a _____ life
도덕적인 삶

1. knock _____
2. propose _____
3. ratio _____
4. roll _____
5. allowance _____
6. broadcast _____
7. crop _____
8. design _____
9. 진화하다, 발전하다 _____
10. 선택하다, 고르다 _____
11. 친숙한 _____
12. 발명하다 _____
13. 도덕의 _____

B 주어진 우리말에 알맞게 단어를 배열하세요.

1. 두 사람이 문을 두드리고 있다. (on / people / are / door / two / knocking / the / .)

_____

2. 나는 날아다니는 자동차를 발명할 것이다. (invent / car / will / I / flying / a / .)

_____

학교 시험문제 **C** 다음 중 짝지어진 단어의 관계가 같도록 빈칸에 알맞은 것은?

propose : proposal = invent : _____

① invention   ② invented   ③ inventor   ④ inventing   ⑤ invents

Day 61

□ **complete**
[kəmplíːt]
동 완료하다
형 완전한, 완료된
completely 부 완전히

• Did you _____ your work?
당신의 일을 완료했나요?

□ **development**
[divéləpmənt]
명 발달, 성장, 개발

• the _____ of education 교육의 발달

□ **grave**
[greiv]
명 무덤

• a nameless _____ 이름없는 무덤

□ **loose**
[luːs]
동 느슨하게 하다
형 (옷이) 헐렁한, 헐거워진

• a _____ shirt 헐렁한 셔츠 ↔ tight 형 단단한, 꽉 조인

□ **modern**
[mádərn]
형 현대의, 근대의

• _____ art 현대 예술

↔ unnecessary 형 불필요한

□ **necessary**
[nèsəséri]
형 필요한
necessity 명 필요, 필수품

• It is _____ to overcome the difficulties. 어려움을 극복하는 것이 필요하다.

□ **phenomenon**
[finámənàn]
명 현상

• a rare _____ 드문 현상

□ **possible**
[pásəbl]
형 가능한, 가능성 있는
possibility 명 가능성

• Is that _____ ? 그것이 가능해요? ↔ impossible 형 불가능한

□ **promote**
[prəmóut]
동 촉진하다, 홍보하다, 승진시키다
promotion 명 홍보, 승진

• We have to _____ the new song.
우리는 새 노래를 홍보해야 한다.

□ **relative**
[rélətiv]
명 친척 형 상대적인
relation 명 관계

• a near _____ 가까운 친척

□ **territory**
[téritɔ̀ːri]
명 영토, 토지, 영역

• mountainous _____ 산간 지역

□ **unique**
[juːníːk]
형 유일한, 독특한

• a _____ character 독특한 성격

□ **worth**
[wəːrθ]
형 ~의 가치가 있는
worthy 형 ~을 받을 만한, ~의 자격이 있는

• This book is _____ reading.
이 책은 읽을 가치가 있다.

A 빈칸에 알맞은 단어를 채워 넣으세요.

1. a nameless _____
이름없는 무덤

2. _____ art
현대 예술

3. a near _____
가까운 친척

4. the _____ of education
교육의 발달

5. a _____ character
독특한 성격

6. Is that _____ ?
그것이 가능해요?

30초

1. worth _____
2. possible _____
3. promote _____
4. relative _____
5. necessary _____
6. complete _____
7. development _____
8. grave _____
9. (옷이) 헐렁한 _____
10. 현대의, 근대의 _____
11. 현상 _____
12. 영토, 토지, 영역 _____
13. 유일한, 독특한 _____

B 주어진 우리말에 알맞게 단어를 배열하세요.

1. 우리는 새 노래를 홍보해야 한다. (song / have / we / to / promote / new / the / .)

_____

2. 이 책은 읽을 가치가 있다. (reading / book / is / this / worth / .)

_____

학교 시험문제 C 다음 중 우리말에 일치하게 빈칸에 들어갈 말로 알맞은 것은?

It is _____ to overcome the difficulties. 어려움을 극복하는 것이 필요하다.

① impossible   ② good   ③ worth   ④ necessary   ⑤ possible

Day 62

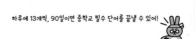

☐ **blood**
[blʌd]
명 피, 혈액
bleed 동 피를 흘리다

- What is your _____ type? 당신의 혈액형은 무엇인가요?

☐ **contain**
[kəntéin]
동 포함하다
container 명 용기, 그릇

- Tea also _____s caffeine.
차 역시 카페인을 포함하고 있다.

☐ **contrary**
[kántreri]
형 ~와 반대되는

- _____ to his opinion, I don't agree with it.
그의 의견과는 반대로, 나는 그것에 동의하지 않는다.

  > contrary to ~와 반대로

☐ **dough**
[dou]
명 밀가루 반죽

- The _____ is too sticky. 반죽이 너무 끈적거린다.

☐ **extinct**
[ikstíŋkt]
형 멸종된, 사라진
extinction 명 멸종

- an _____ animal 멸종한 동물

☐ **finally**
[fáinəli]
부 마침내, 결국
final 명 결승전 형 마지막의

- _____, we won the game.
마침내 우리가 게임에서 이겼다.

  > = eventually, at last, in the end

☐ **fist**
[fist]
명 주먹

- Make a tight _____. 주먹을 꼭 쥐어.

☐ **fraction**
[frǽkʃən]
명 부분, 분수

- a _____ of a mark 부분 점수
- an improper _____ 가분수

☐ **front**
[frʌnt]
명 앞, 정면 형 앞쪽의

- _____ teeth 앞니

  > in front of ~의 정면에

☐ **mark**
[maːrk]
명 자국, 표시, 점수
동 ~에 표시하다

- I got high _____s in school.
나는 학교에서 높은 점수를 받았다.
- The teacher _____ed his absence.
선생님은 그의 결석을 표시했다.

☐ **repeat**
[ripíːt]
동 반복하다,
(말을) 따라하다
repetition 명 반복

- _____ after me. 내 말을 따라해 봐.

☐ **thought**
[θɔːt]
명 생각, 사상
think 동 생각하다

- Tell me your _____s. 네 생각을 말해 봐.

☐ **traditional**
[trədíʃənəl]
형 전통적인
tradition 명 전통

- _____ food 전통 음식

A 빈칸에 알맞은 단어를 채워 넣으세요.

1. an _____ animal
멸종한 동물

2. _____ teeth
앞니

3. Make a tight _____.
주먹을 꼭 쥐어.

4. _____ after me.
내 말을 따라해 봐.

5. _____ food
전통 음식

6. Tell me your _____.
네 생각을 말해 봐.

30초

1. fist
2. dough
3. contrary
4. fraction
5. front
6. blood
7. contain
8. extinct
9. 마침내, 결국
10. 자국; ~에 표시하다
11. 반복하다, 따라하다
12. 생각, 사상
13. 전통적인

B 주어진 우리말에 알맞게 단어를 배열하세요.

1. 나는 학교에서 높은 점수를 받았다. (high / got / I / marks / school / in / .)

_____

2. 당신의 혈액형은 무엇인가요? (your / is / type / what / blood / ?)

_____

학교 시험문제 **C** 다음 밑줄 친 부분과 의미가 같은 것은?

Finally, we won the game.

① Firstly   ② At last   ③ Really   ④ Casually   ⑤ Now

공 던지기 시험에서 낮은 **mark**를 받았어요ㅠ

다시 연습해 보자! 못한다는 **thought**를 버려~

여러 번 **repeat**하면 잘 던질 수 있을거야!

거봐~ **finally** 멋지게 던지잖아!

Day 63

☐ **ahead** [əhéd]	閏 앞으로, 미리	• Go _____! 앞으로 가세요!
☐ **billion** [bíljən]	圆 10억	• five _____ dollars 50억 달러
☐ **congratulation** [kəngrætʃəléiʃən]	圆 (복수로) 축하(인사)	• _____s on your marriage. 결혼 축하해요. • a letter of _____s 축하 편지
☐ **contribute** [kəntríbjuːt]	動 기부하다, 공헌[기여]하다	• He _____d lots of money to the funds. 그는 그 기금에 많은 돈을 기부했다.
☐ **control** [kəntróul]	圆 제어, 통치, 지배 動 제어하다, 통치[지배]하다	• I can't _____ my children anymore. 나는 더 이상 아이들을 통제할 수 없어요. _out of control 통제할 수 없는_
☐ **copy** [kápi]	圆 복사, (책, 신문 등의) 한 부 動 복사하다, 모방하다	• Don't _____ me. 날 따라하지 마.
☐ **court** [kɔːrt]	圆 법정, (테니스 등의) 코트	• a tennis _____ 테니스 코트
☐ **experiment** [ikspérəmənt]	圆 실험 動 실험을 하다	• a scientific _____ 과학 실험
☐ **goal** [goul]	圆 목표, (축구 등) 골, 골문	• a personal _____ 개인의 목표 _= aim, target 圆 목적, 목표_
☐ **honor** [ánər]	圆 영예, 영광 動 ~에게 영예를 주다	• It's an _____. 영광입니다.
☐ **import** [ímpɔ̀ːrt]	圆 수입 動 수입하다	• _____ controls 수입 제한 _↔export 圆 수출 動 수출하다_
☐ **maintain** [meintéin]	動 유지하다	• They _____ed the price of the product. 그들은 그 제품의 가격을 유지했다.
☐ **wonder** [wʌ́ndər]	動 궁금하게 여기다	• I _____ who the man is. 나는 그 남자가 누구인지 궁금하다.

확인테스트

A 빈칸에 알맞은 단어를 채워 넣으세요.

1. five _____ dollars
50억 달러

2. Go _____!
앞으로 가세요!

3. a tennis _____
테니스 코트

4. It's an _____.
영광입니다.

5. a personal _____
개인의 목표

6. a scientific _____
과학 실험

30초

1. wonder _____
2. ahead _____
3. congratulation _____
4. contribute _____
5. control _____
6. court _____
7. experiment _____
8. honor _____
9. 수입; 수입하다 _____
10. 유지하다 _____
11. 10억 _____
12. 복사; 복사하다 _____
13. 목표, 골, 골문 _____

B 주어진 우리말에 알맞게 단어를 배열하세요.

1. 그들은 그 제품의 가격을 유지했다. (maintained / they / the price / the product / of / .)

_____

2. 나는 그 남자가 누구인지 궁금하다. (who / wonder / the / I / is / man / .)

_____

C 다음 두 문장의 의미가 같도록 빈칸에 알맞은 것은?

I can't control my children. = My children are _____ control.

① into   ② out   ③ out of   ④ not   ⑤ no

이 **experiment**만 성공하면 돼! / 그럼 난 **billion**을 버는 부자가 될거야! 흐흐 / 으앳! **control**이 안되네! 또 실패다ㅠ / 아직도 하는 거야? 언제 성공할지 **wonder**하군~

Day 63 » **133**

Day 64

already
[ɔːlrédi]
🔹 이미, 벌써

• She was _____ at home. 그녀는 이미 집에 와 있었다.

bark
[baːrk]
🔹 짖다 🔹 나무 껍질

• Dogs _____ at strangers. 개는 낯선 사람들에게 짖는다.

beyond
[bijánd]
🔹 저편에, ～을 넘어서

• The view is _____ description.
그 경치는 말로 표현할 수 없을 정도이다.

> beyond description
> 말로 표현할 수 없는

colony
[káləni]
🔹 식민지

• Australia was a British _____. 호주는 영국의 식민지였다.

credit
[krédit]
🔹 신용거래

• a _____ card 신용카드

disappoint
[dìsəpɔ́int]
🔹 실망시키다
disappointment 🔹 실망

• I'm sorry to _____ you. 너를 실망시켜서 미안해.

flesh
[fleʃ]
🔹 살, 육체

• _____ and blood 인간(살과 피는 인간을 상징)

headline
[hédlàin]
🔹 헤드라인[표제]
🔹 기사에 헤드라인을 달다

• _____ news 주요 뉴스

huge
[hjuːdʒ]
🔹 거대한, 막대한, 대단한

• a _____ success 대성공

> ↔ tiny 🔹 아주 작은

obey
[oubéi]
🔹 복종하다, 따르다

• You have to _____ the law.
법을 따라야 한다.

> ↔ disobey 🔹 불복종하다

obtain
[əbtéin]
🔹 얻다, 구하다

• I'll _____ the book. 나는 그 책을 얻을 것이다.

quit
[kwit]
🔹 멈추다, 그만두다

• Just _____ it. 그만 좀 해.

tip
[tip]
🔹 끝, 조언

• the _____ of my tongue 내 혀끝

A 빈칸에 알맞은 단어를 채워 넣으세요.

1. _____ and blood
인간

2. _____ news
주요 뉴스

3. the _____ of my tongue
내 혀끝

4. a _____ success
대성공

5. a _____ card
신용카드

6. Dogs _____ at strangers.
개는 낯선 사람들에게 짖는다.

30초

1. tip _____
2. huge _____
3. headline _____
4. already _____
5. beyond _____
6. colony _____
7. disappoint _____
8. flesh _____
9. 복종하다, 따르다 _____
10. 얻다, 구하다 _____
11. 멈추다, 그만두다 _____
12. 짖다; 나무 껍질 _____
13. 신용거래 _____

B 주어진 우리말에 알맞게 단어를 배열하세요.

1. 너를 실망시켜서 미안해. (am / to / I / sorry / disappoint / you / .)

_____

2. 호주는 영국의 식민지였다. (was / Australia / colony / British / a / .)

_____

학교 시험문제 **C** 다음 밑줄 친 부분의 의미로 알맞은 것은?

The view is beyond description.

① ~보다 앞선　　② 멋있는　　③ 확 트인　　④ 말로 표현할 수 없는　　⑤ 매우 높은

Day 65

caterpillar
[kǽtərpìlər]
명 애벌레

- A _____ changes into a butterfly.
  애벌레는 나비로 변한다.

discipline
[dísəplin]
명 규율, 훈육 동 훈련하다

- military _____ 군대 규율

floor
[flɔːr]
명 바닥, 층

- My house is on the third _____.
  내 집은 3층에 있다.
  = story 명 층

image
[ímidʒ]
명 이미지, 형상

- a good _____ 좋은 이미지

insect
[ínsekt]
명 곤충

- a harmful _____ 해충
  = bug 명 (작은) 곤충

passenger
[pǽsəndʒər]
명 승객

- a _____ seat 승객석

perhaps
[pərhǽps]
부 아마도

- _____ she fell in love with him.
  아마도 그녀는 그와 사랑에 빠졌는지도 모른다.
  = maybe

reply
[riplái]
명 대답, 답장
동 대답하다, 답장하다

- a quick _____ 빠른 답변

request
[rikwést]
명 요청 동 요청하다

- I refused his _____. 나는 그의 요청을 거절했다.

root
[ru(ː)t]
명 뿌리, 근원

- _____ crops 뿌리 작물

spot
[spɑt]
명 점, 얼룩, 장소

- The dog has black _____s. 그 개는 검은 점들이 있다.
- a quiet _____ 조용한 장소

statistics
[stətístiks]
명 통계, 통계학

- official _____ 공식 통계

tie
[tai]
명 넥타이, 동점
동 묶다, 매다

- Can you help me tie my _____?
  넥타이 매는 것을 도와줄 수 있나요?
- It's a _____. 동점이다.

정답 58쪽

A 빈칸에 알맞은 단어를 채워 넣으세요.

1. a harmful _____
해충

2. a quick _____
빠른 답변

3. a _____ seat
승객석

4. _____ crops
뿌리 작물

5. official _____
공식 통계

6. a quiet _____
조용한 장소

30초

1. tie _____
2. passenger _____
3. perhaps _____
4. reply _____
5. request _____
6. spot _____
7. discipline _____
8. caterpillar _____
9. 바닥, 층 _____
10. 이미지, 형상 _____
11. 곤충 _____
12. 뿌리, 근원 _____
13. 통계, 통계학 _____

B 주어진 우리말에 알맞게 단어를 배열하세요.

1. 내 집은 3층에 있다. (on / is / third / the / floor / house / my / .)

_____

2. 넥타이 매는 것을 도와줄 수 있나요? (you / tie / my / help / tie / can / me / ?)

_____

학교 시험문제 **C** 다음 밑줄 친 부분과 의미가 비슷한 것은?

Perhaps she fell in love with him.

① Today ② Clearly ③ Maybe ④ Kindly ⑤ Happily

앗, 깜짝이야! 저기 **floor** 좀 봐! | 으액! 저게 뭐야? **spot**도 많은데? | **caterpillar**니까 괜찮아~ 커서 예쁜 나비가 되거든~ | 징그러워ㅜ 저것 좀 멀리 치워줘! **request**할게ㅠ

Day 66

 긴 단어들이 많지만 걱정하지 마~

career
[kəríər]
명 직업, 경력

• a _____ woman 직장 여성

certain
[sə́:rtən]
형 확실한, 확신하는
certainly 부 확실히, 틀림없이,
(대답으로) 물론이지요.

• I am _____ that he will make it.
나는 그가 성공할 것을 확신한다.

drill
[dril]
명 드릴, 송곳, 반복 연습

• an English grammar _____ 영어 문법 연습

flash
[flæʃ]
명 번쩍임
동 (빛이) 비치다

• a _____ of lightning 번개의 번쩍임

however
[hauévər]
부 하지만, 아무리 ~해도

• _____, they didn't come back.
하지만 그들은 돌아오지 않았다.

industry
[índəstri]
명 산업, 공업

• the steel _____ 철강 산업

nervous
[nə́:rvəs]
형 긴장하는, 불안한
nerve 명 신경

• I was very _____ before the test.
나는 시험 전에 매우 긴장했다.

object
[ábdʒikt]
명 물건, 목표, 목적
동 반대하다 [əbdʒékt]

• a moving _____ 움직이는 물체
• I _____ to moving to another country.
나는 다른 나라로 이사 가는 것을 반대한다. object to ~에 반대하다

prepare
[pripέər]
동 준비하다
preparation 명 준비

• I have to _____ for the party.
나는 파티를 준비해야 한다.

quality
[kwáləti]
명 질, 자질
qualify 동 자격을 갖추다

• He has the _____ of a chairman.
그는 의장의 자질이 있다. quantity 명 양

rate
[reit]
명 비율, 속도, 요금

• the divorce _____ 이혼율
• the _____ of 5 miles an hour
시속 5마일의 속도 at any rate 어쨌든

responsible
[rispánsəbl]
형 책임이 있는

• You are _____ for this accident.
너는 이번 사고에 책임이 있어.
be responsible for ~에 책임이 있다

trick
[trik]
명 속임수, 장난 형 교묘한

• a _____ question 교묘한 질문

A 빈칸에 알맞은 단어를 채워 넣으세요.

1. a _____ of lightning
번개의 번쩍임

2. the steel _____
철강 산업

3. a _____ question
교묘한 질문

4. a _____ woman
직장 여성

5. an English grammar _____
영어 문법 연습

6. a moving _____
움직이는 물체

1. trick _____
2. certain _____
3. flash _____
4. however _____
5. industry _____
6. nervous _____
7. object _____
8. prepare _____
9. 질, 자질 _____
10. 비율, 속도, 요금 _____
11. 책임이 있는 _____
12. 직업, 경력 _____
13. 드릴, 반복 연습 _____

B 주어진 우리말에 알맞게 단어를 배열하세요.

1. 그는 의장의 자질이 있다. (the / a / quality / he / has / chairman / of / .)

_____

2. 너는 이번 사고에 책임이 있어. (you / for / this / responsible / are / accident / .)

_____

학교 시험문제 **C** 다음에서 우리말에 맞게 빈칸에 공통으로 들어갈 말은?

· the divorce _____ 이혼율
· the _____ of 5 miles an hour 시속 5마일의 속도

① late   ② rate   ③ lace   ④ race   ⑤ speed

| 발표 많이 prepare했니? | 어제 밤새도록 drill 했는데ㅠ | 아직도 nervous해요… 잘 할 수 있을까요?ㅠ | 그럼~ 우리 딸 잘 할 거라고 certain해! |

Day 67

brand
[brænd]
명 상표, 브랜드

- a popular _____ 유명 상표
- a _____ new car 신형차

captain
[kǽptən]
명 선장, 기장,
(스포츠 팀의) 주장

- C_____ Hook 후크 선장(피터팬에 나오는 악당)

case
[keis]
명 경우, 사건

- In _____ it rains, keep the umbrella.
  비가 올 경우에 대비해서 우산을 챙겨.

> in case
> ~의 경우에 대비해서

comic
[kάmik]
형 웃기는, 재미있는
comedy 명 코미디, 희극, 희극성

- a _____ book 만화책

crew
[kru:]
명 승무원, (기술) 팀

- a camera _____ 카메라 팀

desire
[dizáiər]
명 욕망 동 바라다, 원하다
desirable 형 바람직한

- a _____ for money 돈에 대한 욕심

excellent
[éksələnt]
형 뛰어난
excel 동 뛰어나다, 탁월하다

- He is _____ at sports. 그는 스포츠에 뛰어나다.

express
[iksprés]
명 급행 형 급행의
동 표현하다
expression 명 표현

- an _____ bus 고속버스
- They _____ed their opinions.
  그들은 자신의 의견을 표현했다.

hero
[hí(:)ərou]
명 (남자) 영웅

- a national _____ 국민적 영웅

> heroine 명 여자영웅, 여걸

price
[prais]
명 가격, 대가
priceless 형 (가격을 매길 수 없을
정도로) 값비싼

- a high _____ 높은 가격

> at any price
> 어떤 대가를 치르더라도

slice
[slais]
명 조각 동 (얇게) 썰다

- a _____ of bread 빵 한 조각
- _____ it thin. 얇게 썰어.

sneeze
[sni:z]
명 재채기 동 재채기하다

- I can't hold a _____. 나는 재채기를 참을 수 없어.

wipe
[waip]
동 닦다, 닦아내다

- _____ your nose. 코 좀 닦아.

A 빈칸에 알맞은 단어를 채워 넣으세요.

1. In _____ it rains, keep the umbrella.
비가 올 경우에 대비해서 우산을 챙겨.

2. a camera _____
카메라 팀

3. a _____ book
만화책

4. a _____ new car
신형차

5. an _____ bus 고속버스

6. a high _____ 높은 가격

1. hero
2. excellent
3. price
4. brand
5. captain
6. comic
7. crew
8. slice
9. 재채기
10. 닦다, 닦아내다
11. 경우, 사건
12. 욕망; 바라다
13. 급행의; 표현하다

B 주어진 우리말에 알맞게 단어를 배열하세요.

1. 그는 스포츠에 뛰어나다. (at / he / sports / excellent / is / .)

_____

2. 나는 재채기를 참을 수 없어. (hold / sneeze / can't / I / a / .)

_____

C A와 B에 들어갈 말이 알맞게 짝지어진 것은? (학교 시험문제)

It is a ____A____ product. 그것은 값비싼 제품이다.
I'll do that at any ____B____. 어떤 대가를 치르더라도 나는 그렇게 할거야.

	A	B		A	B
①	price	price	②	priceless	price
③	price	priceless	④	priceless	priceless
⑤	priceless	pride			

오늘은 꼭 내 마음을 **express**해야지!

내가 아주 **excellent**한 선물을 준비했어~

짜잔~ 네가 좋아하는 **hero** 피규어야!

우와! 정말 **desire**했던 건데 고마워!!

Day 68

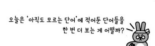 오늘은 '아직도 모르는 단어'에 적어둔 단어들을
한 번 더 보는 게 어떨까?

article [ɑ́ːrtikl]	몡 기사	• I read an _____ . 나는 기사를 읽었다.
block [blɑk]	통 막다, 방해하다	• Please _____ him. 그를 막아주세요.
crime [kraim]	몡 범죄	• a grave _____ 중대 범죄
destiny [déstəni]	몡 운명	• human _____ 사람의 운명 < = fate 몡 운명
equipment [ikwípmənt]	몡 기구, 장치	• medical _____ 의료 기구
heal [hiːl]	통 치료하다, 치유되다 healing 몡 치유	• I need some time to _____ . 나는 치유할 시간이 필요해.
justice [dʒʌ́stis]	몡 정의	• _____ and freedom 정의와 자유 < ↔ injustice 몡 부당함, 불평등
lend [lend]	통 빌려 주다	• Can you _____ me your notebook? 네 공책 좀 빌려 줄 수 있니? < borrow 통 (훈히 무상으로) 빌려 오다 rent 통 (돈을 주고) 빌려 오다
motivate [móutəvèit]	통 동기를 부여하다 motivation 몡 자극, 동기 부여	• We need something to _____ us. 우리는 동기 부여할 뭔가가 필요해.
please [pliːz]	통 ~을 기쁘게 하다 뷔 제발, 부디 pleasure 몡 기쁨	• You can't _____ everybody. 모든 사람을 기쁘게 할 수는 없다. • I am _____d to see you. 만나뵙게 되어 기쁩니다.
prefer [prifə́ːr]	통 ~을 더 좋아하다	• I _____ coffee to tea. 나는 차보다 커피를 더 좋아한다. < prefer A to B B보다 A를 더 좋아하다
save [seiv]	통 구하다, 저축[절약]하다	• _____ me. 나를 구해줘.
wander [wɑ́ndər]	통 방황하다	• I _____ed around the town. 나는 방황하며 마을을 돌아다녔다.

A 빈칸에 알맞은 단어를 채워 넣으세요.

1. _____ and freedom
정의와 자유

2. a grave _____
중대 범죄

3. medical _____
의료 기구

4. human _____
사람의 운명

5. I read an _____ .
나는 기사를 읽었다.

6. I need some time to _____ .
나는 치유할 시간이 필요해.

30초

1. heal _____
2. justice _____
3. prefer _____
4. save _____
5. article _____
6. crime _____
7. destiny _____
8. equipment _____
9. 빌려 주다 _____
10. 동기를 부여하다 _____
11. ~을 기쁘게 하다 _____
12. 방황하다 _____
13. 막다, 방해하다 _____

B 주어진 우리말에 알맞게 단어를 배열하세요.

1. 나는 차보다 커피를 더 좋아한다. (prefer / I / coffee / tea / to / .)

_____

2. 네 공책 좀 빌려 줄 수 있니? (lend / can / me / notebook / you / your / ?)

_____

학교 시험문제 **C** 다음 중 짝지어진 단어의 관계가 같도록 빈칸에 알맞은 것은?

heal : _____ = motivate : motivation

① heals   ② healing   ③ hear   ④ hill   ⑤ heart

Day 69

charge나 pass에는 다양한 의미가 있어!
모두 잘 쓰이는 의미이니까 다 알아두는 것이 좋아!

admire
[ədmáiər]
동 존경하다

- I _____ my father. 나는 아버지를 존경한다.

bring
[briŋ]
동 가져오다, 데려오다

- _____ your umbrella. 우산 가지고 와.

charge
[tʃɑːrdʒ]
명 요금, 책임, 고발
동 (요금을) 청구하다, 고발하다

- free of _____ 무료로
- I am in _____ of this business.
나는 이 사업을 책임지고 있다.

cotton
[kátən]
명 목화, 면, 솜

- _____ candy 솜사탕

early
[ə́ːrli]
형 이른, 초기의 부 일찍

- the _____ 2000s 2000년대 초
- I got up _____ this morning.
나는 오늘 아침에 일찍 일어났다.

hurry
[hə́ːri]
명 서두름 동 서두르다

- _____ up! 서둘러!
- I'm in a _____. 난 바빠.

increase
[ínkriːs]
명 증가 동 증가하다

- a sharp _____
급격한 증가

↔ decrease
동 줄다, 감소하다 명 감소

issue
[íʃuː]
명 이슈, 쟁점, 문제

- a key _____ 핵심 쟁점
- Money is not an _____. 돈이 문제가 아니다.

lack
[læk]
명 부족, 결핍

- a _____ of exercise 운동 부족

occupation
[àkjəpéiʃən]
명 직업
occupy 동 차지하다, 점령하다

- _____ name 직업명

pass
[pæs]
명 통과, 합격
동 통과하다, 합격하다, 건네주다
passage 명 통행, 통로

- I hope to _____ the test. 나는 시험에 통과하기를 바란다.
- _____ me the salt, please. 소금 좀 건네 주세요.

retire
[ritáiər]
동 은퇴하다, 그만두다

- He will _____ early. 그는 일찍 은퇴할 것이다.

shut
[ʃʌt]
동 닫다

- I can't _____ the door. 나는 문을 닫을 수가 없다.

A 빈칸에 알맞은 단어를 채워 넣으세요.

1. a _____ of exercise
운동 부족

2. _____ up!
서둘러!

3. _____ name
직업명

4. _____ me the salt, please.
소금 좀 건네 주세요.

5. He will _____ early.
그는 일찍 은퇴할 것이다.

6. _____ your umbrella.
우산 가지고 와.

30초

1. pass _____
2. hurry _____
3. issue _____
4. shut _____
5. occupation _____
6. cotton _____
7. retire _____
8. lack _____
9. 존경하다 _____
10. 가져오다, 데려오다 _____
11. 요금; 청구하다 _____
12. 이른; 일찍 _____
13. 증가; 증가하다 _____

B 주어진 우리말에 알맞게 단어를 배열하세요.

1. 나는 문을 닫을 수가 없다. (can't / the / I / door / shut / .)

_____

2. 나는 오늘 아침에 일찍 일어났다. (morning / got / early / I / up / this / .)

_____

학교 시험문제 **C** 다음에서 우리말에 맞게 빈칸에 공통으로 들어갈 말은?

· free of _____   무료로
· I am in _____ of this business. 나는 이 사업을 책임지고 있다.

① lack   ② block   ③ issue   ④ pass   ⑤ charge

Day 70

포기하지 않고 여기까지 오다니 정말 대단해^^

☐ **ape**
[eip]
⑲ 유인원

• the great _____s 고등 유인원

☐ **expert**
[ékspəːrt]
⑲ 전문가

• an _____ in English education
영어 교육 전문가

= specialist

☐ **gene**
[dʒiːn]
⑲ 유전자

• a rare _____ 희귀한 유전자

☐ **international**
[ìntərnǽʃənəl]
⑲ 국제적인

• an _____ airline 국제 항공사

☐ **miss**
[mis]
⑲ 놓치다, 그리워하다
⑲ 놓침

• Go early, or you will _____ the train.
빨리 가, 그러지 않으면 기차를 놓치게 될 거야.

• I will _____ you. 네가 그리울 거야.

☐ **operate**
[ápərèit]
⑲ 작동하다, 수술하다
operation ⑲ 작동, 수술

• How can I _____ this machine?
이 기계는 어떻게 작동하나요?

☐ **regard**
[rigáːrd]
⑲ ~로 여기다

• She _____s him as a great writer.
그녀는 그를 훌륭한 작가라고 생각한다.

regard〔think of〕A as B
A를 B로 여기다

☐ **require**
[rikwáiər]
⑲ 요구하다
requirement ⑲ 요구

• I didn't _____ anything.
나는 어떤 것도 요구하지 않았다.

☐ **ridiculous**
[ridíkjələs]
⑲ 웃기는, 터무니없는,
황당한

• a _____ question 황당한 질문

☐ **shape**
[ʃeip]
⑲ 모양, 형태

• She is in good _____. 그녀는 몸매가 좋다.

☐ **suicide**
[sjúːisàid]
⑲ 자살

• _____ rate 자살률

☐ **toothache**
[túːθèik]
⑲ 치통

• I have a _____.
나는 이가 아프다.

tooth(이) + ache(아픔)

☐ **wear**
[wɛər]
⑲ 입다, 닳다, 해어지다

• I'm _____ing a shirt. 나는 셔츠를 입고 있다.
• The shirt is starting to _____ out.
셔츠가 해어지기 시작하고 있다.

A 빈칸에 알맞은 단어를 채워 넣으세요.

1. _____ rate
자살률

2. an _____ airline
국제 항공사

3. a _____ question
황당한 질문

4. the great _____
고등 유인원

5. I have a _____ .
나는 이가 아프다.

6. a rare _____
희귀한 유전자

30초

1. miss _____
2. require _____
3. suicide _____
4. wear _____
5. expert _____
6. international _____
7. operate _____
8. regard _____
9. 웃기는, 황당한 _____
10. 모양, 형태 _____
11. 치통 _____
12. 유인원 _____
13. 유전자 _____

B 주어진 우리말에 알맞게 단어를 배열하세요.

1. 나는 어떤 것도 요구하지 않았다. (didn't / I / anything / require / .)

_____

2. 그녀는 몸매가 좋다. (good / in / she / shape / is / .)

_____

학교 시험문제 **C** 다음 밑줄 친 부분과 의미가 비슷한 것은?

She <u>regards</u> him as a great writer.

① requires   ② wears   ③ thinks of   ④ thinks   ⑤ thanks

영어 공부가 필수라고 **regard**해지고 있어!
English

맞아!
영어는 **international**한 언어잖아~

이제는 영어뿐 아니라 중국어도 **expert**가 되어야 한대~
Chinese

아이고! 점점 **require**하는 게 많아지는구나ㅠ

Day 71

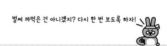 벌써 까먹은 건 아니겠지? 다시 한 번 보도록 하자!

☐ **because** [bikɔ́(:)z]	쩝 왜냐하면, ~때문에	• I went to sleep early _____ I was tired. 나는 피곤했기 때문에 일찍 잤다. *because + 주어 + 동사 / because of + (동)명사*
☐ **crowded** [kráudid]	톕 붐비는 crowd 톕 (모인) 군중, 무리	• a _____ street 붐비는 거리
☐ **deny** [dinái]	톞 거부하다, 거절하다, 부인하다	• I didn't _____ it. 나는 그것을 부정하지 않았다.
☐ **equal** [í:kwəl]	톕 동등한, 평등한	• One dozen is _____ to twelve. 한 다스는 12와 같다.
☐ **excuse** [ikskjú:s]	톕 변명, 용서 톞 변명하다, 용서하다	• Don't make _____s. 변명하지 마. • Please _____ me for being late. 늦은 걸 용서해 주세요. *Excuse me. ↘ 실례합니다. / Excuse me. ↗ 뭐라고요?*
☐ **gather** [gǽðər]	톞 모으다 gathering 톕 모임	• Let's _____ more information together. 함께 정보를 더 모아 보자.
☐ **gift** [gift]	톕 선물, 재능	• He has a _____ for languages. 그는 언어에 재능이 있다. *= talent 톕 재능, 재주*
☐ **mummy** [mʌ́mi]	톕 미라	• an Egyptian _____ 이집트 미라
☐ **muscle** [mʌ́sl]	톕 근육	• _____ pain 근육통
☐ **praise** [preiz]	톕 칭찬 톞 칭찬하다	• _____ can even make a whale dance. 칭찬은 고래도 춤추게 한다.
☐ **report** [ripɔ́ːrt]	톕 보고(서), 보도 톞 보고하다, 알리다 reporter 톕 기자, 리포터	• a weather _____ 일기 예보
☐ **surf** [səːrf]	톕 파도 톞 파도타기를 하다, 인터넷 서핑을 하다	• a heavy _____ 큰 파도/격랑
☐ **weak** [wi:k]	톕 약한 weakness 톕 약함	• a _____ point 약점 *↔ strong 톕 강한*

Ⓐ 빈칸에 알맞은 단어를 채워 넣으세요.

1. a _____ point
약점

2. _____ pain
근육통

3. an Egyptian _____
이집트 미라

4. a heavy _____
큰 파도/격랑

5. a _____ street
붐비는 거리

6. Let's _____ more information together.
함께 정보를 더 모아 보자.

1. surf _____
2. muscle _____
3. praise _____
4. report _____
5. mummy _____
6. weak _____
7. because _____
8. crowded _____
9. 거부하다, 부인하다 _____
10. 동등한, 평등한 _____
11. 변명; 용서하다 _____
12. 모으다 _____
13. 선물, 재능 _____

Ⓑ 주어진 우리말에 알맞게 단어를 배열하세요.

1. 한 다스는 12와 같다. (is / twelve / dozen / equal / to / one / .)

_____

2. 늦은 걸 용서해 주세요. (being / for / excuse / please / me / late / .)

_____

학교 시험문제 **Ⓒ** 다음 괄호 안에서 알맞은 것을 고르시오.

· I went to sleep early (because / because of) I was tired.
· I didn't go out (because / because of) the bad weather.

Day 72

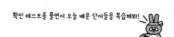 확인 테스트를 풀면서 오늘 배운 단어들을 복습해봐!

boil
[bɔil]
동 끓이다

- Water _____s at 100 degrees. 물은 100도에서 끓는다.

burst
[bəːrst]
동 터지다

- Don't _____ the balloon. 풍선 터뜨리지 마.

drop
[drɑp]
명 방울, 하락 동 떨어지다

- a _____ of water 한 방울의 물

exception
[iksépʃən]
명 예외
except 전 ~을 제외하고

- There is no rule without _____s.
예외 없는 규칙은 없다.

expensive
[ikspénsiv]
형 비싼

- It's too _____. 너무 비싸요. ↔ cheap 형 싼

master
[mǽstər]
명 달인, 사부
동 ~을 통달[마스터]하다

- I will _____ English grammar.
나는 영문법을 마스터할 것이다.

news
[njuːz]
명 뉴스, 소식

- No _____ is good news. news는 단수 취급
무소식이 희소식.

ordinary
[ɔ́ːrdənèri]
형 보통의, 평범한
extraordinary 형 특별한, 보기 드문

- an _____ day 평범한 날 = usual, common, normal

prevent
[privént]
동 막다, 방지하다

- Nobody can _____ her from going.
누구도 그녀가 가는 것을 막을 수 없다.
prevent A from B
B로 부터 A를 막다, 방지하다

procedure
[prəsíːdʒər]
명 절차

- a simple _____ 간단한 절차

similar
[símələr]
형 비슷한
similarity 명 유사성

- They look very _____. 그것들은 매우 비슷해 보인다.

sudden
[sʌ́dən]
형 갑작스러운

- a _____ shock 갑작스러운 충격 all of a sudden 갑자기 = suddenly

truth
[truːθ]
명 사실, 진리
true 형 진실의, 참의

- _____ or false 진실 혹은 거짓

A 빈칸에 알맞은 단어를 채워 넣으세요.

1. a _____ shock
갑작스러운 충격

2. _____ or false
진실 혹은 거짓

3. an _____ day
평범한 날

4. a simple _____
간단한 절차

5. They look very _____.
그것들은 매우 비슷해 보인다.

6. It's too _____.
너무 비싸요.

1. truth _____
2. ordinary _____
3. burst _____
4. drop _____
5. exception _____
6. news _____
7. prevent _____
8. procedure _____
9. 비슷한 _____
10. 갑작스러운 _____
11. 끓이다 _____
12. 비싼 _____
13. 달인; ~을 통달하다 _____

B 주어진 우리말에 알맞게 단어를 배열하세요.

1. 예외 없는 규칙은 없다. (rule / there / is / exceptions / no / without / .)

_____

2. 누구도 그녀가 가는 것을 막을 수 없다. (her / from / nobody / going / can / prevent / .)

_____

학교 시험문제 **C** 다음 밑줄 친 부분에 들어갈 말로 알맞지 <u>않은</u> 것은?

That is _____ news. 저것은 보통의 뉴스이다.

① ordinary   ② usual   ③ common   ④ normal   ⑤ extraordinary

나 전할 **news**가 있어…
나 내일 전학가ㅠ

뭐? 진짜야? **truth**야?

응ㅠ **sudden**한 이야기라
미안해ㅠ

흑흑ㅠ 자꾸 눈물이 **drop**
해ㅠ 가지마ㅠ

Day 73

blind
[blaind]
명 (창문에 치는) 블라인드
형 눈먼, 장님의

• He is almost _____.
그는 거의 장님이다.

> the blind 눈먼 사람들
> = blind people

collect
[kəlékt]
동 모으다, 수집하다
collection 명 수집(품)

• I like to _____ stamps. 나는 우표 모으는 것을 좋아한다.

confuse
[kənfjúːz]
동 혼란시키다, 혼동하다

• I'm sorry to _____ you. 혼동을 드리게 되어 죄송합니다.

despite
[dispáit]
전 ~에도 불구하고

• I like him _____ his faults.
나는 그의 결점에도 불구하고 그를 좋아한다.

> = in spite of

effect
[ifékt]
명 영향, 효과

• Heat is one _____ of the sun.
열기는 햇빛의 영향 중 하나이다.

gain
[gein]
동 얻다

• They wanted to _____ power.
그들은 권력을 얻기를 원했다.

incident
[ínsidənt]
명 사건

• a border _____ 국경 분쟁 사건

miserable
[mízərəbl]
형 비참한
misery 명 비참, 고통

• a _____ life 비참한 생활

permission
[pərmíʃən]
명 허락, 허가
permit 동 허락하다

• You need _____. 너는 허락이 필요해.

referee
[rèfərí:]
명 심판

• a basketball _____ 농구 심판

spread
[spred]
명 확산 동 퍼지다

• Rumors _____ easily. 소문은 쉽게 퍼진다.

stand
[stænd]
동 서다, 참다

• _____ up. 일어서.
• I can't _____ it anymore. 나는 더 이상 참을 수 없다.

sword
[sɔːrd]
명 칼, 검

• a long _____ 긴 칼/장검

정답 60쪽

A 빈칸에 알맞은 단어를 채워 넣으세요.

1. Heat is one _____ of the sun. 열기는 햇빛의 영향 중 하나이다.

2. a border _____ 국경 분쟁 사건

3. a _____ life
비참한 생활

4. a long _____
긴 칼/장검

5. a basketball _____
농구 심판

6. You need _____.
너는 허락이 필요해.

1. effect _____
2. referee _____
3. spread _____
4. sword _____
5. collect _____
6. confuse _____
7. despite _____
8. permission _____
9. 얻다 _____
10. 사건 _____
11. 비참한 _____
12. 서다, 참다 _____
13. 블라인드; 장님의 _____

B 주어진 우리말에 알맞게 단어를 배열하세요.

1. 혼동을 드리게 되어 죄송합니다. (sorry / to / I / confuse / am / you / .)

_____

2. 나는 그의 결점에도 불구하고 그를 좋아한다. (his / like / him / faults / despite / I / .)

_____

학교 시험문제 **C** A와 B에 들어갈 말이 알맞게 짝지어진 것은?

> · I like him ____A____ his faults.
> · I like her ____B____ of her faults.

	A	B		A	B
①	despite	despite	②	in spite of	despite
③	in spite	in spite	④	in spite	despite
⑤	despite	in spite			

이제 너희들에게 하산할 것을 **permission**하겠노라.

너희는 온 몸에 기운을 **spread**하게 할 수도 있고

sword 쓰는 법도 모두 터득했다.

나는 이제 늙어서 **stand** 하기도 힘들어~ 얘들아!

Day 74

 오늘은 책을 덮기 전에 〈1단계 MP3〉를
한 번 더 들어보면 어때?

climb [klaim]	동 오르다, 등산하다	• I like to _____ mountains. 나는 산에 오르는 것을 좋아한다. *climb에서 b는 묵음!*
comment [kάment]	명 언급 동 언급하다	• No _____. 언급할 것이 없습니다.
cry [krai]	명 울음 동 울다	• Don't _____. 울지 마.
deaf [def]	형 귀가 먹은	• He went _____ while in school. 그는 학창 시절에 귀가 먹었다.
difference [dífərəns] differ 동 다르다 different 형 다른	명 차이	• (an) individual _____ 개인차
down [daun]	형 우울한 부 전 아래로	• The news got me _____. 그 뉴스는 나를 우울하게 했다. • They went _____. 그들은 아래로 내려갔다.
elementary [èləméntəri] element 명 요소	형 초보의, 기본적인	• an _____ school 초등학교
extend [iksténd] extension 명 연장, 확대	동 더 길게[넓게] 늘이다, 연장하다	• I'd like to _____ my visa. 비자를 연장하고 싶습니다.
fold [fould]	동 (종이·천 등을) 접다	• _____ the paper in half. 종이를 반으로 접어.
fuel [fjú(:)əl]	명 연료	• nuclear _____ 핵연료
monthly [mʌ́nθli]	형 한 달에 한 번의, 매월의	• a _____ magazine 월간지 *weekly 형 매주의*
thirsty [θə́ːrsti]	형 목마른	• I'm _____. 목마르다.
violence [váiələns] violent 형 폭력적인	명 폭력	• He never uses _____. 그는 절대로 폭력을 사용하지 않는다.

» word 950–962

A 빈칸에 알맞은 단어를 채워 넣으세요.

1. No _____.
언급할 것이 없습니다.

2. nuclear _____
핵연료

3. an _____ school
초등학교

4. They went _____.
그들은 아래로 내려갔다.

5. Don't _____.
울지 마.

6. I'm _____.
목마르다.

30초

1. deaf
2. comment
3. climb
4. difference
5. violence
6. fold
7. monthly
8. extend
9. 울음; 울다
10. 우울한; 아래로
11. 초보의, 기본적인
12. 연료
13. 목마른

B 주어진 우리말에 알맞게 단어를 배열하세요.

1. 종이를 반으로 접어. (paper / in / fold / half / the / .)

_____

2. 나는 산에 오르는 것을 좋아한다. (I / climb / to / mountains / like / .)

_____

학교 시험문제 **C** 다음 중 단어의 의미가 알맞지 <u>않은</u> 것은?

① deaf — 귀가 먹은　　② blind — 눈먼　　③ monthly — 매년의

④ weekly — 매주의　　⑤ difference — 차이

Day 75

 책에 나온 대로 공부하면 단어가 저절로 외워질거야~

☐ **back**
[bæk]
명 등 형 뒤쪽의 부 뒤에

- My _____ hurts. 등이 아프다.

☐ **best**
[best]
명 최고 형 최고의

- the _____ way 최선의 방법

☐ **courage**
[kə́:ridʒ]
명 용기
courageous 형 용기 있는

- great _____ 대단한 용기

☐ **due**
[dju:]
형 ~로 인한

- I can't say anything _____ to my tears.
눈물 때문에 아무 말도 못하겠어.

  due to ~때문에

☐ **education**
[èdʒukéiʃən]
명 교육
educate 통 교육하다

- elementary _____ 초등 교육

☐ **fix**
[fiks]
통 고치다, 고정하다

- He can _____ the car. 그는 차를 고칠 수 있다.

☐ **improve**
[imprú:v]
통 향상시키다
improvement 명 향상

- The students _____d their grades.
학생들은 자신의 점수를 향상시켰다.

☐ **only**
[óunli]
형 유일한 부 오직, ~뿐

- an _____ son 외아들

☐ **owe**
[ou]
통 빚지고 있다,
신세지고 있다

- I still _____ my friend 10 dollars.
나는 아직 친구에게 10달러를 빚지고 있다.

☐ **public**
[pʌ́blik]
명 대중 형 공공의, 대중의

- a _____ library 공공 도서관

☐ **quarter**
[kwɔ́:rtər]
명 4분의 1, 15분

- A _____ of a dollar is 25 cents.
1달러의 4분의 1은 25센트이다.

☐ **search**
[sə:rtʃ]
통 찾다, 수색하다

- The police came to _____ his house.
경찰들이 그의 집을 수색하러 왔다.

☐ **tourist**
[tú(:)ərist]
명 관광객
tour 명 여행 통 여행하다, 순회하다

- a _____ visa 관광 비자

정답 60쪽

A 빈칸에 알맞은 단어를 채워 넣으세요.

1. an _____ son
외아들

2. the _____ way
최선의 방법

3. elementary _____
초등 교육

4. My _____ hurts.
등이 아프다.

5. great _____
대단한 용기

6. He can _____ the car.
그는 차를 고칠 수 있다.

30초

1. tourist _____
2. best _____
3. courage _____
4. due _____
5. education _____
6. only _____
7. owe _____
8. public _____
9. 4분의 1, 15분 _____
10. 찾다, 수색하다 _____
11. 등; 뒤쪽의; 뒤에 _____
12. 고치다, 고정하다 _____
13. 향상시키다 _____

B 주어진 우리말에 알맞게 단어를 배열하세요.

1. 학생들은 자신을 점수를 향상시켰다. (their / the / improved / students / grades / .)

_____

2. 눈물 때문에 아무 말도 못하겠어. (can't / I / due / my tears / to / say / anything / .)

_____

학교 시험문제 **C** 다음에서 빈칸에 들어갈 알맞은 말은?

A _____ of a dollar is 25 cents.

① quarter   ② half   ③ rest   ④ one   ⑤ some

모두 흩어져서 샅샅이 **search**하도록 해!	4명이니까 각자 집의 **quarter**만큼 맡아서 찾자!	찾았다~ 책상 **back**에 숨어있었네~!	고양이를 찾아줘서 고마워ㅠ 너희는 **best** 친구들이야~

Day 76

 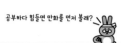

during
[djú(ː)əriŋ]
전 ~하는 동안

• I went to the ocean _____ vacation.
나는 방학 동안 바다에 갔다.

enough
[ináf]
형 충분한
부 ~할 만큼 충분히

• She has _____ money to go abroad.
그녀는 해외에 갈 만큼 충분한 돈이 있다.

• She is smart _____ to come back home.
그녀는 집에 돌아올 만큼 충분히 똑똑하다.

enthusiasm
[inθjúːziæzəm]
명 열의, 열심

• I admire your _____ . 나는 네 열의에 감탄해.

exit
[égzit]
명 출구

• Where is the _____ ? 출구가 어디예요?

home
[houm]
명 집, 가정 부 집에

• Make yourself at _____ . at home 집에, 편히
편안히 있으세요.

narrow
[nǽrou]
형 좁은, 아슬아슬한

• a _____ victory 아슬아슬한 승리 ↔ broad, wide 형 넓은

next
[nekst]
형 다음의, 옆의

• the _____ generation 다음 세대/차세대

original
[ərídʒənəl]
형 원래의
origin 명 기원
originally 부 원래는

• the _____ plan 원래 계획/원안

resource
[ríːsɔ̀ːrs]
명 자원, 재료

• human _____ 인적 자원

satellite
[sǽtəlàit]
명 인공위성, 위성

• a _____ dish 위성 방송 수신 안테나

starve
[stɑːrv]
동 굶주리다
starvation 명 굶주림

• I would rather _____ to death than steal.
도둑질을 하느니 차라리 굶어 죽겠다. starve to death 굶어 죽다

tomb
[tuːm]
명 무덤

• a royal _____ 왕릉 = grave

understand
[ʌ̀ndərstǽnd]
동 이해하다
understand-understood-
understood
misunderstand 동 오해하다

• Do you _____ what I mean?
내가 무슨 말을 하는지 이해하니?

A 빈칸에 알맞은 단어를 채워 넣으세요.

1. a royal _____
왕릉

2. a _____ victory
아슬아슬한 승리

3. the _____ generation
다음 세대/차세대

4. a _____ dish
위성 방송 수신 안테나

5. the _____ plan
원래 계획/원안

6. Where is the _____?
출구가 어디예요?

30초

1. original _____
2. resource _____
3. starve _____
4. understand _____
5. enthusiasm _____
6. narrow _____
7. next _____
8. satellite _____
9. 무덤 _____
10. ~하는 동안 _____
11. 충분한; 충분히 _____
12. 출구 _____
13. 집; 집에 _____

B 주어진 우리말에 알맞게 단어를 배열하세요.

1. 나는 방학 동안 바다에 갔다. (went / during / the ocean / I / vacation / to / .)

_____

2. 그녀는 해외에 갈 만큼 충분한 돈이 있다. (to / go / money / has / she / enough / abroad / .)

_____

학교 시험문제 C 다음 밑줄 친 부분의 의미로 알맞은 것은?

Make yourself <u>at home</u>.

① 집   ② 가정   ③ 고국   ④ 집에   ⑤ 편히

어딨어? 집에 가자ㅠ 그만해도 될 만큼 **enough**해ㅠ | 그만하고 **next**에 다시 와서 하자! | 이제 **home**에 가자고! 그만하고 나와! | 엇! 찾았다~ 근데 너 **tomb** 뒤에 숨어있었던 거야?

Day 77

bowl
[boul]
명 그릇

• a food _____ 음식 그릇

drugstore
[drʌ́gstɔ̀ːr]
명 약국

= pharmacy
명 약국, 조제실, 약방

• Is there a _____ around here?
근처에 약국 있어요?

indeed
[indíːd]
부 정말로, 진정으로

• A friend in need is a friend _____.
어려울 때 친구가 진정한 친구이다.

legal
[líːgəl]
형 법의, 합법적인

• _____ problems 법적 문제

mistake
[mistéik]
명 실수

• Don't make a _____.
실수하지 마.

make a mistake
실수하다

outdoor
[áutdɔ̀ːr]
형 야외의

• _____ sports 야외 스포츠 ↔ indoor 형 실내의

serious
[sí(ː)əriəs]
형 심각한, 진지한
seriously 부 심각하게

• He looks too _____. 그는 너무 진지해 보인다.

social
[sóuʃəl]
형 사회의, 사교적인
society 명 사회

• _____ problems 사회적 문제

stream
[striːm]
명 개울, 시내

• a small _____ 작은 개울

support
[səpɔ́ːrt]
명 지지, 지원
동 지지하다, 부양하다

• We _____ you. 우리는 너를 지지해.

treat
[triːt]
명 대접, 한턱
동 대하다, 치료하다
treatment 명 치료, 대우

• This will be my _____. 이건 내가 살게.
• The teacher _____ed every student gently.
선생님은 모든 학생들을 상냥하게 대해 주셨다.

waste
[weist]
명 낭비 동 낭비하다

• It's a _____. 그건 낭비야.

while
[hwail]
접 ~하는 동안
명 잠깐, 잠시

• Do it _____ you're eating. 먹으면서 해.

A 빈칸에 알맞은 단어를 채워 넣으세요.

1. _____ problems
법적 문제

2. _____ sports
야외 스포츠

3. It's a _____ .
그건 낭비야.

4. a food _____
음식 그릇

5. _____ problems
사회적 문제

6. He looks too _____ .
그는 너무 진지해 보인다.

30초

1. legal _____
2. mistake _____
3. social _____
4. support _____
5. while _____
6. indeed _____
7. outdoor _____
8. serious _____
9. 개울, 시내 _____
10. 대접; 대하다 _____
11. 낭비; 낭비하다 _____
12. 그릇 _____
13. 약국 _____

B 주어진 우리말에 알맞게 단어를 배열하세요.

1. 실수하지 마. (make / a / don't / mistake / .)

_____

2. 어려울 때 친구가 진정한 친구이다. (indeed / in / a friend / need / is / a friend / .)

_____

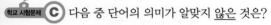 **C** 다음 중 단어의 의미가 알맞지 <u>않은</u> 것은?

① mistake — 실수   ② serious — 심각하게   ③ drugstore — 약국

④ support — 지지   ⑤ social — 사회의

Day 78

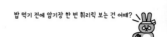

agree
[əgríː]
통 동의하다

- I _____ with you.
  난 네게 동의해.
  ↔ disagree 통 동의하지 않다

communication
[kəmjùːnəkéiʃən]
명 의사소통, 통신
communicate 통 의사소통하다

- a _____ skill 의사소통 능력

either
[íːðər]
대 둘 중 하나
부 ~도 또한

- _____ you or I must go.
  너와 나 둘 중 하나는 가야 해.
- I can't go _____. 나도 역시 못 가.

fantastic
[fæntǽstik]
형 환상적인, 굉장히 좋은
fantasy 명 상상, 공상

- a _____ school 굉장히 좋은 학교

horn
[hɔːrn]
명 뿔, (자동차) 경적

- a rhino _____ 코뿔소 뿔

instead
[instéd]
부 대신에

- _____ of her, I will do that.
  그녀 대신에 내가 그것을 할 것이다.
  instead of ~대신에

join
[dʒɔin]
통 합류하다, 연결하다

- Will you _____ us? 우리랑 같이 할래?

nonsense
[nɑ́nsèns]
명 말도 안 되는 이야기, 허튼 소리
sense 명 감각, 지각 통 감지하다

- What _____. 말도 안돼.

ocean
[óuʃən]
명 대양, 바다

- the Pacific _____ 태평양
- the Atlantic _____ 대서양

pill
[pil]
명 알약

- Take this _____ and relax.
  이 약을 먹고 좀 쉬어.
  take a pill 알약을 먹다

plenty
[plénti]
명 풍부한 양

- _____ of fans 많은 팬들

scar
[skɑːr]
명 흉터, 상처

- a small _____ 작은 흉터

weapon
[wépən]
명 무기

- a nuclear _____ 핵무기 = arms

A 빈칸에 알맞은 단어를 채워 넣으세요.

1. a nuclear _____
핵무기

2. What _____.
말도 안돼.

3. a _____ school
굉장히 좋은 학교

4. a _____ skill
의사소통 능력

5. I can't go _____.
나도 역시 못 가.

6. _____ of fans
많은 팬들

1. horn
2. fantastic
3. ocean
4. pill
5. scar
6. weapon
7. agree
8. nonsense
9. 둘 중 하나
10. 대신에
11. 합류하다
12. 의사소통, 통신
13. 풍부한 양

B 주어진 우리말에 알맞게 단어를 배열하세요.

1. 너와 나 둘 중 하나는 가야 해. (or / must / you / go / I / either / .)

_____

2. 이 약을 먹고 좀 쉬어. (relax / pill / take / this / and / .)

_____

학교 시험문제 **C** 다음 밑줄 친 부분과 바꾸어 쓸 수 있는 것은?

a nuclear <u>weapon</u> 핵무기

① foot   ② feet   ③ arm   ④ arms   ⑤ hands

와! 불꽃놀이가 시작해요! 진짜 **fantastic**해요~

엄마! 아빠! 저기 좀 보세요! 엄청 **plenty**한 불꽃이 있어요!

엄마도 오랜만에 **ocean**을 봐서 너무 좋다~

아빠도 **agree**해~ 앞으로는 자주 놀러 다니자~

Day 79

appreciate는 다양한 뜻을 가진 단어야~
예문을 보고 단어가 어떻게 쓰였는지 확인해봐 :)

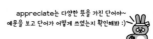

appreciate [əpríːʃièit]	몡 이해, 감상, 감사 동 이해하다, 감상하다, 감사하다	• I _____ your help. 당신의 도움에 감사드립니다. • You know how to _____ art. 예술을 감상할 줄 아시는군요.
competition [kàmpitíʃən]	몡 경쟁, 시합 competitive 혱 경쟁적인 compete 동 경쟁하다	• heavy _____ 치열한 경쟁
direction [dirékʃən]	몡 방향	• a sense of _____ 방향 감각
emphasize [émfəsàiz]	동 강조하다 emphasis 몡 강조	• She _____d the bad effects of drugs. 그녀는 마약의 나쁜 영향에 대해 강조했다.
expose [ikspóuz]	동 드러내다, 폭로하다 exposure 몡 노출, 폭로	• I don't want to _____ myself to others. 나는 내 자신을 다른 사람에게 드러내고 싶지 않다.
extra [ékstrə]	혱 추가의, 별도의	• an _____ charge 추가 요금
fancy [fǽnsi]	혱 고급스러운	• It's so _____. 그건 아주 고급스러워.
glory [glɔ́ːri]	몡 영광, 영예	• personal _____ 개인의 영광
situation [sìtʃuéiʃən]	몡 상황, 환경	• a similar _____ 비슷한 상황
solution [səljúːʃən]	몡 해결책 solve 동 해결하다, 풀다	• practical _____s 실용적인 해결책들
source [sɔːrs]	몡 근원, 원천	• energy _____s 에너지원
spend [spend]	동 (돈, 시간 등을) 쓰다, 소비하다 spend-spent-spent	• How do you _____ your spare time? 너는 여가 시간을 어떻게 보내니?
triumph [tráiəmf]	몡 대승리	• a glorious _____ 빛나는 대승리

A 빈칸에 알맞은 단어를 채워 넣으세요.

1. a glorious _____ 빛나는 대승리

2. practical _____
실용적인 해결책들

3. heavy _____
치열한 경쟁

4. a similar _____
비슷한 상황

5. a sense of _____
방향 감각

6. It's so _____.
그건 아주 고급스러워.

30초

1. solution _____
2. spend _____
3. appreciate _____
4. competition _____
5. emphasize _____
6. expose _____
7. extra _____
8. situation _____
9. 근원, 원천 _____
10. 대승리 _____
11. 고급스러운 _____
12. 영광, 영예 _____
13. 방향 _____

B 주어진 우리말에 알맞게 단어를 배열하세요.

1. 나는 내 자신을 다른 사람에게 드러내고 싶지 않다. (want / I / expose / to / myself / others / don't / to / .)

_____

2. 너는 여가 시간을 어떻게 보내니? (spend / spare / how / you / your / time / do / ?)

_____

학교 시험문제 **C** 다음에서 우리말에 맞게 빈칸에 공통으로 들어갈 말은?

I _____ your help. 당신의 도움에 감사드립니다.
You know how to _____ art. 예술을 감상할 줄 아시는군요.

① emphasize   ② appreciate   ③ spend   ④ expose   ⑤ fancy

개근상을 받게 되어 정말 **appreciate**합니다.

자는 데 시간을 많이 **spend**하는 저를 위해

어머니가 주신 **solution**은 알람시계 10개였습니다.

이 **glory**를 어머니께 바치겠습니다.

Day 80

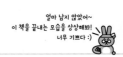

얼마 남지 않았어~
이 책을 끝내는 모습을 상상해봐!
너무 기쁘다 :)

□ **abuse** [əbjúːs]	몡 남용, 학대 툉 남용하다, 학대하다	• alcohol _____ 알코올 남용
□ **adventure** [ədvéntʃər]	몡 모험	• an exciting _____ 흥미로운 모험
□ **angle** [ǽŋgl]	몡 각, 관점, 시각	• a right _____ 직각 • a different _____ 다른 시각
□ **fail** [feil]	툉 실패하다 failure 몡 실패	• I _____ed to persuade my mom. 나는 엄마를 설득하는 데 실패했다. *fail to ~을 실패하다*
□ **identify** [aidéntəfài]	툉 식별하다, 확인하다 identification 몡 신원, 신분증	• Are you able to _____ her? 그녀를 알아볼 수 있겠습니까?
□ **joy** [dʒɔi]	몡 기쁨 joyful 혱 기쁨에 넘친	• great _____ 큰 기쁨
□ **lock** [lɑk]	몡 자물쇠 툉 잠그다	• I _____ed the door quickly. 나는 재빨리 문을 잠갔다.
□ **method** [méθəd]	몡 방법	• a new _____ 새로운 방법
□ **poison** [pɔ́izən]	몡 독 poisonous 혱 독이 있는	• a powerful _____ 강력한 독
□ **probably** [prɑ́bəbli]	뷔 아마도	• You're _____ right. 네가 아마 맞을 거야.
□ **relax** [rilǽks]	툉 휴식을 취하다, 진정하다, 긴장을 풀다	• You need to _____ now. 너는 지금 긴장을 풀 필요가 있어.
□ **universe** [júːnəvèːrs]	몡 우주 universal 혱 전세계적인, 보편적인	• the whole _____ 전체 우주
□ **yet** [jet]	뷔 아직, 여전히 졥 그러나	• It's not _____ ten. 아직 10시가 안 되었다. • I live in a small house, _____ I'm happy. 나는 작은 집에 살지만 행복하다.

166 » word 1028-1040

A 빈칸에 알맞은 단어를 채워 넣으세요.

1. the whole _____
전체 우주

2. alcohol _____
알코올 남용

3. a right _____
직각

4. a new _____
새로운 방법

5. You're _____ right.
네가 아마 맞을 거야.

6. an exciting _____
흥미로운 모험

30초

1. fail _____
2. identify _____
3. joy _____
4. lock _____
5. probably _____
6. universe _____
7. yet _____
8. abuse _____
9. 모험 _____
10. 각, 관점, 시각 _____
11. 방법 _____
12. 독 _____
13. 휴식을 취하다 _____

B 주어진 우리말에 알맞게 단어를 배열하세요.

1. 아직 10시가 안 되었다. (not / it's / ten / yet / .)

_____

2. 나는 엄마를 설득하는 데 실패했다. (failed / mom / to / persuade / I / my / .)

_____

학교 시험문제 C 다음 중 짝지어진 단어의 관계가 같도록 빈칸에 알맞은 것은?

joy : joyful = poison : _____

① poisoning ② poisoned ③ poisonous ④ poise ⑤ poisions

나는 **universe**로 여행을 가보고 싶어!

미래에는 **method**가 많이 생기지 않을까?

fail하지 않고 우주여행 꼭 갈 수 있겠지?

그때가 되면 함께 **adventure**를 떠나자!

Day 81

appointment 몡 약속
[əpɔ́intmənt]

- I have an _____ at 3.
  나는 3시에 약속이 있다.

chew 통 씹다
[tʃuː]

- It's hard to _____ . 그것은 씹기 힘들다.

clue 몡 단서, 실마리
[kluː]

- a key _____ 중요한 단서

damage 몡 피해, 손해
[dǽmidʒ] 통 피해를 입히다

- It can _____ animals. 그것은 동물들에게 해가 될 수 있다.

hut 몡 오두막
[hʌt]

- a wooden _____ 통나무 오두막

jewel 몡 보석
[dʒúːəl]

- a shining _____ 빛나는 보석

republic 몡 공화국
[ripʌ́blik]

- the _____ of Korea 대한민국(대한민국은 민주 공화국)

stripe 몡 줄무늬
[straip]

- a blue _____ 파란색 줄무늬

struggle 몡 분쟁, 투쟁
[strʌ́gl] 통 분쟁하다, 투쟁하다

- a power _____ 권력 투쟁

swallow 몡 제비 통 삼키다
[swɑ́lou]

- I can't _____ anything. 나는 어떤 것도 삼키지 못하겠다.

treasure 몡 보물
[tréʒər]

- a _____ island 보물섬

unification 몡 통일, 단일화
[jùːnəfəkéiʃən]

- She hopes for the _____ of Korea.
  그녀는 한국의 통일을 희망한다.

voyage 몡 항해, 여행
[vɔ́iidʒ] 통 항해하다

- a _____ to America 미국으로의 항해

> voyage는 바다나 우주로 떠나는 긴 여행

A 빈칸에 알맞은 단어를 채워 넣으세요.

1. a _____ island
보물섬

2. a blue _____
파란색 줄무늬

3. a wooden _____
통나무 오두막

4. a power _____
권력 투쟁

5. a _____ to America
미국으로의 항해

6. It's hard to _____.
그것은 씹기 힘들다.

30초

1. republic _____
2. swallow _____
3. voyage _____
4. chew _____
5. hut _____
6. jewel _____
7. stripe _____
8. struggle _____
9. 보물 _____
10. 통일, 단일화 _____
11. 약속 _____
12. 단서, 실마리 _____
13. 피해; 피해를 입히다 _____

B 주어진 우리말에 알맞게 단어를 배열하세요.

1. 그녀는 한국의 통일을 희망한다. (hopes / of / she / the / for / unification / Korea / .)

_____

2. 나는 3시에 약속이 있다. (an / have / at / appointment / I / 3 / .)

_____

학교 시험문제 C 다음 중 단어의 의미가 알맞지 <u>않은</u> 것은?

① struggle — 투쟁　　② voyage — 항해　　③ relax — 긴장을 풀다
④ swallow — 삼키다　　⑤ jewel — 보물

Day 82

debt
[det]
명 빚

- I'm in _____ . 나는 빚이 있다.
  debt에서 b는 묵음!

efficient
[ifíʃənt]
형 효율적인, 유능한
efficiency 명 효율성

- an _____ method 효율적인 방법

evidence
[évidəns]
명 증거

- scientific _____ 과학적 증거

folk
[fouk]
명 사람들, 민속 형 민속의

- young _____ 젊은이들
- _____ music 민속 음악

infinite
[ínfənit]
형 무한한

- an _____ universe 무한한 우주

lift
[lift]
명 (영국식) 승강기
동 들어 올리다

- _____ your leg. 다리 들어.
  = elevator (미국식) 승강기

neither
[ní:ðər]
형 (둘 중) 어느 것도 아닌
부 ~도 역시 아니다

- He is _____ tall nor short.
  그는 키가 크지도 작지도 않다.
  neither A nor B A도 B도 아닌
- Me _____ . 나도 아냐.

opposite
[ápəzit]
명 반대의 것, 반대말
형 반대의, 다른 편의
opposition 명 반대, 반대측

- What is the _____ of the word?
  그 단어의 반대말은 무엇인가요?

oxygen
[áksidʒən]
명 산소

- a lack of _____ 산소 부족

press
[pres]
명 누르기, 압력
동 누르다

- _____ the button. 버튼을 눌러.

regular
[régjələr]
형 정기적인, 규칙적인

- _____ exercise 규칙적인 운동

scale
[skeil]
명 규모, 저울, 비늘

- a global _____ 세계적인 규모
- _____ armor 미늘 갑옷(비늘 모양 갑옷)

sore
[sɔ:r]
명 상처 형 아픈

- My arm is so _____ . 내 팔이 너무 아프다.

A 빈칸에 알맞은 단어를 채워 넣으세요.

1. _____ exercise
규칙적인 운동

2. scientific _____
과학적 증거

3. an _____ method
효율적인 방법

4. an _____ universe
무한한 우주

5. a lack of _____
산소 부족

6. _____ the button.
버튼을 눌러.

30초

1. debt _____
2. lift _____
3. neither _____
4. opposite _____
5. press _____
6. regular _____
7. scale _____
8. efficient _____
9. 증거 _____
10. 사람들; 민속의 _____
11. 무한한 _____
12. 산소 _____
13. 상처; 아픈 _____

B 주어진 우리말에 알맞게 단어를 배열하세요.

1. 그 단어의 반대말은 무엇인가요? (the / is / word / what / opposite / of / the / ?)

_____

2. 그는 키가 크지도 작지도 않다. (neither / is / tall / short / nor / he / .)

_____

C 다음 우리말에 맞게 빈칸에 공통으로 들어갈 말은?

· a global _____ 세계적인 규모   · _____ armor 미늘 갑옷

① scale   ② weight   ③ debt   ④ folk   ⑤ oxygen

| 학교 끝나고 집에 들어가려는데 **lift**에 갇혔어. | 너무 무섭고 **oxygen**도 부족한 느낌이었어ㅠ | 침착하게 호출 버튼을 **press**해서 금방 나올 수 있었어. | 난 이제 겁쟁이가 아니야! 그 **opposite**야~ |

Day 83

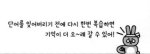

단어를 잊어버리기 전에 다시 한번 복습하면
기억이 더 오~래 갈 수 있어!

accept [əksépt]	동 받아들이다

- I will _____ your advice.
  나는 당신의 조언을 받아들이겠습니다.

behind [biháind]	전 ~뒤에, 뒤떨어져

- Stay close _____ me. 내 뒤에 바짝 붙어 있어.

biology [baiálədʒi]	명 생물학 biologist 명 생물학자

- a _____ class 생물학 수업

classical [klǽsikəl]	형 고전적인, 고전의

- _____ music 고전 음악/클래식 음악

  > classic
  > 형 질적으로 우수하고 최고의
  > 명 고전, 명작
  > a classic novel 최고의 소설

give [giv]	동 주다 give-gave-given

- _____ me a call tomorrow. 내일 전화해 줘.

grocery [gróusəri]	명 식료품 잡화점, 식료품

- a _____ store 식료품 가게

inning [íniŋ]	명 (야구 용어) 회

- the 5th _____ 5회

photograph [fóutəgræf]	명 사진 photographer 명 사진사

- an old _____ 오래된 사진

shadow [ʃǽdou]	명 그림자

- a dark _____ 어두운 그림자

sleepy [slí:pi]	형 졸린 sleep 동 잠자다

- I'm so _____ today. 오늘 너무 졸려.

statue [stǽtʃu:]	명 조각상

- S_____ of Liberty 자유의 여신상

trouble [trʌbl]	명 문제, 곤란 동 괴롭히다

- Do you have any _____ at home?
  집에 무슨 문제 있어요?

vertical [və́:rtikəl]	형 수직의

- a _____ line 수직선

  > horizontal
  > 형 수평선의, 가로의 명 수평선

정답 61쪽

A 빈칸에 알맞은 단어를 채워 넣으세요.

1. a _____ class
생물학 수업

2. an old _____
오래된 사진

3. a _____ store
식료품 가게

4. _____ music
고전 음악/클래식 음악

5. a _____ line
수직선

6. a dark _____
어두운 그림자

30초

1. trouble _____
2. vertical _____
3. grocery _____
4. inning _____
5. photograph _____
6. shadow _____
7. sleepy _____
8. statue _____
9. 받아들이다 _____
10. ~뒤에, 뒤떨어져 _____
11. 생물학 _____
12. 고전적인, 고전의 _____
13. 주다 _____

B 주어진 우리말에 알맞게 단어를 배열하세요.

1. 집에 무슨 문제 있어요? (any / do / have / you / home / at / trouble / ?)

_____

2. 나는 당신의 조언을 받아들이겠습니다. (accept / will / advice / I / your / .)

_____

학교 시험문제 **C** A와 B에 들어갈 말이 알맞게 짝지어진 것은?

| · ___A___ music 고전 음악/클래식 음악 · a ___B___ novel 최고의 소설 |

	A	B		A	B
①	classic	classic	②	classical	classical
③	classical	classic	④	classic	classical
⑤	class	classic			

저녁 먹고 시험 공부하는데 너무 **sleepy**한거야~

그때 갑자기 내 **behind**에서 어떤 기운이 느껴졌어…

그리고 어두운 **shadow**가 나타났어ㅠㅠ

엄마의 뜻을 **accept**하고 바로 공부를 시작했지ㅠㅠ

Day 84

destroy
[distrɔ́i]
동 파괴하다

• Don't _____ it. 부수지 마.

donate
[dóuneit]
동 기부하다, 기증하다
donation 명 기부, 기증

• I will _____ this money. 나는 이 돈을 기부할 것이다.

edge
[edʒ]
명 끝, 가장자리

• the water's _____ 물가

establish
[istǽbliʃ]
동 설립하다
establishment 명 기관, 설립

• The company was _____ed last year.
그 회사는 작년에 설립되었다.

expense
[ikspéns]
명 비용, 경비

• the _____ of the journey 여행 경비

fiction
[fíkʃən]
명 소설, 허구

• That is pure _____.
그것은 순전히 허구이다.

↔ nonfiction 명 논픽션
(전기, 역사, 사건 기록 등)

funeral
[fjúːnərəl]
명 장례식

• a _____ hall 장례식장

horizon
[həráizən]
명 수평선
horizontal 형 수평의

• the far _____ 머나먼 수평선

= examine 동 조사하다, 검사하다

inspect
[inspékt]
동 조사하다, 검사하다

• You need to _____ the products once a year.
그 제품들을 1년에 한 번 검사할 필요가 있다.

polite
[pəláit]
형 공손한

• Be _____ to your parents.
부모님께 공손해라.

↔ impolite 형 무례한

recycle
[riːsáikl]
동 재활용하다

• We have to _____ cans. 우리는 캔을 재활용해야 한다.

tear
[tiər]
명 눈물
동 찢다, 찢어지다 [tɛr]

• happy _____s 행복의 눈물
• _____ it off. 찢어 버려.

until
[əntíl]
전 ～할 때까지

• I am going to wait _____ three.
나는 세 시까지 기다릴 것이다.

= till

A 빈칸에 알맞은 단어를 채워 넣으세요.

1. the far _____
머나먼 수평선

2. the water's _____
물가

3. the _____ of the journey
여행 경비

4. We have to _____ cans.
우리는 캔을 재활용해야 한다.

5. That is pure _____.
그것은 순전히 허구이다.

6. a _____ hall
장례식장

30초

1. horizon
2. polite
3. tear
4. until
5. destroy
6. edge
7. establish
8. expense
9. 소설, 허구
10. 조사하다, 검사하다
11. 재활용하다
12. 기부하다, 기증하다
13. 장례식

B 주어진 우리말에 알맞게 단어를 배열하세요.

1. 부모님께 공손해라. (your / be / polite / to / parents / .)

_____

2. 나는 세 시까지 기다릴 것이다. (three / I / wait / going / am / to / until / .)

_____

학교 시험문제 C 다음 중 짝지어진 단어의 관계가 같도록 빈칸에 알맞은 것은?

establish : establishment = donate : _____

① donation ② charity ③ donated ④ donates ⑤ give

지구가 **destroy**되지 않도록 여러분은 어떤 일을 했나요?

저는 혼자서도 **recycle**을 잘해요!

안 입는 옷들은 필요한 곳에 **donate**했어요~

음식물 처리에 **expense**를 쓰지 않도록 다 먹었어요!

Day 85

□ **anybody**
[énibàdi]
때 (긍정문) 누구라도,
(부정문) 아무도,
(의문·조건절) 누군가

- _____ can do it. 누구라도 할 수 있다.
- I didn't tell _____. 난 아무에게도 말하지 않았다.

□ **decade**
[dékeid]
명 10년

- the last _____ 지난 10년

□ **encourage**
[inkə́:ridʒ]
동 격려하다,
용기를 북돋우다

> encourage A to B
> A가 B하도록 격려하다

- She always _____d me warmly. 그녀는 항상 나를 따뜻하게 격려했다.
- He _____d them to exercise regularly. 그는 그들에게 규칙적으로 운동하라고 격려했다.

□ **favorite**
[féivərit]
형 가장 좋아하는,
마음에 드는

- What is your _____ season? 가장 좋아하는 계절이 뭐니?

□ **furniture**
[fə́:rnitʃər]
명 가구

> a piece of furniture
> 가구 한 점

- old _____ 오래된 가구

□ **half**
[hæf]
명 절반 형 절반의

- _____ an hour 반 시간(30분)

□ **nearly**
[níərli]
부 거의

- I _____ missed the train. 나는 기차를 놓칠 뻔했다.

□ **proverb**
[právə:rb]
명 속담, 잠언

- a common _____ 흔한 속담

□ **shoe**
[ʃu:]
명 신발

- a left _____ 왼쪽 신발

□ **subscribe**
[səbskráib]
동 구독하다

- Don't forget to _____. 구독 잊지 마세요.

□ **toward**
[tɔ:rd]
전 ~쪽으로

- They went _____ the stove. 그들은 난로 쪽으로 갔다.

□ **volcano**
[vɑlkéinou]
명 화산

- an active _____ 활화산

□ **whole**
[houl]
명 전체 형 전체의
wholly 부 완전히

- a _____ day 하루 종일

A 빈칸에 알맞은 단어를 채워 넣으세요.

1. a _____ day
하루 종일

2. _____ an hour
반 시간(30분)

3. a left _____
왼쪽 신발

4. an active _____
활화산

5. old _____
오래된 가구

6. the last _____
지난 10년

30초

1. half _____
2. proverb _____
3. subscribe _____
4. volcano _____
5. decade _____
6. encourage _____
7. favorite _____
8. furniture _____
9. 거의 _____
10. 신발 _____
11. ~쪽으로 _____
12. 전체; 전체의 _____
13. 누구라도, 아무도 _____

B 주어진 우리말에 알맞게 단어를 배열하세요.

1. 그녀는 항상 나를 따뜻하게 격려했다. (always / me / she / encouraged / warmly / .)

_____

2. 가장 좋아하는 계절이 뭐니? (favorite / your / what / is / season / ?)

_____

학교 시험문제 C 다음 문장에서 우리말에 맞게 괄호 안에 알맞은 것을 쓰시오.

He _____ them _____ exercise regularly.
그는 그들에게 규칙적으로 운동하라고 격려했다.

Day 86

confirm
[kənfə́:rm]
동 확인하다, 확증하다

- Let me _____ your order.
  주문하신 것을 확인해 드리겠습니다.

degree
[digrí:]
명 각도, 온도, 학위

- a 90-_____ angle 90도 각도
- a college _____ 대학 학위

democracy
[dimákrəsi]
명 민주주의

- the birth of _____ 민주주의의 탄생

election
[ilékʃən]
명 선거
elect 동 선거로 선출하다

- a clean _____ 깨끗한 선거

frighten
[fráitən]
동 놀라게 하다

- Don't _____ me.
  나를 놀라게 하지 마.

  > fright(놀람) + en – 놀라게 하다
  > strength(힘) + en – 강화하다

kindergarten
[kíndərgà:rtən]
명 유치원

- a full-day _____ 종일 유치원

nobody
[nóubàdi]
대 아무도 ～하지 않다

- _____ knows that. 아무도 그것을 모른다.

secretary
[sékrətèri]
명 비서

- a personal _____ 개인 비서

shorten
[ʃɔ́:rtən]
동 짧게 하다, 줄이다

- _____ our sleeping time.
  잠자는 시간을 줄이자.

  > short(짧은) + en – 짧게 하다
  > tight(단단한) + en – 꽉 죄다

silly
[síli]
형 어리석은

- _____ behavior 어리석은 행동

  > = stupid

somebody
[sʌ́mbàdi]
명 누군가, 어떤 사람

- _____ is here. 누군가 여기 있어요.

total
[tóutl]
명 합계 형 총, 전체의
totally 부 완전히

- the _____ cost 전체 비용

virtue
[və́:rtʃu:]
명 미덕, 덕목

- Honesty is a beautiful _____. 정직은 아름다운 덕목이다.

A 빈칸에 알맞은 단어를 채워 넣으세요.

30초

1. a personal _____
개인 비서

2. _____ behavior
어리석은 행동

3. the _____ cost
전체 비용

4. the birth of _____
민주주의의 탄생

5. a clean _____
깨끗한 선거

6. _____ knows that.
아무도 그것을 모른다.

1. degree _____
2. democracy _____
3. election _____
4. frighten _____
5. nobody _____
6. shorten _____
7. somebody _____
8. confirm _____
9. 유치원 _____
10. 비서 _____
11. 어리석은 _____
12. 합계; 총, 전체의 _____
13. 미덕, 덕목 _____

B 주어진 우리말에 알맞게 단어를 배열하세요.

1. 주문하신 것을 확인해 드리겠습니다. (confirm / me / let / order / your / .)

_____

2. 정직은 아름다운 덕목이다. (is / a / beautiful / honesty / virtue / .)

_____

C 다음 우리말에 맞게 빈칸에 공통으로 들어갈 말은?

| · a college _____ 대학 학위 · a 90-_____ angle 90도 각도 |

① university   ② total   ③ degree   ④ election   ⑤ whole

저·집에는 **somebody**가 있을 거야!

여기는 빈 집인가 봐. **nobody**야ㅠ

으악! 무슨 소리야? 날 **frighten**하게 하지 마ㅠㅠ

ㅎㅎ **silly**같긴. 그냥 다람쥐잖아~

Day 87

balance
[bǽləns]
몡 균형 图 균형을 맞추다

• the _____ of mind and body 마음과 신체의 균형

celebrate
[séləbrèit]
图 기념하다, 축하하다
celebration 몡 축하

• Let's _____. 축하하자.

chip
[tʃip]
몡 조각, 부스러기, 칩

• a potato _____ 감자칩

civilization
[sìvəlizéiʃən]
몡 문명

• the Aztec _____ 아즈텍 문명

compose
[kəmpóuz]
图 구성하다, 작곡하다
composition 몡 구성, 작곡, 작품
composer 몡 작곡가

• A team is _____d of five players.
한 팀은 다섯 명의 선수로 구성되어 있다.

concrete
[kὰnkríːt]
몡 콘크리트
혱 콘크리트로 된,
구체적인

• _____ evidence 구체적인 증거

continent
[kάntənənt]
몡 대륙

• the _____ of Asia 아시아 대륙

cure
[kjuər]
몡 치료, 치유 图 치료하다

• I'll _____ you. 내가 치료해 줄게.

envy
[énvi]
몡 부러움 图 부러워하다

• I _____ you. 나는 네가 부러워.

fare
[fɛər]
몡 (교통) 요금

• What's the _____?
요금이 얼마죠?

> fare (택시, 기차 등) 교통비
> fee 입장료, (교육기관 등) 서비스 비용

invade
[invéid]
图 침입하다, 침략하다,
침해하다
invasion 몡 침입

• Don't _____ my privacy. 내 사생활을 침해하지 마세요.

mankind
[mὰnkáind]
몡 인류

• the origin of _____ 인류의 기원

> = humankind

suggest
[səgʤést]
图 제안하다
suggestion 몡 제안

• I _____ed her for the job.
나는 그 자리에 그녀를 제안했다.

A 빈칸에 알맞은 단어를 채워 넣으세요.

1. Let's _____ .
축하하자.

2. I _____ you.
나는 네가 부러워.

3. What's the _____ ?
요금이 얼마죠?

4. a potato _____
감자칩

5. the origin of _____
인류의 기원

6. the _____ of Asia
아시아 대륙

1. fare _____
2. civilization _____
3. compose _____
4. cure _____
5. envy _____
6. celebrate _____
7. mankind _____
8. suggest _____
9. 균형; 균형을 맞추다 _____
10. 조각, 칩 _____
11. 콘크리트; 구체적인 _____
12. 대륙 _____
13. 침입하다 _____

B 주어진 우리말에 알맞게 단어를 배열하세요.

1. 나는 그 자리에 그녀를 제안했다. (her / I / suggested / the / for / job / .)

_____

2. 내 사생활을 침해하지 마세요. (invade / my / don't / privacy / .)

_____

C 다음 중 짝지어진 단어의 관계가 같도록 빈칸에 알맞은 것은?

| celebrate : celebration = suggest : _____ |

① suggests ② suggested ③ subject ④ suggestion ⑤ suggestive

invade하는 자는 한 명도 들이지 마라!

장군님이 suggest했던 전략 덕분에 제대로 성공했습니다!

다들 도망가는구나! 수고했다! 먼저 cure 잘 받고 쉬어라!

내일은 다같이 celebrate 하자!

Day 88

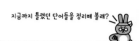

지금까지 틀렸던 단어들을 정리해 볼래?

anyway
[éniwèi]
위 어쨌든

• Thanks _____ . 어쨌든 고마워.

cheer
[tʃiər]
명 환호, 쾌활함
동 환호하다, 기운이 나다

• _____ up! 기운 내!

climate
[kláimit]
명 기후

• a warm _____ 온난한 기후

common
[kámən]
형 흔한, 공동의, 보통의
commonly 위 흔히

• a _____ name 흔한 이름

error
[érər]
명 실수, 오류

• a serious _____ 심각한 오류

= mistake
(알고도 저지른) 실수

myth
[miθ]
명 신화

• ancient Greek _____s 고대 그리스 신화

reach
[riːtʃ]
동 ~에 이르다

• We _____ed the city. 우리는 그 도시에 이르렀다.

settle
[sétl]
동 정착하다, 해결하다

• He _____d in Spain. 그는 스페인에 정착했다.

significant
[signífikənt]
형 의미심장한, 중요한

• a _____ look 의미심장한 표정

Spanish
[spǽniʃ]
명 스페인어 형 스페인의
Spain 명 스페인

• I can speak _____ fluently.
나는 스페인어를 유창하게 말할 수 있다.

stupid
[stjúːpid]
명 바보 형 어리석은

• a _____ answer 어리석은 대답

= silly, foolish

twice
[twais]
위 두 번, 두 배

• _____ a month
한 달에 두 번

once 한번
three times 세번
four times 네번…

whisper
[hwíspər]
명 속삭임 동 속삭이다

• a soft _____ 부드러운 속삭임

A 빈칸에 알맞은 단어를 채워 넣으세요.

1. a _____ answer
어리석은 대답

2. _____ up!
기운 내!

3. a soft _____
부드러운 속삭임

4. a _____ name
흔한 이름

5. a warm _____
온난한 기후

6. _____ a month
한 달에 두 번

30초

1. myth _____
2. Spanish _____
3. cheer _____
4. settle _____
5. significant _____
6. stupid _____
7. whisper _____
8. anyway _____
9. 기후 _____
10. 흔한, 공동의 _____
11. 실수, 오류 _____
12. ~에 이르다 _____
13. 두 번, 두 배 _____

B 주어진 우리말에 알맞게 단어를 배열하세요.

1. 나는 스페인어를 유창하게 말할 수 있다. (can / I / speak / fluently / Spanish / .)

_____

2. 그는 스페인에 정착했다. (Spain / he / in / settled / .)

_____

학교 시험문제 **C** 다음에서 우리말에 맞게 괄호 안에 알맞은 것을 쓰시오.

· _____ a month 한 달에 한 번   · _____ a month 한 달에 두 번

Day 89

amount
[əmáunt]
명 합계, 양

- a large _____ of information 대량의 정보

apart
[əpáːrt]
부 떨어져, 헤어져
형 (~에서) 떨어져

- We are not _____ now. 우리는 지금 떨어져 있지 않다.

basement
[béismənt]
명 지하층, 지하실

- the second _____ 지하 2층

bite
[bait]
동 물다

- Don't _____ your nails. 손톱 물어 뜯지 마.

dash
[dæʃ]
명 돌진 동 돌진하다

- The boy _____ed into the shop.
  그 소년이 가게로 돌진했다.

dye
[dai]
명 염색제 동 염색하다

- I'd like to _____ my hair. 머리를 염색하고 싶어요.

else
[els]
부 그 밖에 형 그 밖의

- Anything _____? 그 밖에 다른 거 있나요?

honest
[ánist]
형 정직한

- Be _____. 솔직해져.

humble
[hʌ́mbl]
형 겸손한

- a _____ man 겸손한 남자
- a _____ job 보잘것없는 직업

laundry
[lɔ́ːndri]
명 세탁, 세탁물, 세탁소

- dirty _____ 더러운 세탁물

notice
[nóutis]
명 통지, 게시판
동 알아차리다

- a written _____ 서면 통지
- I didn't _____ him missing.
  나는 그가 사라지는 것을 알아차리지 못했다.

precious
[préʃəs]
형 귀중한

- _____ time 귀중한 시간

riddle
[rídl]
명 수수께끼

- a difficult _____ 어려운 수수께끼

A 빈칸에 알맞은 단어를 채워 넣으세요.

1. dirty _____
더러운 세탁물

2. a difficult _____
어려운 수수께끼

3. a _____ man
겸손한 남자

4. Be _____ .
솔직해져.

5. Don't _____ your nails.
손톱 물어 뜯지 마.

6. _____ time
귀중한 시간

1. apart _____
2. bite _____
3. dash _____
4. dye _____
5. laundry _____
6. basement _____
7. humble _____
8. riddle _____
9. 합계, 양 _____
10. 그 밖에; 그 밖의 _____
11. 정직한 _____
12. 통지; 알아차리다 _____
13. 귀중한 _____

B 주어진 우리말에 알맞게 단어를 배열하세요.

1. 머리를 염색하고 싶어요. (like / I'd / dye / to / hair / my / .)

_____

2. 손톱 물어 뜯지 마. (nails / don't / your / bite / .)

_____

학교 시험문제 **C** 다음 우리말에 맞게 빈칸에 공통으로 들어갈 말은?

· a written _____ 서면 통지
· I didn't _____ him missing. 나는 그가 사라지는 것을 알아차리지 못했다.

① dash   ② apart   ③ humble   ④ riddle   ⑤ notice

엄마~ 제가 **riddle** 하나 내볼게요!

엄마가 아끼시는 **precious** 꽃병을 누가 깼을까요?

엄마ㅠ 제가 **honest**하게 먼저 말했으니까 용서해 주세요.ㅠ

지난번 창문도 너잖아! 엄마가 **notice** 못 했을 줄 알아?

Day 90

 드디어 해냈구나! 포기하지 않아서 고마워^^

ambition [æmbíʃən]	몡 야망	• boundless _____ 끝없는 야망
cause [kɔːz]	몡 원인 통 ~을 초래하다	• the main _____ 주된 원인
complain [kəmpléin]	통 불평하다	• Don't _____ to me. 내게 불평하지 마.
cost [kɔ(ː)st]	몡 값, 비용 통 비용이 들다 cost-cost-cost	• It _____s a lot of money. 그것은 많은 돈이 든다.
expect [ikspékt]	통 기대하다, 예상하다 expectation 몡 기대, 예상	• I _____ him to arrive soon. 나는 그가 곧 도착할 것을 기대한다.
harvest [háːrvist]	몡 수확 통 수확하다	• a good/bad _____ 풍작/흉작
pretend [priténd]	통 ~인 체하다	• He _____ed not to notice. 그는 알아채지 못한 척했다.
recover [rikʌ́vər]	통 회복하다	• I hope you will _____. 회복되길 바랄게.
return [ritə́ːrn]	통 돌아오다	• I will _____ soon. 곧 돌아올게.
rude [ruːd]	혱 버릇없는, 무례한	• He was _____ to his teacher. 그는 자신의 선생님께 버릇이 없었다.
sure [ʃuər]	혱 확실한 분 그럼요	• Are you _____? 확실해?
touch [tʌtʃ]	몡 접촉 통 접촉하다, 만지다	• the sense of _____ 촉각 • Don't _____ me. 날 건드리지 마.
various [véə(ː)riəs]	혱 여러 가지의, 다양한 variety 몡 여러 가지, 다양성	• _____ ways 다양한 방법

expect A to B
A가 B할 것을 기대하다

= impolite 혱 공손하지 못한

keep in touch with
~와 접촉하다

» word 1158–1170

A 빈칸에 알맞은 단어를 채워 넣으세요.

1. Are you _____ ? 확실해?

2. a good _____ 풍작

3. boundless _____
끝없는 야망

4. _____ ways
다양한 방법

5. the sense of _____
촉각

6. He was _____ to his teacher.
그는 자신의 선생님께 버릇이 없었다.

1. sure _____
2. touch _____
3. ambition _____
4. harvest _____
5. various _____
6. cause _____
7. cost _____
8. expect _____
9. ~인 체하다 _____
10. 회복하다 _____
11. 불평하다 _____
12. 돌아오다 _____
13. 버릇없는, 무례한 _____

B 주어진 우리말에 알맞게 단어를 배열하세요.

1. 회복되길 바랄게. (hope / recover / I / will / you / .)

_____

2. 나는 그가 곧 도착할 것을 기대한다. (soon / I / expect / arrive / to / him / .)

_____

학교 시험문제 **C** A와 B에 들어갈 말이 알맞게 짝지어진 것은?

· It ____A____ a lot of money. 그것은 많은 돈이 든다.
· Don't ____B____ to me. 내게 불평하지 마.

	A	B		A	B
①	causes	pretend	②	costs	complaint
③	costs	complain	④	causes	complain
⑤	costs	pretend			

누나~ 택배 왔어!
엄청 **expect**하고 있지?

Sure! 당연하지~
엄청 기다렸어!

cost가 많이 들어서 애써서
모은 저금통까지 깼어!

짜잔! 넌 **touch**하지 마!

여러 의미를 가지고 있는 다의어

한 단어가 가지고 있는 여러 가지 의미를 예문을 통해 익혀봅시다.

character
[kǽriktər]

명 성격	• His **character** won't ever change. 그의 성격은 영원히 바뀌지 않을 것이다.
명 특징	• The **character** of the car is its unique design. 그 차의 특징은 독특한 디자인이다.
명 등장인물	• He is my favorite **character** in the movie. 그는 그 영화에서 내가 좋아하는 등장인물이다.
명 글자	• I like to learn Chinese **characters**. 나는 한자 배우는 것을 좋아한다.

grade
[greid]

명 등급	• The eggs' **grade** is A. 그 달걀의 등급은 A이다.
명 성적	• I got a good **grade** on the English test. 나는 영어 시험에서 좋은 성적을 받았다.
명 학년	• At that time, I was in the first **grade**. 그 당시에 나는 1학년이었다.

present
[prézənt]

명 현재	• He is out at **present**. 그는 현재 밖에 있다.
명 선물	• This is a **present** for you. 이것은 너를 위한 선물이야.
동 주다	• She will **present** me with the prize. 그녀가 나에게 상을 줄 것이다.
형 현재의	• I like my **present** job. 나는 나의 현재의 직업을 좋아한다.
형 참석한	• He wasn't **present** in class yesterday. 그는 어제 수업에 참석하지 않았다.

right
[rait]

명 권리	• Everybody has the **right** to know the truth. 모든 사람은 진실을 알 권리가 있다.
명 오른쪽	• The building is on the **right**. 그 건물은 오른쪽에 있다.
형 오른쪽의	• Close your **right** eye. 오른쪽 눈을 감아 봐.
형 옳은	• Yes, you're **right**. 응, 네가 옳아.
부 정확히	• She always arrives here **right** on time. 그녀는 항상 정확히 정시에 도착한다.

주요 동사의 숙어 표현 – take, make

take와 make의 숙어 표현을 익혀봅시다.

take [teik]	take action	조치를 취하다
	take off	이륙하다
	take notes	메모하다, 기록하다
	take medicine	약을 복용하다
	take place	일어나다, 발생하다 (=happen)
	take turns	교대로 하다
	take a seat	자리에 앉다
	take a walk	산책하다
	take a long time	오랜 시간이 걸리다
	take part in	참가하다 (=participate in, join)
make [meik]	make clear	분명히 하다
	make it	성공하다, 시간 맞춰 가다
	make money	돈을 벌다
	make a mistake	실수하다 (=make mistakes)
	make a call	전화를 걸다
	make a speech	연설하다
	make an error	실수를 범하다
	make an offer	제안하다
	make an appointment	약속하다
	make the bed	침대를 정리하다

감정동사의 형용사형

감정동사가 형용사 역할을 할 때 그 형태와 의미를 익혀봅시다.

> **감정동사가 형용사 역할을 하는 경우**
> 1. [동사원형 + ing형태의 현재분사형] → (다른 사람에게) 어떤 감정을 느끼게 만드는 경우
> 2. [동사원형 + ed형태의 과거분사형] → (어떤 것에 의해) 감정을 자신이 느끼는 경우

① exciting / excited

(1) an [exciting / excited] game 열광적인 경기
▶ 사람들을 열광시키게 만드는 경우로 현재분사를 사용한다.

(2) an [exciting / excited] people 열광한 사람들
▶ 사람들 자신이 열광을 느끼는 경우로 과거분사를 사용한다. 과거분사의 꾸밈을 받는 말은 사람인 경우가 많다.
*people처럼 꾸밈을 받는 말이 사람인 경우가 많다.

② surprising / surprised

(1) The news was [surprising / surprised] to me. 그 뉴스는 나를 놀라게 했다.
▶ 뉴스가 나를 놀라게 만드는 경우로 현재분사를 사용한다. 이때 주어는 사물인 경우가 많다.
*news처럼 주어가 사물인 경우가 많다.

(2) I was [surprising / surprised] by the news. 나는 그 뉴스로 인해 놀랐다.
▶ 내가 놀라는 감정을 느끼는 경우로 과거분사를 사용한다. 이때 주어는 사람인 경우가 많다.
*I처럼 주어가 사람인 경우가 많다.

③ tiring / tired

(1) I am [tired / tiring] now. 나는 지금 피곤하다.
(2) The work is [tired / tiring] me. 그 일은 나를 피곤하게 한다.

④ boring / bored

I was [boring / bored] to hear his [boring / bored] speech. 나는 그의 지루한 연설을 듣고 지루해졌다.

⑤ satisfying / satisfied

I am [satisfied / satisfying] with my life. 나는 내 삶에 만족한다.

⑥ interesting / interested

The movie was [interested / interesting] to me. 그 영화는 내게 흥미로웠다.

헷갈리는 명사의 복수형

명사의 복수형을 만드는 여러 규칙을 익혀봅시다.

① 규칙 변화

① 명사에 s를 붙인다.

② s계열(s, x, ch, sh)로 끝나는 단어는 es를 붙인다.
bus → buses, box → boxes, dish → dishes

③ 자음 + o로 끝나는 단어는 es를 붙인다.
potato → potatoes, tomato → tomatoes (예외: pianos, photos)

④ 모음 + o로 끝나는 단어는 s를 붙인다.
radio → radios, audio → audios

⑤ 자음 + y로 끝나는 단어는 y를 ies로 고친다.
candy → candies, country → countries

⑥ 모음 + y로 끝나는 단어는 s를 붙인다.
day → days, boy → boys

⑦ f, fe로 끝나는 단어는 ves로 고친다.
wolf → wolves, knife → knives

② 항상 복수인 명사

scissors, pants, glasses, shoes

③ s가 붙지만 단수인 명사

mathematics (수학), economics (경제학), physics (물리학)

④ 단수와 복수가 동일한 명사

fish → fish, deer → deer, sheep → sheep

⑤ -oo가 들어가는 단어

goose → geese, foot → feet, tooth → teeth

⑥ 복합 명사의 복수형

passer-by (지나가는 사람) → passers-by,
sister-in-law (법적으로 누이가 된 사람들: 처제, 형수, 시누이, 올케, 처형 등) → sisters-in-law

⑦ 기타

mouse → mice, man → men, woman → women, child → children

형태가 비슷해서 헷갈리는 단어들 Ⅰ
스펠링이 비슷한 표현들의 의미를 익혀봅시다.

most	대부분	• I like **most** fruit. 나는 대부분의 과일을 좋아한다.
the most	가장 많은 many, much의 최상급	• Tom ate **the most** food. 톰이 가장 많은 음식을 먹었다. • **the most** beautiful river 가장 아름다운 강
almost	거의	• Lunch is **almost** ready. 점심이 거의 준비되었다.
a few + 셀 수 있는 명사	(긍정) 조금	• I have **a few** friends. 나는 친구가 조금 있다.
few + 셀 수 있는 명사	(부정) 거의 ~없는	• I have **few** friends. 나는 친구가 거의 없다.
a little + 셀 수 없는 명사	(긍정) 조금	• I have **a little** money. 나는 돈이 조금 있다.
little + 셀 수 없는 명사	(부정) 거의 ~없는	• I have **little** money. 나는 돈이 거의 없다.
although **(=though)**	~이지만	• **Although** he seems happy, he has many problems. 그는 행복해 보이지만, 많은 문제들을 가지고 있다.
through	~을 통하여	• The man got in **through** the window. 그 남자는 창문을 통해 들어왔다.
thorough	철저한	• We need a **thorough** medical check. 우리는 철저한 의학적 검사가 필요하다.

형태가 비슷해서 헷갈리는 단어들 II

스펠링이 비슷한 표현들의 의미를 익혀봅시다.

with	~와 함께, 같이	• My friends will stay **with** me during this vacation. 내 친구들은 이번 방학 동안 나와 함께 머물 것이다.
within	(어떤 시간이나 장소) 이내에	• Tom was **within** a few meters of me. 톰은 나에게서 몇 미터 이내에 있었다.
without	~없이	• He left **without** saying goodbye. 그는 작별 인사 없이 떠났다.
other	다른	• We are better than **other** people. 우리가 다른 사람들보다 낫다.
others	다른 사람들, 다른 것들	• One is a tiger and **others** are lions and cheetahs. 하나는 호랑이이고, 다른 것들은 사자와 치타이다.
the other	나머지 하나	• One is black, and **the other** is white. 하나는 검정색이고 나머지 하나는 흰색이다.
the others	나머지 사람들, 나머지 것들	• He ran faster than **the others**. 그는 나머지 사람들보다 빨리 달렸다.
another	다른 하나, 하나 더	• May I have **another** piece of pie? 파이 한 조각 더 먹어도 되나요?
late	늦은	• They came to school **late**. 그들은 학교에 늦게 왔다.
lately	최근에	• I have been to America **lately**. 나는 최근에 미국에 다녀왔다.
later	이후에	• I will meet her two hours **later**. 나는 2시간 후에 그녀를 만날 것이다.
latter	후자	• Of the two, the former is better than the **latter**. 둘 중에 전자가 후자보다 낫다.

동사의 변화형

헷갈리기 쉬운 동사의 변화형을 익혀봅시다.

lie(눕다) – **lay** – **lain**	• **Lie** on your right side, please. 오른쪽으로 누워 주세요.
lie(거짓말하다) – **lied** – **lied**	• I don't want to **lie** to you. 나는 네게 거짓말하고 싶지 않아.
lay(~을 놓다, 알을 낳다) – **laid** – **laid**	• She **laid** the baby down. 그녀는 아기를 내려놓았다. • The hen **laid** an egg every day. 암탉이 매일 알을 낳았다.
rise(오르다, 해가 뜨다) – **rose** – **risen**	• The sun **rises** in the east. 해는 동쪽에서 뜬다. • They once again **rose** to the top. 그들은 다시 한 번 정상에 올랐다.
raise(들어 올리다, 기르다) – **raised** – **raised**	• **Raise** your hand, please. 손을 드세요.
arise(생기다, 발생하다) – **arose** – **arisen**	• Many car accidents **arise** these days. 요즘 많은 자동차 사고들이 발생한다.

발음이 비슷해서 헷갈리는 단어들

발음이 유사한 단어들을 익혀봅시다.

obtain [əbtéin]	동 얻다	• It's hard to **obtain** it. 그것을 얻기는 어렵다.
contain [kəntéin]	동 포함하다	• Tea also **contains** caffeine. 차 역시 카페인을 포함하고 있다.
maintain [meintéin]	동 유지하다	• Food is necessary to **maintain** life. 음식은 생명을 유지하는 데 필요하다.
wound [wu:nd; waund]	명 상처	• a serious **wound** 중상
wander [wándər]	동 방황하다	• Don't **wander** around late at night. 밤늦게 돌아다니지 마.
loose [lu:s]	형 느슨해진	• a **loose** bolt 느슨해진 볼트
lose [lu:z]	동 잃다	• You may **lose** it if you are not careful. 주의하지 않는다면 그것을 잃어버릴지도 모른다.
quite [kwait]	부 매우	• The man is **quite** kind. 그는 매우 친절하다.
quiet [kwáiət]	형 조용한	• He is also **quiet**. 그 또한 조용하다.
quit [kwit]	동 그만두다	• He had to **quit** his job. 그는 그의 일을 그만두어야 했다.
flour [fláuər]	명 밀가루	• bread **flour** 빵가루
flower [fláuər]	명 꽃	• a **flower** bed 화단
floor [flɔ:r]	명 마루, 층	• My house is on the third **floor**. 우리 집은 3층에 있다.
fresh [freʃ]	형 신선한	• a **fresh** fruit 신선한 과일
flesh [fleʃ]	명 살, 고기	• **flesh**-eating animals 육식동물
flash [flæʃ]	동 (빛이) 비치다, 깜박이다	• A red light **flashed**. 빨간 불이 깜박였다.
blood [blʌd]	명 피	• a **blood** cell 혈구
bleed [bli:d]	동 피를 흘리다	• When I brush my teeth, my gums **bleed**. 내가 이를 닦을 때 잇몸에서 피가 난다.
breed [bri:d]	동 새끼를 낳다, 사육하다	• They **breed** dogs. 그들은 개를 사육한다.

because + 주어 + 동사		• I failed it **because** I was lazy. 나는 게을렀기 때문에 그것에 실패했다.
because of + (동)명사	~ 때문에	• I failed it **because of** my laziness. 나는 게으름 때문에 그것에 실패했다.
due to + (동)명사		• My failure is **due to** my laziness. 나의 실패는 게으름 때문이다.
despite + (동)명사		• I love her **despite**(= **in spite of**) her faults. 나는 그녀의 결점에도 불구하고 그녀를 사랑한다.
in spite of + (동)명사	~지만, ~에도 불구하고	
(al)though + 주어 + 동사		• **Though** she was sleepy, she had to study hard. 그녀는 졸렸지만 열심히 공부해야 했다.
for + (동)명사 '지속되는 기간'을 나타낼 때		• I have lived there **for** three years. 나는 그곳에서 3년 동안 살아왔다.
during + (동)명사 '언제인지'를 나타낼 때	~동안	• What will you do **during** the vacation? 너는 방학 동안에 무엇을 할 거니?
while + 주어 + 동사		• You may go out **while** I use the computer. 내가 컴퓨터를 쓰는 동안 너는 밖에 나가 있어도 좋아.

같은 뜻 다른 쓰임

같은 뜻을 가지고 있지만 다르게 쓰이는 표현들을 익혀봅시다.

some	약간의, 몇몇, 어떤, 어떤 ~라도, 어떠한 ~라도	▶ 긍정문에 주로 쓰임. • I want **some** of that. 나는 그것의 약간을 원한다.
any		▶ 부정문, 의문문에 주로 쓰임. • I don't want **any** of that. 나는 그것의 어떠한 것이라도 원하지 않는다. ＊ some, any는 뜻으로 구별하는 것이 좋으며 some-, any-가 붙는 다른 표현들도 동일하다.
too	역시, 또한 역시 그러하다	▶ 긍정문에만 쓰임. • I like him, **too**. 나도 그를 좋아해.
either		▶ 부정문에만 쓰임. • I don't like him, **either**. 나도 그를 좋아하지 않아.
so		▶ 긍정문에만 쓰임. • A: I like him. 나는 그를 좋아해. 　 B: **So do I**. 나도 그래.
till(until)	~까지(계속) =up to	• I have to wait **till** 3. 나는 3시까지 (계속) 기다려야 한다.
by	~까지(그 전에) =before	• I have to finish my homework **by** 3. 나는 3시까지 (그 전에) 숙제를 마쳐야 한다.
many	많은	▶ 셀 수 있는 명사 앞에 쓰임. • **many** books 많은 책
much		▶ 셀 수 없는 명사 앞에 쓰임. • **much** money 많은 돈
a lot of **(= lots of)**		▶ 두 경우 다 쓰임.
plenty of		▶ 두 경우 다 쓰임.

영어 듣기 평가에 꼭 나오는 0순위 단어와 표현

시험에 자주 나오는 단어와 표현을 예문을 통해 익혀봅시다.

usual	형 평상시의, 보통의	• A: How are you doing? 어떻게 지내니? B: Same as **usual**. 평상시와 같아.
sound	동 ~처럼 들리다	• A: Why don't we play soccer? 우리 축구하는 게 어때? B: **Sounds** good. 좋아.
favorite	형 가장 좋아하는	• What's your **favorite** season? 너는 어떤 계절을 가장 좋아하니?
pity	명 연민, 동정심	• What a **pity**! 불쌍해라!
be interested in	~에 관심이 있다	• What **are** you **interested in**? 너는 무엇에 관심이 있니?
opinion	명 의견, 견해, 생각	• In my **opinion**, it's so boring. 내 생각에 그것은 너무 지루해.
be able to	~을 할 수 있다	• He **is able to** speak Chinese. 그는 중국어를 할 줄 안다.
matter	명 문제 동 중요하다	• A: What's the **matter**? 무슨 일이야? B: Nothing. 아무것도 아니야. • A: I'm sorry. 미안해. B: It doesn't **matter**. 괜찮아. (문제가 되지 않아.)
remember	동 ~을 상기시키다, ~을 기억하다	• **Remember** to lock the door when you are out. 나갈 때 문 잠그는 것을 기억하세요.
give up	포기하다	• Don't **give up**. 포기하지 마.
kind	명 종류	• What **kind** of fruit do you like? 어떤 종류의 과일을 좋아하니?
no doubt	의심하지 않는	• A: Are you sure about that? 너 그것에 대해 확신하니? B: Yes, I have **no doubt**. 응, 전혀 의심하지 않아.
favor	명 부탁, 호의	• A: Could you do me a **favor**? 부탁 한 가지만 들어줄래? B: Sure. What is it? 물론이지. 뭔데?
look forward to	~을 기대하다, 고대하다	• I'm **looking forward to** visiting my grandmother. 나는 우리 할머니께 가는 것을 정말 기대하고 있다.

mind	통 ~을 꺼리다	A: Do you **mind** if I open the window? 창문 좀 열어도 괜찮을까요? B: Not at all. 괜찮아요.
I'm afraid ~	유감이지만 ~인 것 같다	**I'm afraid** I am going to have to disappoint you. 유감스럽지만 너를 실망시킬 것 같구나.
be good at	~에 능숙하다, ~을 잘하다	A: Do you know how to make a kite? 너 연 만드는 법을 알고 있니? B: Yes. I'm **good at** making it. 응, 나는 연을 잘 만들어.
agree	통 동의하다	I don't **agree** what you said. 나는 네가 말한 것에 동의하지 않아.
Pardon (me)?	뭐라고?, 다시 말해 줄래?	I don't get it. **Pardon**? 못 알아 들었어. 다시 말해 줄래?
wonder	통 궁금하다, 궁금해하다	I **wonder** what time the movie begins. 나는 그 영화가 몇 시에 시작하는지 궁금하다.
prefer A to B	B보다 A를 더 좋아하다	A: Which do you prefer, comedies or horror? 코미디 아니면 공포 영화 중 어느 것을 더 좋아하니? B: I **prefer** comedies **to** horrors. 나는 공포 영화보다는 코미디를 더 좋아해.
appreciate	통 감사하다	I **appreciate** your offer, but I can't accept it. 제의는 감사하지만, 받아들일 수 없어요.
had better	~하는 게 낫다	You **had better** go somewhere else. 다른 곳에 가는 게 낫겠다.
mention	통 말하다, 언급하다	A: Thank you very much. 정말 고마워요. B: Don't **mention** it. 별 말씀을요.
apologize	통 사과하다	I'm late again. I **apologize**. 나 또 늦었어. 미안해.
be annoyed about	~에 화가 나다	A: I'm **annoyed about** what she says. 나는 그녀가 하는 말에 화가 나. B: Calm down. 진정해.
be supposed to	~해야 한다	A: You **are supposed to** finish your homework today. 너는 오늘 숙제를 끝내야 해. B: Okay, I will. 네, 그럴게요.
Is it possible that ~?	~할 수 있을까?	**Is it possible that** I can win the game? 내가 게임에서 이길 수 있을까?

영작의 바탕은 문법!
기초 문법으로 쉽게 익히는 영작 원리

주선이 지음 | 전 2권 구성 | 1권 248쪽, 2권 220쪽 | 각 11,000원

〈기적의 문법+영작〉만의 특징

1 문법 규칙은 물론, 영작에 강해지는 기초 원리를 익혀요!

2 단계별 영작 연습으로 영어 어순에 익숙해져요.

3 중학교 서술형 영작 시험에 대비할 수 있어요!

스스로 문장 만드는 힘을 키워주는 3단계 구성

개념잡기 ▶ 뼈대 문장 만들기 ▶ 뼈대 문장 살 붙이기

대상 ▶ 시험 영어에 대비해야 하는 초등 5,6학년

다운로드 서비스 제공
(www.gilbutschool.co.kr)

 + **MP3 Files**

본문 학습 전에 미리보는 단어장 ﹒﹒﹒﹒﹒﹒ 본문의 예문을 녹음한 MP3 파일

한 권으로 꼭 알아야 할 단어만
확실히 외우고 중학교 단어 완성!

중학 필수 영단어

무작정 따라하기

한동오 지음

휴대용 암기장
·
누적 테스트
·
정답

중학 필수
영단어
무작정 따라하기

휴대용 암기장
& 누적 테스트
& 정답

길벗스쿨

age	명 나이, 시기, 시대
□ all	형 모든, 전체의
□ country	명 국가, (the~) 시골
□ every	형 모든
□ hope	명 희망 동 희망하다, 바라다
□ like	동 좋아하다 전 ~처럼
□ name	명 이름 동 이름을 지어 주다
people	명 사람들, 국민
	명 계획 동 계획하다
	명 질문, 문제

오늘의 단어

그날 배운 단어와 단어의 뜻을 다시 정리하였습니다. 단어를 보고 뜻을 떠올리거나,
뜻을 보면서 단어를 떠올려 보세요. 생각나지 않는 단어는 체크해 두었다가 반복해서 외우도록 합니다.

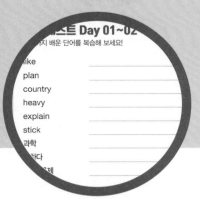

누적 테스트 Day 01~02

까지 배운 단어를 복습해 보세요!

like	_____
plan	_____
country	_____
heavy	_____
explain	_____
stick	_____
과학	_____
하다	_____
제	_____

누적 테스트

단어를 3회 반복해서 외울 수 있도록 누적 테스트를 제공합니다.
한 번 외우는 것으로 끝내지 말고, 같은 단어를 여러 번 반복해서 진짜 내 것으로 만들어 봅시다.
(누적 테스트의 정답은 본 책의 해당하는 Day에서 단어의 뜻을 보고 확인하세요.)

오늘의 단어

단어와 뜻을 다시 훑어보고 머릿속에 입력하세요!

- □ age · 명 나이, 시기, 시대
- □ all · 형 모든, 전체의
- □ country · 명 국가, (the~) 시골
- □ every · 형 모든
- □ hope · 명 희망 동 희망하다, 바라다
- □ like · 동 좋아하다 전 ~처럼
- □ name · 명 이름 동 이름을 지어 주다
- □ people · 명 사람들, 국민
- □ plan · 명 계획 동 계획하다
- □ question · 명 질문, 문제
- □ science · 명 과학
- □ walk · 명 걷기 동 걷다
- □ want · 동 원하다, ~하고 싶다

아직도 모르는 단어

✓ _____ ✓ _____ ✓ _____ ✓ _____ ✓ _____ ✓ _____

누적 테스트 Day 01

지금까지 배운 단어를 복습해 보세요!

question	_____
science	_____
all	_____
name	_____
every	_____
want	_____
좋아하다, ~처럼	_____
사람들, 국민	_____
걷기, 걷다	_____
나이, 시기, 시대	_____
국가, 시골	_____
희망, 희망하다	_____
계획, 계획하다	_____

오늘의 단어

단어와 뜻을 다시 훑어보고 머릿속에 입력하세요!

- □ art · 명 미술, 예술
- □ culture · 명 문화
- □ event · 명 사건, 행사
- □ explain · 동 설명하다
- □ future · 명 미래 형 미래의
- □ heavy · 형 무거운, (양, 정도가) 많은, 심한
- □ market · 명 시장
- □ movie · 명 영화
- □ past · 명 과거 형 지난, 과거의
- □ place · 명 장소, 곳
- □ read · 동 읽다
- □ space · 명 공간, 우주
- □ stick · 명 막대기 동 찌르다, 붙이다

아직도 모르는 단어

✓ _____ ✓ _____ ✓ _____ ✓ _____ ✓ _____ ✓ _____

누적 테스트 Day 01~02

지금까지 배운 단어를 복습해 보세요!

like	_____
plan	_____
country	_____
heavy	_____
explain	_____
stick	_____
과학	_____
원하다	_____
질문, 문제	_____
문화	_____
장소, 곳	_____
공간, 우주	_____
영화	_____

오늘의 단어

단어와 뜻을 다시 훑어보고 머릿속에 입력하세요!

- □ care   명 돌봄, 주의 동 관심을 가지다
- □ children   명 아이들
- □ cousin   명 사촌, 먼 친척
- □ drive   동 운전하다
- □ full   형 ~이 가득 찬
- □ hole   명 구멍
- □ know   동 알다
- □ lead   동 이끌다
- □ secret   명 비밀 형 비밀의
- □ so   부 그렇게, 정말로
- □ stage   명 단계, 무대
- □ think   동 생각하다
- □ too   부 역시, 또한

누적 테스트 Day 01~03

지금까지 배운 단어를 복습해 보세요!

hope	
all	
explain	
future	
know	
think	
국가, 시골	
질문, 문제	
과거, 과거의	
사건, 행사	
비밀, 비밀의	
이끌다	
~이 가득 찬	

아직도 모르는 단어

✓ _____ ✓ _____ ✓ _____ ✓ _____ ✓ _____ ✓ _____

오늘의 단어

단어와 뜻을 다시 훑어보고 머릿속에 입력하세요!

- □ break   명 쉬는 시간, 휴식 동 깨어지다, 깨다
- □ famous   형 유명한
- □ glad   형 기쁜, 반가운
- □ head   명 머리 동 향하다
- □ help   명 도움 동 돕다
- □ history   명 역사
- □ language   명 언어
- □ leaf   명 나뭇잎
- □ medicine   명 약, 의학
- □ museum   명 박물관, 미술관
- □ picture   명 그림, 사진
- □ pull   명 당기기 동 당기다
- □ tale   명 이야기, 소설

누적 테스트 Day 02~04

지금까지 배운 단어를 복습해 보세요!

read	
explain	
care	
children	
museum	
famous	
미술, 예술	
시장	
구멍	
역시, 또한	
역사	
그림, 사진	
도움, 돕다	

아직도 모르는 단어

✓ _____ ✓ _____ ✓ _____ ✓ _____ ✓ _____ ✓ _____

Day 05

오늘의 단어
단어와 뜻을 다시 훑어보고 머릿속에 입력하세요!

- □ foreign 　　형 외국의
- □ glass 　　명 유리
- □ grade 　　명 학년, 등급, 성적
- □ habit 　　명 습관
- □ information 　　명 정보
- □ job 　　명 직업, 일
- □ long 　　형 긴 부 오래
- □ noise 　　명 소리, 잡음
- □ popular 　　형 인기 있는, 대중적인
- □ special 　　형 특별한
- □ station 　　명 역, 정거장
- □ village 　　명 마을
- □ way 　　명 길, 방법

아직도 모르는 단어

✓_____ ✓_____ ✓_____ ✓_____ ✓_____ ✓_____

누적 테스트 Day 03~05
지금까지 배운 단어를 복습해 보세요!

too	_____
lead	_____
language	_____
pull	_____
information	_____
village	_____
그렇게, 정말로	_____
사촌, 먼 친척	_____
기쁜, 반가운	_____
머리, 향하다	_____
인기 있는, 대중적인	_____
특별한	_____
외국의	_____

Day 06

오늘의 단어
단어와 뜻을 다시 훑어보고 머릿속에 입력하세요!

- □ area 　　명 지역, 분야
- □ brain 　　명 두뇌
- □ build 　　동 세우다, 짓다
- □ chance 　　명 기회, 가능성
- □ community 　　명 지역사회, 공동체
- □ drink 　　명 음료 동 마시다
- □ dumb 　　명 바보 형 벙어리의
- □ nature 　　명 자연, 본질
- □ remember 　　동 기억하다
- □ right 　　명 권리 형 오른쪽의
- □ rock 　　명 바위 동 흔들다, 흔들리다
- □ subject 　　명 과목, 주제
- □ tradition 　　명 전통

아직도 모르는 단어

✓_____ ✓_____ ✓_____ ✓_____ ✓_____ ✓_____

누적 테스트 Day 04~06
지금까지 배운 단어를 복습해 보세요!

leaf	_____
medicine	_____
noise	_____
habit	_____
subject	_____
tradition	_____
이야기, 소설	_____
유명한	_____
역, 정거장	_____
학년, 등급	_____
기억하다	_____
세우다, 짓다	_____
자연, 본질	_____

Day 07

오늘의 단어
단어와 뜻을 다시 훑어보고 머릿속에 입력하세요!

- ☐ address   명 주소, 연설
- ☐ also   부 또한, ~도, 게다가
- ☐ bill   명 계산서, 지폐
- ☐ business   명 사업, 일
- ☐ college   명 대학
- ☐ field   명 들판, 분야
- ☐ flour   명 밀가루
- ☐ learn   동 배우다
- ☐ lucky   형 행운의
- ☐ machine   명 기계
- ☐ take   동 잡다, 가지고 가다, 데리고 가다
- ☐ trip   명 (비교적 짧은) 여행
- ☐ turn   명 차례 동 돌다, 돌리다, 변하다

아직도 모르는 단어

✓ _____ ✓ _____ ✓ _____ ✓ _____ ✓ _____ ✓ _____

누적 테스트 Day 05~07
지금까지 배운 단어를 복습해 보세요!

foreign	_____
job	_____
community	_____
dumb	_____
bill	_____
learn	_____
긴, 오래	_____
길, 방법	_____
기회, 가능성	_____
권리, 오른쪽의	_____
들판, 분야	_____
여행	_____
행운의	_____

Day 08

오늘의 단어
단어와 뜻을 다시 훑어보고 머릿속에 입력하세요!

- ☐ ago   부 ~전에
- ☐ clothes   명 옷
- ☐ deep   형 깊은
- ☐ joke   명 농담 동 농담하다
- ☐ make   동 만들다, ~하게 하다
- ☐ maybe   부 아마도
- ☐ nation   명 국가
- ☐ season   명 계절, 시기
- ☐ slide   명 미끄럼틀 동 미끄러지다
- ☐ teens   명 10대(13세 ~19세)
- ☐ title   명 제목, 직함
- ☐ wide   형 넓은
- ☐ work   명 일, 작품 동 일하다

아직도 모르는 단어

✓ _____ ✓ _____ ✓ _____ ✓ _____ ✓ _____ ✓ _____

누적 테스트 Day 06~08
지금까지 배운 단어를 복습해 보세요!

area	_____
chance	_____
flour	_____
also	_____
wide	_____
deep	_____
두뇌	_____
바위, 흔들다	_____
잡다, 가지고 가다	_____
차례, 돌다	_____
옷	_____
계절, 시기	_____
미끄럼틀	_____

오늘의 단어
단어와 뜻을 다시 훑어보고 머릿속에 입력하세요!

- ☐ beat   통 때리다, 이기다
- ☐ call   명 전화 통화 통 부르다, 전화하다
- ☐ carry   통 옮기다, (이동 중에) 들고 있다
- ☐ dentist   명 치과의사
- ☐ flu   명 독감
- ☐ foot   명 발
- ☐ forget   통 잊어버리다
- ☐ neighbor   명 이웃, 옆자리 사람
- ☐ nuclear   형 원자력의, 핵의
- ☐ remove   통 제거하다
- ☐ throat   명 목, 목구멍
- ☐ vet   명 수의사
- ☐ volunteer   명 자원 봉사자 통 자원하다

아직도 모르는 단어

✓ _____ ✓ _____ ✓ _____ ✓ _____ ✓ _____ ✓ _____

누적 테스트 Day 07~09
지금까지 배운 단어를 복습해 보세요!

college	_____
field	_____
ago	_____
maybe	_____
volunteer	_____
nuclear	_____
여행	_____
행운의	_____
농담, 농담하다	_____
국가	_____
잊어버리다	_____
이웃, 옆자리 사람	_____
옮기다, 들고 있다	_____

Day 10

오늘의 단어
단어와 뜻을 다시 훑어보고 머릿속에 입력하세요!

- ☐ cartoon   명 만화
- ☐ couple   명 두 사람, 두 개, 부부
- ☐ create   통 창조하다, 만들다
- ☐ forest   명 숲
- ☐ move   명 움직임, 이사 통 움직이다, 옮기다
- ☐ office   명 사무실
- ☐ opinion   명 의견, 견해
- ☐ pet   명 애완동물
- ☐ piece   명 조각, 부분, 장
- ☐ rule   명 규칙, 통치, 지배 통 통치하다
- ☐ side   명 쪽, 옆면
- ☐ site   명 장소, 위치
- ☐ wait   통 기다리다

아직도 모르는 단어

✓ _____ ✓ _____ ✓ _____ ✓ _____ ✓ _____ ✓ _____

누적 테스트 Day 08~10
지금까지 배운 단어를 복습해 보세요!

title	_____
teens	_____
beat	_____
neighbor	_____
create	_____
move	_____
일, 작품, 일하다	_____
만들다, ~하게 하다	_____
제거하다	_____
목, 목구멍	_____
조각, 부분	_____
숲	_____
의견, 견해	_____

Day 11

오늘의 단어
단어와 뜻을 다시 훑어보고 머릿속에 입력하세요!

- □ always   면 항상, 언제나
- □ award   명 상
- □ dialogue   명 대화
- □ example   명 예, 모범
- □ fast   형 빠른 면 빨리
- □ hand   명 손, 도움 동 건네주다
- □ hard   형 딱딱한, 어려운 면 열심히
- □ high   형 높은 면 높게
- □ holiday   명 휴일, 방학, 휴가(영국식)
- □ late   형 늦은 면 늦게
- □ listen   동 (귀 기울여) 듣다
- □ use   명 사용, 쓰임새 동 사용하다
- □ win   동 이기다, 얻다, 타다

아직도 모르는 단어

✓_____ ✓_____ ✓_____ ✓_____ ✓_____ ✓_____

누적 테스트 Day 09~11
지금까지 배운 단어를 복습해 보세요!

vet	
dentist	
office	
wait	
example	
award	
독감	
전화 통화, 부르다	
장소, 위치	
규칙, 통치하다	
이기다, 얻다	
항상, 언제나	
듣다	

Day 12

오늘의 단어
단어와 뜻을 다시 훑어보고 머릿속에 입력하세요!

- □ able   형 할 수 있는, 재능 있는
- □ afraid   형 두려워하는
- □ audition   명 오디션 동 오디션을 보다
- □ fact   명 사실, 현실
- □ fresh   형 신선한, 민물의
- □ heaven   명 천국, 하늘
- □ leave   동 떠나다, 그대로 두다
- □ note   명 메모, 쪽지
- □ order   명 순서, 명령, 질서 동 명령하다
- □ sidewalk   명 보도, 인도
- □ soldier   명 군인, 병사
- □ street   명 거리, ~가
- □ weekend   명 주말

아직도 모르는 단어

✓_____ ✓_____ ✓_____ ✓_____ ✓_____ ✓_____

누적 테스트 Day 10~12
지금까지 배운 단어를 복습해 보세요!

opinion	
cartoon	
hard	
holiday	
weekend	
order	
애완동물	
두 사람, 두 개	
손, 도움, 건네주다	
사용, 사용하다	
군인, 병사	
할 수 있는	
떠나다	

오늘의 단어

단어와 뜻을 다시 훑어보고 머릿속에 입력하세요!

- □ bored　　　형 지루한
- □ chief　　　명 장, 우두머리 형 주된, 최고의
- □ decide　　　동 결정하다
- □ depression　명 우울, 우울증, 불경기, 불황
- □ excited　　　형 흥미진진한
- □ letter　　　명 편지, 글자, 문자
- □ locate　　　동 (특정 위치에) 두다, 위치를 찾다
- □ magic　　　명 마술 형 마술의
- □ mess　　　명 엉망인 상태 동 엉망으로 만들다
- □ planet　　　명 행성
- □ psychology　명 심리학, 심리
- □ scratch　　　명 긁힌 자국 동 긁다, 할퀴다
- □ wheat　　　명 밀

아직도 모르는 단어

✓＿＿＿　　✓＿＿＿　　✓＿＿＿　　✓＿＿＿　　✓＿＿＿　　✓＿＿＿

누적 테스트 Day 11~13

지금까지 배운 단어를 복습해 보세요!

dialogue	＿＿＿＿＿＿
high	＿＿＿＿＿＿
afraid	＿＿＿＿＿＿
sidewalk	＿＿＿＿＿＿
planet	＿＿＿＿＿＿
depression	＿＿＿＿＿＿
늦은, 늦게	＿＿＿＿＿＿
상	＿＿＿＿＿＿
신선한, 민물의	＿＿＿＿＿＿
사실, 현실	＿＿＿＿＿＿
지루한	＿＿＿＿＿＿
결정하다	＿＿＿＿＿＿
흥미진진한	＿＿＿＿＿＿

오늘의 단어

단어와 뜻을 다시 훑어보고 머릿속에 입력하세요!

- □ announce　　동 발표하다
- □ attitude　　　명 태도, 마음 자세
- □ blow　　　명 세게 때림, 강타 동 불다
- □ grab　　　동 꼭 쥐다, 붙잡다
- □ ignore　　　동 무시하다
- □ pretty　　　형 예쁜 부 매우, 꽤
- □ ready　　　형 준비되어 있는
- □ ride　　　명 타기 동 타다
- □ satisfy　　　동 만족시키다
- □ seem　　　동 ~인 것 같다, ~처럼 보이다
- □ shake　　　동 흔들다, 흔들리다
- □ soon　　　부 곧, 빨리
- □ suddenly　　부 갑자기

아직도 모르는 단어

✓＿＿＿　　✓＿＿＿　　✓＿＿＿　　✓＿＿＿　　✓＿＿＿　　✓＿＿＿

누적 테스트 Day 12~14

지금까지 배운 단어를 복습해 보세요!

able	＿＿＿＿＿＿
leave	＿＿＿＿＿＿
psychology	＿＿＿＿＿＿
chief	＿＿＿＿＿＿
attitude	＿＿＿＿＿＿
satisfy	＿＿＿＿＿＿
메모, 쪽지	＿＿＿＿＿＿
오디션	＿＿＿＿＿＿
두다, 위치를 찾다	＿＿＿＿＿＿
밀	＿＿＿＿＿＿
갑자기	＿＿＿＿＿＿
꼭 쥐다, 붙잡다	＿＿＿＿＿＿
세게 때림, 불다	＿＿＿＿＿＿

오늘의 단어

단어와 뜻을 다시 훑어보고 머릿속에 입력하세요!

☐ boot	명 부츠(목이 긴 신발)
☐ customer	명 손님, 고객
☐ diary	명 일기, 수첩
☐ difficult	형 어려운
☐ document	명 서류
☐ fridge	명 냉장고
☐ health	명 건강, 보건
☐ kind	형 친절한 명 종류
☐ license	명 면허증 동 허가하다
☐ patient	명 환자 형 참을성 있는
☐ poor	형 형편없는, 가난한
☐ sorry	형 미안한, 유감스러운
☐ tired	형 피곤한, 지루한

아직도 모르는 단어

✓ _____ ✓ _____ ✓ _____ ✓ _____ ✓ _____ ✓ _____

누적 테스트 Day 13~15

지금까지 배운 단어를 복습해 보세요!

locate	
scratch	
soon	
seem	
patient	
customer	
편지, 글자	
마술, 마술의	
무시하다	
타기, 타다	
어려운	
건강, 보건	
면허증, 허가하다	

오늘의 단어

단어와 뜻을 다시 훑어보고 머릿속에 입력하세요!

☐ according	부 ~에 따라서
☐ capital	명 수도, 자본, 대문자
☐ delivery	명 배달
☐ fever	명 열, 열기
☐ garage	명 차고, 주차장
☐ political	형 정치의, 정치적인
☐ shorts	명 반바지
☐ stair	명 계단
☐ temperature	명 온도
☐ type	명 유형, 형태 동 타자를 치다
☐ uniform	명 유니폼, 제복, 교복
☐ view	명 전망, 경관, 견해
☐ wish	명 바람, 소원 동 바라다

아직도 모르는 단어

✓ _____ ✓ _____ ✓ _____ ✓ _____ ✓ _____ ✓ _____

누적 테스트 Day 14~16

지금까지 배운 단어를 복습해 보세요!

shake	
grab	
document	
poor	
delivery	
stair	
예쁜, 매우	
준비되어 있는	
친절한, 종류	
피곤한, 지루한	
차고, 주차장	
반바지	
열, 열기	

오늘의 단어
단어와 뜻을 다시 훑어보고 머릿속에 입력하세요!

- □ arm — 명 팔
- □ careful — 형 조심하는, 주의하는
- □ detail — 명 세부 사항
- □ even — 부 심지어 ~도, (비교급 강조) 훨씬
- □ fault — 명 잘못, 결점
- □ interest — 명 관심, 흥미 동 흥미를 갖게 하다
- □ look — 동 보다, ~처럼 보이다
- □ often — 부 자주, 종종
- □ park — 명 공원 동 주차하다
- □ sharp — 형 날카로운
- □ simple — 형 간단한
- □ together — 부 함께, 같이
- □ watch — 명 시계 동 지켜 보다, 조심하다

누적 테스트 Day 15~17
지금까지 배운 단어를 복습해 보세요!

- fridge _____
- license _____
- according _____
- political _____
- detail _____
- careful _____
- 일기, 수첩 _____
- 미안한, 유감스러운 _____
- 바람, 바라다 _____
- 전망, 견해 _____
- 관심, 흥미를 갖게 하다 _____
- 잘못, 결점 _____
- 날카로운 _____

아직도 모르는 단어
✓ _____ ✓ _____ ✓ _____ ✓ _____ ✓ _____ ✓ _____

오늘의 단어
단어와 뜻을 다시 훑어보고 머릿속에 입력하세요!

- □ enjoy — 동 즐기다
- □ face — 명 얼굴 동 직면하다
- □ finish — 명 끝 동 끝내다
- □ keep — 동 유지하다, 계속하다, 보관하다
- □ law — 명 법, 법칙
- □ service — 명 서비스, 봉사
- □ shrug — 동 어깨를 으쓱하다
- □ sight — 명 보는 것, 광경, 시력
- □ summary — 명 요약, 개요
- □ surround — 동 둘러싸다, 포위하다
- □ traffic — 명 교통, 차량들
- □ well — 부 잘, 좋게 명 우물
- □ witness — 명 증인, 목격자 동 목격하다

누적 테스트 Day 16~18
지금까지 배운 단어를 복습해 보세요!

- temperature _____
- fever _____
- together _____
- often _____
- shrug _____
- traffic _____
- 유형, 타자를 치다 _____
- 수도, 자본, 대문자 _____
- 심지어 ~도, 훨씬 _____
- 보다, ~처럼 보이다 _____
- 즐기다 _____
- 얼굴, 직면하다 _____
- 끝, 끝내다 _____

아직도 모르는 단어
✓ _____ ✓ _____ ✓ _____ ✓ _____ ✓ _____ ✓ _____

오늘의 단어
단어와 뜻을 다시 훑어보고 머릿속에 입력하세요!

- □ arrest   명 체포 동 체포하다
- □ bless   동 축복을 빌다
- □ cancer   명 암
- □ change   명 변화 동 바뀌다
- □ festival   명 축제
- □ gas   명 기체, 가스, 휘발유
- □ memory   명 기억, 기억력
- □ mind   명 마음, 정신 동 ~을 꺼리다
- □ normal   명 보통, 정상 형 보통의, 정상의
- □ plant   명 식물, 공장 동 심다
- □ police   명 경찰
- □ prove   동 증명하다, 판명되다
- □ ruin   동 망치다, 파괴하다

누적 테스트 Day 17~19
지금까지 배운 단어를 복습해 보세요!

park	
interest	
witness	
keep	
normal	
plant	
함께, 같이	
팔	
잘, 우물	
법, 법칙	
체포, 체포하다	
암	
기억, 기억력	

아직도 모르는 단어

✓   ✓   ✓   ✓   ✓   ✓

오늘의 단어
단어와 뜻을 다시 훑어보고 머릿속에 입력하세요!

- □ advice   명 충고
- □ custom   명 관습, 풍습
- □ general   명 장군 형 일반적인, 보편적인
- □ hear   동 듣다, 들리다
- □ host   명 주인, 진행자 동 주최하다
- □ meeting   명 회의, 집회, 만남
- □ once   부 한 번, 한때
- □ put   동 놓다, 두다
- □ see   동 보이다, 보다, 알다, 이해하다
- □ spring   명 봄, 용수철, 샘 동 튀어 오르다
- □ stomach   명 위, 배
- □ surprise   동 놀라게 하다
- □ talk   명 이야기, 대화 동 말하다

누적 테스트 Day 18~20
지금까지 배운 단어를 복습해 보세요!

sight	
surround	
prove	
mind	
once	
custom	
유지하다, 보관하다	
서비스, 봉사	
축복을 빌다	
축제	
충고	
봄, 튀어 오르다	
주인, 주최하다	

아직도 모르는 단어

✓   ✓   ✓   ✓   ✓   ✓

Day 21

오늘의 단어
단어와 뜻을 다시 훑어보고 머릿속에 입력하세요!

- ☐ class   명 학급, 수업, 계급
- ☐ dish   명 접시, 요리
- ☐ funny   형 우스운, 웃기는
- ☐ play   명 놀이, 연극 동 놀다, 연기하다
- ☐ sometimes   부 때때로, 가끔
- ☐ stamp   명 도장, 우표
- ☐ store   명 가게 동 저장하다
- ☐ stress   명 스트레스, 강세 동 강조하다
- ☐ suffer   동 고통받다, 시달리다
- ☐ terrible   형 끔찍한, 형편없는
- ☐ terrific   형 아주 좋은, 멋진, 대단한
- ☐ translate   동 번역[통역]하다, 옮기다
- ☐ vocabulary   명 어휘, 단어

아직도 모르는 단어

✓_____ ✓_____ ✓_____ ✓_____ ✓_____ ✓_____

누적 테스트 Day 19~21
지금까지 배운 단어를 복습해 보세요!

ruin	_____
arrest	_____
general	_____
put	_____
suffer	_____
terrific	_____
변화, 바뀌다	_____
경찰	_____
위, 배	_____
놀라게 하다	_____
끔찍한, 형편없는	_____
가게, 저장하다	_____
때때로, 가끔	_____

Day 22

오늘의 단어
단어와 뜻을 다시 훑어보고 머릿속에 입력하세요!

- ☐ adapt   동 맞추다, 적응하다
- ☐ bat   명 방망이, 박쥐
- ☐ battle   명 전투, 싸움 동 싸우다
- ☐ burden   명 짐 동 짐을 지우다
- ☐ deer   명 사슴
- ☐ divide   명 분할 동 나뉘다, 나누다
- ☐ economics   명 경제학
- ☐ fantasy   명 공상, 상상
- ☐ independent   형 독립된, 자립심이 강한
- ☐ limit   명 한계 동 제한하다
- ☐ policy   명 정책, 방책
- ☐ president   명 대통령, 회장
- ☐ reason   명 이유, 이성 동 추론하다

아직도 모르는 단어

✓_____ ✓_____ ✓_____ ✓_____ ✓_____ ✓_____

누적 테스트 Day 20~22
지금까지 배운 단어를 복습해 보세요!

once	_____
see	_____
terrible	_____
dish	_____
adapt	_____
divide	_____
놓다, 두다	_____
관습, 풍습	_____
학급, 계급	_____
도장, 우표	_____
이유, 이성	_____
한계, 제한하다	_____
짐, 짐을 지우다	_____

Day 23

오늘의 단어
단어와 뜻을 다시 훑어보고 머릿속에 입력하세요!

- ☐ earth 	몡 지구, 땅
- ☐ fight 	몡 싸움 툉 싸우다
- ☐ heart 	몡 심장, 가슴
- ☐ hour 	몡 시간
- ☐ moment 	몡 잠깐, 순간
- ☐ need 	툉 필요하다 몡 필요
- ☐ part 	몡 일부, 부분
- ☐ peak 	몡 절정, 최고점 혱 절정기의
- ☐ show 	툉 보여주다 몡 쇼, 공연
- ☐ solar 	혱 태양의, 태양을 이용한
- ☐ swear 	툉 맹세하다, 욕을 하다
- ☐ try 	몡 시도 툉 애쓰다, 한 번 해보다
- ☐ word 	몡 단어, 말

아직도 모르는 단어
✓_____ ✓_____ ✓_____ ✓_____ ✓_____ ✓_____

누적 테스트 Day 21~23
지금까지 배운 단어를 복습해 보세요!

- sometimes _____
- vocabulary _____
- independent _____
- president _____
- show _____
- moment _____
- 우스운, 웃기는 _____
- 번역하다, 옮기다 _____
- 전투, 싸우다 _____
- 공상, 상상 _____
- 시도, 한 번 해보다 _____
- 맹세하다 _____
- 절정, 절정기의 _____

Day 24

오늘의 단어
단어와 뜻을 다시 훑어보고 머릿속에 입력하세요!

- ☐ delicious 	혱 아주 맛있는
- ☐ follow 	툉 따라가다, (결과가) 뒤따르다
- ☐ introduce 	툉 소개하다
- ☐ message 	몡 메시지, 교훈
- ☐ minute 	몡 분, 잠깐 혱 아주 작은
- ☐ monitor 	몡 화면 툉 모니터하다
- ☐ noble 	혱 고귀한, 품위 있는
- ☐ passion 	몡 열정
- ☐ physics 	몡 물리학
- ☐ role 	몡 역할
- ☐ second 	몡 초, 잠깐 혱 두 번째의
- ☐ vegetable 	몡 채소, 야채
- ☐ wallet 	몡 지갑, 납작한 가방

아직도 모르는 단어
✓_____ ✓_____ ✓_____ ✓_____ ✓_____ ✓_____

누적 테스트 Day 22~24
지금까지 배운 단어를 복습해 보세요!

- economics _____
- limit _____
- solar _____
- fight _____
- delicious _____
- vegetable _____
- 정책, 방책 _____
- 방망이, 박쥐 _____
- 필요하다, 필요 _____
- 지구, 땅 _____
- 소개하다 _____
- 따라가다, 뒤따르다 _____
- 열정 _____

14

Day 25

오늘의 단어
단어와 뜻을 다시 훑어보고 머릿속에 입력하세요!

□ affect 　　　图 영향을 미치다
□ again 　　　图 다시
□ bed 　　　　图 침대, 바닥
□ center 　　图 중심, 중앙, 중심지
□ engineer 　图 기사, 기술자
□ ground 　　图 땅, 근거, 이유
□ happen 　　图 발생하다, 우연히 ~하다
□ last 　　　　图 지난, 마지막의 图 지속되다
□ liberty 　　图 자유
□ open 　　　图 열다 图 열려 있는
□ shop 　　　图 가게 图 물건을 사다
□ start 　　　图 시작 图 시작하다
□ taste 　　　图 맛나다, 맛보다

누적 테스트 Day 23~25
지금까지 배운 단어를 복습해 보세요!

hour	
word	
physics	
noble	
liberty	
affect	
심장, 가슴	
일부, 부분	
초, 두 번째의	
지갑, 납작한 가방	
발생하다	
땅, 근거	
시작, 시작하다	

아직도 모르는 단어

✓＿＿＿＿ ✓＿＿＿＿ ✓＿＿＿＿ ✓＿＿＿＿ ✓＿＿＿＿ ✓＿＿＿＿

Day 26

오늘의 단어
단어와 뜻을 다시 훑어보고 머릿속에 입력하세요!

□ carve 　　图 조각하다, 새기다
□ century 　图 세기, 100년
□ cook 　　　图 요리사 图 요리하다
□ cover 　　图 덮개, 표지 图 덮다, 가리다
□ fund 　　　图 자금, 기금
□ list 　　　　图 목록, 리스트
□ mail 　　　图 우편물, 메일 图 우편물을 보내다
□ mean 　　　图 의미하다 图 비열한
□ nap 　　　　图 낮잠 图 낮잠을 자다
□ select 　　图 선택하다 图 선택된, 엄선된
□ style 　　　图 스타일, 유행, 방식
□ unless 　　图 ~하지 않으면
□ whether 　图 ~인지 아닌지

누적 테스트 Day 24~26
지금까지 배운 단어를 복습해 보세요!

monitor	
introduce	
engineer	
start	
mean	
nap	
분, 아주 작은	
열정	
마지막의, 지속되다	
~인지 아닌지	
선택하다, 선택된	
~하지 않으면	
덮개, 덮다	

아직도 모르는 단어

✓＿＿＿＿ ✓＿＿＿＿ ✓＿＿＿＿ ✓＿＿＿＿ ✓＿＿＿＿ ✓＿＿＿＿

Day 27

오늘의 단어

단어와 뜻을 다시 훑어보고 머릿속에 입력하세요!

- □ bear 　　　명 곰 동 참다
- □ cool 　　　형 시원한, 침착한, 멋진
- □ empty 　　　형 비어있는, 공허한
- □ environment 명 환경
- □ find 　　　동 찾다, 찾아내다
- □ height 　　　명 높이, 키
- □ match 　　　명 경기, 성냥 동 어울리다
- □ pollution 　명 오염
- □ random 　　형 무작위의
- □ state 　　　명 주, 나라, 상태 동 진술하다
- □ steady 　　　형 꾸준한 부 꾸준히
- □ wild 　　　형 야생의, 격렬한
- □ wisdom 　　명 지혜

누적 테스트 Day 25~27

지금까지 배운 단어를 복습해 보세요!

taste	
happen	
whether	
fund	
pollution	
find	
중심, 중앙	
가게, 물건을 사다	
목록	
조각하다, 새기다	
비어있는, 공허한	
주, 상태, 진술하다	
꾸준한, 꾸준히	

아직도 모르는 단어

✓ _____ ✓ _____ ✓ _____ ✓ _____ ✓ _____ ✓ _____

Day 28

오늘의 단어

단어와 뜻을 다시 훑어보고 머릿속에 입력하세요!

- □ attempt 　　명 시도 동 시도하다
- □ begin 　　　동 시작하다
- □ end 　　　명 끝 동 끝나다, 끝내다
- □ exceed 　　동 넘어서다, 초과하다
- □ fair 　　　명 축제, 박람회 형 공정한, 타당한
- □ fan 　　　명 팬, 선풍기, 부채
- □ fierce 　　　형 사나운, 맹렬한
- □ form 　　　명 형태, 형식
- □ hate 　　　동 몹시 싫어하다, 혐오하다 명 미움, 증오
- □ light 　　　형 가벼운, 밝은 명 빛, 광선
- □ line 　　　명 선, 줄, 전화 동 줄을 서다
- □ pop 　　　명 팝(음악), 팡하고 터지는 소리
- □ shower 　　명 샤워, 소나기 동 샤워하다

누적 테스트 Day 26~28

지금까지 배운 단어를 복습해 보세요!

mean	
century	
height	
environment	
fierce	
attempt	
요리사, 요리하다	
우편물	
곰, 참다	
야생의, 격렬한	
축제, 공정한	
몹시 싫어하다, 미움	
빛, 가벼운	

아직도 모르는 단어

✓ _____ ✓ _____ ✓ _____ ✓ _____ ✓ _____ ✓ _____

16

오늘의 단어
단어와 뜻을 다시 훑어보고 머릿속에 입력하세요!

☐ adult	명 성인 형 성인의, 다 자란
☐ audience	명 청중, 시청자
☐ behave	동 행동하다
☐ continue	동 계속하다
☐ film	명 영화(영국식), 필름 동 촬영하다
☐ flood	명 홍수 동 물에 잠기게 하다
☐ immigrate	동 이주해 오다
☐ musical	명 뮤지컬 형 음악적인
☐ opportunity	명 기회
☐ point	명 요점 동 가리키다
☐ potential	명 잠재력, 가능성 형 잠재력이 있는
☐ purpose	명 목적
☐ risk	명 위험

아직도 모르는 단어

✓_____ ✓_____ ✓_____ ✓_____ ✓_____ ✓_____

누적 테스트 Day 27~29
지금까지 배운 단어를 복습해 보세요!

find	_____
wisdom	_____
begin	_____
end	_____
purpose	_____
potential	_____
시원한, 멋진	_____
무작위의	_____
넘어서다, 초과하다	_____
형태, 형식	_____
청중, 시청자	_____
계속하다	_____
이주해 오다	_____

오늘의 단어
단어와 뜻을 다시 훑어보고 머릿속에 입력하세요!

☐ advance	동 전진하다 형 사전의
☐ anxious	형 불안해하는, 걱정하는, 열망하는
☐ chemistry	명 화학
☐ clear	형 맑은, 또렷한
☐ delight	명 기쁨 동 기쁨을 주다
☐ discuss	동 토의하다
☐ effort	명 수고, 노력
☐ marry	동 결혼하다
☐ own	동 소유하다 형 자신의
☐ pair	명 한 쌍, 짝
☐ pardon	명 용서 동 용서하다
☐ stuff	명 ~것, 물건 동 (채워) 넣다
☐ waiter	명 웨이터, 종업원

아직도 모르는 단어

✓_____ ✓_____ ✓_____ ✓_____ ✓_____ ✓_____

누적 테스트 Day 28~30
지금까지 배운 단어를 복습해 보세요!

shower	_____
hate	_____
opportunity	_____
flood	_____
advance	_____
effort	_____
선, 전화	_____
팬, 선풍기	_____
행동하다	_____
위험	_____
소유하다, 자신의	_____
기쁨, 기쁨을 주다	_____
용서, 용서하다	_____

오늘의 단어

단어와 뜻을 다시 훑어보고 머릿속에 입력하세요!

- ☐ bow · 몡 인사, 절, 활 통 인사하다
- ☐ brave · 혱 용감한
- ☐ enter · 통 들어가다
- ☐ exercise · 몡 운동, 연습 문제 통 운동하다
- ☐ fall · 몡 가을, 폭포(falls) 통 떨어지다
- ☐ live · 통 살다 혱 살아 있는, 생방송의
- ☐ million · 몡 백만
- ☐ particular · 혱 특정한
- ☐ pronunciation · 몡 발음
- ☐ separate · 통 분리되다, 헤어지다 혱 분리된
- ☐ trillion · 몡 1조
- ☐ venture · 몡 벤처 사업, 모험
- ☐ wage · 몡 (보통 주 단위) 급여, 임금

아직도 모르는 단어

✓ _____ ✓ _____ ✓ _____ ✓ _____ ✓ _____ ✓ _____

누적 테스트 Day 29~31

지금까지 배운 단어를 복습해 보세요!

adult	
behave	
chemistry	
pair	
trillion	
wage	
요점, 가리키다	
영화, 촬영하다	
토의하다	
결혼하다	
운동, 운동하다	
인사, 활, 인사하다	
분리되다, 분리된	

오늘의 단어

단어와 뜻을 다시 훑어보고 머릿속에 입력하세요!

- ☐ crown · 몡 왕관, 왕권
- ☐ faithful · 혱 충실한, 성실한
- ☐ fill · 통 채우다
- ☐ guess · 몡 추측 통 추측하다, ~일 것 같다
- ☐ hide · 통 숨다, 숨기다
- ☐ nephew · 몡 조카(남)
- ☐ race · 몡 경주, 인종 통 경주하다
- ☐ relationship · 몡 관계
- ☐ since · 전 ~이후로 접 ~이후로, ~때문에
- ☐ speech · 몡 연설
- ☐ symbol · 몡 상징, 기호
- ☐ useful · 혱 유용한, 쓸모 있는
- ☐ wound · 몡 상처, 부상 통 상처를 입히다

아직도 모르는 단어

✓ _____ ✓ _____ ✓ _____ ✓ _____ ✓ _____ ✓ _____

누적 테스트 Day 30~32

지금까지 배운 단어를 복습해 보세요!

anxious	
delight	
fall	
million	
relationship	
wound	
맑은, 또렷한	
웨이터, 종업원	
들어가다	
용감한	
채우다	
추측, 추측하다	
숨다, 숨기다	

오늘의 단어
단어와 뜻을 다시 훑어보고 머릿속에 입력하세요!

☐ accident	몡 사고	
☐ amuse	동 즐겁게 하다	
☐ ancient	혱 고대의	
☐ comfortable	혱 편안한	
☐ contact	몡 접촉, 연락 동 ~와 연락하다	
☐ date	몡 날짜, (남녀간의) 데이트	
☐ day	몡 하루, 낮, 요일	
☐ exam	몡 시험	
☐ library	몡 도서관	
☐ poem	몡 (한편의) 시	
☐ present	몡 현재, 선물 혱 현재의 동 주다	
☐ problem	몡 문제	
☐ quiet	혱 조용한	

누적 테스트 Day 31~33
지금까지 배운 단어를 복습해 보세요!

particular	_____
venture	_____
faithful	_____
since	_____
accident	_____
contact	_____
살다, 살아 있는	_____
발음	_____
유용한, 쓸모 있는	_____
조카(남)	_____
문제	_____
날짜	_____
조용한	_____

아직도 모르는 단어

✓ _____ ✓ _____ ✓ _____ ✓ _____ ✓ _____ ✓ _____

오늘의 단어
단어와 뜻을 다시 훑어보고 머릿속에 입력하세요!

☐ bet	몡 내기 동 돈을 걸다	
☐ character	몡 성격, 특징, 등장인물, 글자	
☐ contest	몡 대회, 시합	
☐ dig	동 파다	
☐ harmony	몡 조화, 화합	
☐ inner	혱 내부의, 내적인	
☐ lean	동 기울다, 기대다	
☐ record	몡 기록, 음반 동 기록하다, 녹음하다	
☐ rub	동 문지르다	
☐ scholar	몡 학자, 장학생	
☐ shave	몡 면도 동 면도하다	
☐ sow	동 (씨를) 뿌리다	
☐ suppose	동 생각하다, 추측하다, 가정하다	

누적 테스트 Day 32~34
지금까지 배운 단어를 복습해 보세요!

speech	_____
symbol	_____
present	_____
ancient	_____
shave	_____
harmony	_____
왕관, 왕권	_____
경주, 인종	_____
도서관	_____
(한 편의) 시	_____
(씨를) 뿌리다	_____
기울다, 기대다	_____
기록, 기록하다	_____

아직도 모르는 단어

✓ _____ ✓ _____ ✓ _____ ✓ _____ ✓ _____ ✓ _____

오늘의 단어
단어와 뜻을 다시 훑어보고 머릿속에 입력하세요!

- □ desert 　명 사막
- □ dessert 　명 후식, 디저트
- □ discover 　동 발견하다
- □ employ 　동 고용하다
- □ hang 　동 걸다, 매달다, 교수형에 처하다
- □ male 　명 남성, 수컷 　형 남성의, 수컷의
- □ pity 　명 연민, 동정심
- □ sale 　명 판매, 할인
- □ scene 　명 장면, 현장
- □ seek 　동 찾다
- □ sentence 　명 문장, 형벌, 판결
- □ sink 　명 싱크대 　동 가라앉다
- □ trash 　명 쓰레기

아직도 모르는 단어

✓　　✓　　✓　　✓　　✓　　✓

누적 테스트 Day 33~35
지금까지 배운 단어를 복습해 보세요!

exam
date
bet
scholar
male
desert
하루, 낮, 요일
즐겁게 하다
문지르다
생각하다, 가정하다
싱크대, 가라앉다
후식, 디저트
고용하다

오늘의 단어
단어와 뜻을 다시 훑어보고 머릿속에 입력하세요!

- □ belong 　동 속하다, ~의 것이다
- □ bend 　동 구부리다, 굽히다
- □ departure 　명 출발
- □ dull 　형 둔한, 무딘, 따분한
- □ fortune 　명 행운, 재산
- □ journey 　명 (비교적 긴) 여행
- □ lightning 　명 번개
- □ murder 　명 살인
- □ observe 　동 관찰하다, 준수하다
- □ pleasure 　명 즐거움
- □ recipe 　명 요리법
- □ safety 　명 안전
- □ spell 　동 철자를 말하다

아직도 모르는 단어

✓　　✓　　✓　　✓　　✓　　✓

누적 테스트 Day 34~36
지금까지 배운 단어를 복습해 보세요!

record
contest
pity
seek
fortune
departure
내부의, 내적인
성격, 특징
쓰레기
걸다, 매달다
속하다, ~의 것이다
살인
구부리다, 굽히다

오늘의 단어
단어와 뜻을 다시 훑어보고 머릿속에 입력하세요!

- □ blame   명 책임, 탓 통 ~을 탓하다
- □ branch   명 나뭇가지, 지사, 분점
- □ chase   통 뒤쫓다, 추격하다
- □ convince   통 확신시키다
- □ crisis   명 위기
- □ declare   통 선언하다, 선포하다, 신고하다
- □ examine   통 조사하다, 검사하다
- □ explore   통 탐사하다, 탐구하다
- □ instrument   명 기구, 악기
- □ lot   명 많음, 구역
- □ organization   명 조직, 단체
- □ refuse   통 거절하다, 거부하다
- □ thing   명 물건, 일

아직도 모르는 단어

✓ _____ ✓ _____ ✓ _____ ✓ _____ ✓ _____ ✓ _____

누적 테스트 Day 35~37
지금까지 배운 단어를 복습해 보세요!

discover _____
scene _____
journey _____
recipe _____
explore _____
blame _____
문장, 형벌 _____
판매, 할인 _____
관찰하다, 준수하다 _____
번개 _____
뒤쫓다, 추격하다 _____
거절하다, 거부하다 _____
조사하다, 검사하다 _____

오늘의 단어
단어와 뜻을 다시 훑어보고 머릿속에 입력하세요!

- □ absent   형 결석한
- □ almost   부 거의
- □ arrow   명 화살
- □ comedy   명 코미디, 희극
- □ constant   형 끊임없는
- □ dangerous   형 위험한
- □ hit   통 치다, 때리다
- □ mouthful   명 한 입 (가득), 한 모금
- □ prejudice   명 편견
- □ proud   형 자랑스러운
- □ spirit   명 정신, 기분
- □ visit   명 방문 통 방문하다
- □ weight   명 무게, 체중

아직도 모르는 단어

✓ _____ ✓ _____ ✓ _____ ✓ _____ ✓ _____ ✓ _____

누적 테스트 Day 36~38
지금까지 배운 단어를 복습해 보세요!

spell _____
pleasure _____
convince _____
crisis _____
absent _____
constant _____
둔한, 따분한 _____
안전 _____
물건, 일 _____
많음, 구역 _____
자랑스러운 _____
위험한 _____
방문, 방문하다 _____

오늘의 단어

단어와 뜻을 다시 훑어보고 머릿속에 입력하세요!

- □ add 통 더하다
- □ away 부 떨어진 곳에, 다른 곳에
- □ bean 명 콩
- □ breathe 통 숨쉬다, 호흡하다
- □ fish 명 물고기 통 낚시하다
- □ goose 명 거위
- □ laugh 통 웃다
- □ nail 명 손톱, 발톱, 못
- □ sheep 명 양
- □ silent 형 고요한, 말이 없는
- □ theory 명 이론
- □ through 전 ~을 통해
- □ vehicle 명 탈 것, 차량

아직도 모르는 단어

✓_____ ✓_____ ✓_____ ✓_____ ✓_____ ✓_____

누적 테스트 Day 37~39

지금까지 배운 단어를 복습해 보세요!

organization	_____
instrument	_____
arrow	_____
mouthful	_____
breathe	_____
silent	_____
책임, ~을 탓하다	_____
탐사하다, 탐구하다	_____
거의	_____
편견	_____
이론	_____
탈 것, 차량	_____
웃다	_____

오늘의 단어

단어와 뜻을 다시 훑어보고 머릿속에 입력하세요!

- □ appeal 명 호소, 매력 통 호소하다
- □ catch 통 잡다, 병에 걸리다
- □ disease 명 질병
- □ electricity 명 전기, 전력
- □ friendly 형 친절한
- □ imagine 통 상상하다
- □ leather 명 가죽
- □ little 형 작은 부 조금, 약간
- □ lonely 형 외로운
- □ lovely 형 사랑스러운
- □ quantity 명 양, 수량
- □ though 부 그렇지만 접 ~이지만
- □ wave 명 파도, 파동

아직도 모르는 단어

✓_____ ✓_____ ✓_____ ✓_____ ✓_____ ✓_____

누적 테스트 Day 38~40

지금까지 배운 단어를 복습해 보세요!

spirit	_____
visit	_____
through	_____
bean	_____
imagine	_____
quantity	_____
치다, 때리다	_____
코미디, 희극	_____
떨어진 곳에	_____
더하다	_____
친절한	_____
질병	_____
가죽	_____

오늘의 단어

단어와 뜻을 다시 훑어보고 머릿속에 입력하세요!

- □ alike — 형 비슷한 부 비슷하게
- □ alive — 형 살아 있는
- □ asleep — 형 잠이 든
- □ carpenter — 명 목수
- □ coach — 명 코치 동 지도하다
- □ emperor — 명 황제(남)
- □ feature — 명 특징
- □ pine — 명 소나무
- □ receive — 동 받다
- □ set — 동 놓다, (시계를) 맞추다
- □ sign — 명 징후, 표지판 동 서명하다
- □ step — 명 걸음, 보폭, 단계
- □ trunk — 명 나무의 몸통, 코끼리의 코

야직도 모르는 단어

✓ _____ ✓ _____ ✓ _____ ✓ _____ ✓ _____ ✓ _____

누적 테스트 Day 39~41

지금까지 배운 단어를 복습해 보세요!

laugh	
away	
appeal	
lonely	
alive	
asleep	
손톱, 못	
숨쉬다, 호흡하다	
작은, 조금	
파도, 파동	
받다	
특징	
비슷한, 비슷하게	

오늘의 단어

단어와 뜻을 다시 훑어보고 머릿속에 입력하세요!

- □ actor — 명 배우
- □ alarm — 명 경보, 불안, 공포
- □ awake — 동 깨다, 깨우다 형 깨어 있는
- □ circle — 명 원, 동그라미 동 동그라미를 그리다
- □ device — 명 장치
- □ few — 형 (수가) 많지 않은 대 소수
- □ mostly — 부 주로, 일반적으로
- □ section — 명 부분, (신문 등의) 난
- □ shout — 동 소리치다, 외치다
- □ throw — 동 던지다
- □ track — 명 길, 선로
- □ usually — 부 보통, 대개
- □ wealth — 명 부, 부유함

야직도 모르는 단어

✓ _____ ✓ _____ ✓ _____ ✓ _____ ✓ _____ ✓ _____

누적 테스트 Day 40~42

지금까지 배운 단어를 복습해 보세요!

though	
electricity	
emperor	
carpenter	
usually	
alarm	
사랑스러운	
잡다, 타다	
징후, 표지판	
소나무	
소리치다, 외치다	
던지다	
길, 선로	

Day 43

오늘의 단어
단어와 뜻을 다시 훑어보고 머릿속에 입력하세요!

- □ act   명 행동 동 행동하다
- □ avoid   동 피하다
- □ become   동 ~이 되다
- □ bully   명 (약자를) 괴롭히는 사람 동 괴롭히다
- □ elbow   명 팔꿈치
- □ enemy   명 적
- □ entrance   명 입구, 입장, 입학
- □ mineral   명 광물, 미네랄
- □ off   부 전 멀리 떨어져서, 쉬어서
- □ other   형 다른 대 다른 사람[것]
- □ post   명 우편 동 우편물을 보내다
- □ practice   명 실천, 연습 동 연습하다
- □ stop   동 멈추다, 막다

아직도 모르는 단어

✓ _____ ✓ _____ ✓ _____ ✓ _____ ✓ _____ ✓ _____

누적 테스트 Day 41~43
지금까지 배운 단어를 복습해 보세요!

receive	_____
alike	_____
mostly	_____
awake	_____
become	_____
entrance	_____
걸음, 단계	_____
나무의 몸통	_____
부, 부유함	_____
장치	_____
실천, 연습하다	_____
괴롭히다	_____
피하다	_____

Day 44

오늘의 단어
단어와 뜻을 다시 훑어보고 머릿속에 입력하세요!

- □ Antarctica   명 남극 대륙
- □ arctic   형 북극의, 북극 지방의
- □ ask   동 묻다, 요청하다
- □ both   형 둘 다의 대 둘 다
- □ depend   동 의존하다, ~에 달려 있다
- □ experience   명 경험
- □ invite   동 초대하다
- □ liquid   명 액체 형 액체의
- □ plain   형 순수한
- □ routine   명 일상 형 일상적인, 판에 박힌
- □ senior   명 연장자, 손윗사람 형 연상의
- □ victim   명 희생자, 피해자
- □ waist   명 허리

아직도 모르는 단어

✓ _____ ✓ _____ ✓ _____ ✓ _____ ✓ _____ ✓ _____

누적 테스트 Day 42~44
지금까지 배운 단어를 복습해 보세요!

circle	_____
few	_____
enemy	_____
post	_____
victim	_____
depend	_____
부분, 난	_____
깨다, 깨어 있는	_____
팔꿈치	_____
광물, 미네랄	_____
일상, 일상적인	_____
북극의, 북극 지방의	_____
남극 대륙	_____

오늘의 단어

단어와 뜻을 다시 훑어보고 머릿속에 입력하세요!

- ☐ ancestor 명 조상
- ☐ apologize 동 사과하다
- ☐ constitution 명 헌법
- ☐ course 명 강의, 과정
- ☐ demand 명 요구, 수요 동 요구하다
- ☐ figure 명 수치, 인물
- ☐ glacier 명 빙하
- ☐ key 명 열쇠, 해결책 형 가장 중요한, 핵심적인
- ☐ many 형 많은 명 많은 것, 많은 사람
- ☐ much 형 많은 명 많은 것 부 많이
- ☐ review 명 복습, 검토, 논평 동 복습하다
- ☐ rush 명 돌진, 혼잡 동 급히 움직이다
- ☐ serve 동 (음식 등을) 제공하다, 근무하다

아직도 모르는 단어

✓ _____ ✓ _____ ✓ _____ ✓ _____ ✓ _____ ✓ _____

누적 테스트 Day 43~45

지금까지 배운 단어를 복습해 보세요!

other _____
stop _____
ask _____
liquid _____
ancestor _____
glacier _____
행동, 행동하다 _____
멀리 떨어져서 _____
허리 _____
순수한 _____
많은, 많은 사람 _____
수치, 인물 _____
요구, 요구하다 _____

오늘의 단어

단어와 뜻을 다시 훑어보고 머릿속에 입력하세요!

- ☐ alone 형 혼자의 부 혼자
- ☐ arrive 동 도착하다
- ☐ compare 동 비교하다
- ☐ curious 형 궁금한, 호기심이 생기는
- ☐ draw 동 그리다
- ☐ exactly 부 정확하게, 맞아, 그거야!
- ☐ factor 명 요인
- ☐ hike 명 도보 여행 동 도보 여행을 하다
- ☐ miner 명 광부
- ☐ rope 명 밧줄
- ☐ schedule 명 일정, 스케줄
- ☐ sesame 명 참깨
- ☐ soul 명 영혼

아직도 모르는 단어

✓ _____ ✓ _____ ✓ _____ ✓ _____ ✓ _____ ✓ _____

누적 테스트 Day 44~46

지금까지 배운 단어를 복습해 보세요!

experience _____
invite _____
course _____
constitution _____
compare _____
sesame _____
연장자, 연상의 _____
둘 다의, 둘 다 _____
사과하다 _____
열쇠, 가장 중요한 _____
도보 여행 _____
도착하다 _____
그리다 _____

오늘의 단어

단어와 뜻을 다시 훑어보고 머릿속에 입력하세요!

- □ argue | 동 논쟁하다
- □ attract | 동 마음을 끌다
- □ available | 형 이용 가능한, 시간이 있는
- □ charity | 명 자선 (단체)
- □ concentrate | 동 집중하다
- □ conclude | 동 결론 짓다
- □ dead | 형 죽은
- □ earn | 동 (일하여 돈을) 벌다
- □ global | 형 세계의, 지구의
- □ lately | 부 최근에
- □ spoil | 동 망치다
- □ still | 부 여전히 형 가만히 있는
- □ talent | 명 재능

아직도 모르는 단어

✓ _____ ✓ _____ ✓ _____ ✓ _____ ✓ _____ ✓ _____

누적 테스트 Day 45~47

지금까지 배운 단어를 복습해 보세요!

much	_____
rush	_____
curious	_____
miner	_____
attract	_____
earn	_____
(음식 등을) 제공하다	_____
복습, 복습하다	_____
혼자의, 혼자	_____
일정, 스케줄	_____
자선 (단체)	_____
세계의, 지구의	_____
여전히, 가만히 있는	_____

오늘의 단어

단어와 뜻을 다시 훑어보고 머릿속에 입력하세요!

- □ across | 부 건너서 전 가로질러
- □ another | 형 또 하나의 대 또 하나
- □ cross | 동 (가로질러) 건너다, 교차하다
- □ diet | 명 식사, 식습관, 다이어트
- □ exist | 동 존재하다
- □ interview | 명 면접, 인터뷰
- □ matter | 명 문제 동 중요하다
- □ result | 명 결과
- □ stay | 동 머무르다
- □ straight | 형 곧은 부 똑바로
- □ strange | 형 이상한, 낯선
- □ without | 전 ~없이 부 ~없는
- □ worry | 명 걱정 동 걱정하다

아직도 모르는 단어

✓ _____ ✓ _____ ✓ _____ ✓ _____ ✓ _____ ✓ _____

누적 테스트 Day 46~48

지금까지 배운 단어를 복습해 보세요!

factor	_____
soul	_____
conclude	_____
spoil	_____
result	_____
straight	_____
정확하게	_____
밧줄	_____
논쟁하다	_____
재능	_____
면접, 인터뷰	_____
~없이, ~없는	_____
이상한, 낯선	_____

오늘의 단어

단어와 뜻을 다시 훑어보고 머릿속에 입력하세요!

- □ beef — 명 소고기
- □ casual — 형 평상시의, 가벼운
- □ convenient — 형 편리한
- □ fine — 형 좋은 명 벌금
- □ garlic — 명 마늘
- □ handle — 명 손잡이 동 다루다
- □ latter — 명 (둘 중의) 후자 형 (둘 중의) 후자의
- □ pork — 명 돼지고기
- □ rid — 동 제거하다
- □ route — 명 길, 경로, 노선
- □ same — 형 똑같은 대 똑같은 것
- □ species — 명 종(생물 분류 단위), 종류
- □ worship — 명 숭배 동 숭배하다

아직도 모르는 단어

✓_____ ✓_____ ✓_____ ✓_____ ✓_____ ✓_____

누적 테스트 Day 47~49

지금까지 배운 단어를 복습해 보세요!

available	
concentrate	
exist	
another	
species	
worship	
죽은	
최근에	
문제, 중요하다	
머무르다	
손잡이, 다루다	
좋은, 벌금	
마늘	

오늘의 단어

단어와 뜻을 다시 훑어보고 머릿속에 입력하세요!

- □ author — 명 작가, 저자
- □ exhibition — 명 전시, 전시회
- □ far — 형 먼 부 멀리
- □ graduate — 동 졸업하다 명 대학 졸업자
- □ lose — 동 잃어버리다, 잃다
- □ loud — 형 소리가 큰 부 크게
- □ low — 형 낮은 부 낮게
- □ main — 형 주된, 주요한
- □ offer — 동 제공하다, 제안하다
- □ overcome — 동 극복하다, 이기다
- □ succeed — 동 성공하다, ~의 뒤를 잇다
- □ thin — 형 얇은, 가는
- □ tight — 형 단단한, 딱 붙는 부 단단히, 꽉

아직도 모르는 단어

✓_____ ✓_____ ✓_____ ✓_____ ✓_____ ✓_____

누적 테스트 Day 48~50

지금까지 배운 단어를 복습해 보세요!

worry	
cross	
casual	
beef	
exhibition	
tight	
건너서, 가로질러	
식사, 식습관	
후자, 후자의	
제거하다	
작가, 저자	
극복하다, 이기다	
잃어버리다, 잃다	

오늘의 단어

단어와 뜻을 다시 훑어보고 머릿속에 입력하세요!

☐ doubt	명 의심 동 의심하다
☐ editor	명 편집자
☐ especially	부 특히, 특별히
☐ government	명 정부, 정권, 통치
☐ inspire	동 영감을 주다
☐ pay	명 급료, 보수 동 지불하다
☐ persuade	동 설득하다
☐ pour	동 붓다
☐ publish	동 출판하다, 발행하다
☐ puzzle	명 퍼즐 동 어리둥절하게 만들다
☐ raise	동 들어 올리다, 기르다, 양육하다
☐ symptom	명 증상
☐ trust	명 신뢰, 신임 동 신뢰하다

아직도 모르는 단어

✓_____ ✓_____ ✓_____ ✓_____ ✓_____ ✓_____

누적 테스트 Day 49~51

지금까지 배운 단어를 복습해 보세요!

pork	_____
route	_____
loud	_____
graduate	_____
doubt	_____
inspire	_____
똑같은, 똑같은 것	_____
편리한	_____
성공하다	_____
제공하다, 제안하다	_____
급료, 지불하다	_____
신뢰, 신뢰하다	_____
들어 올리다, 기르다	_____

오늘의 단어

단어와 뜻을 다시 훑어보고 머릿속에 입력하세요!

☐ celebration	명 기념, 축하 행사
☐ check	명 확인, 수표, 계산서 동 확인하다
☐ creativity	명 창조성, 독창력
☐ determine	동 결심하다, 결정하다
☐ foolish	형 어리석은
☐ globe	명 지구본, (the ~) 세계
☐ mad	형 몹시 화난, 미친(영국식)
☐ manage	동 운영하다, 경영하다
☐ northern	형 북쪽의, 북향의
☐ proper	형 적당한, 올바른
☐ remain	동 남아 있다, 머무르다
☐ rest	명 휴식, 나머지 동 쉬다
☐ speak	동 말하다, (언어를) 구사하다

아직도 모르는 단어

✓_____ ✓_____ ✓_____ ✓_____ ✓_____ ✓_____

누적 테스트 Day 50~52

지금까지 배운 단어를 복습해 보세요!

main	_____
far	_____
editor	_____
especially	_____
determine	_____
celebration	_____
낮은, 낮게	_____
얇은, 가는	_____
증상	_____
정부, 정권	_____
운영하다, 경영하다	_____
남아 있다, 머무르다	_____
어리석은	_____

오늘의 단어

단어와 뜻을 다시 훑어보고 머릿속에 입력하세요!

- □ believe   통 믿다
- □ forgive   통 용서하다
- □ free   형 자유로운, 무료의, ~이 없는
- □ grow   통 자라다
- □ hasty   형 성급한, 서두른
- □ party   명 파티, 정당
- □ perfect   형 완벽한
- □ quite   부 매우, 꽤
- □ resemble   통 닮다
- □ sculpture   명 조각품
- □ straw   명 짚, 빨대
- □ tell   통 말하다, 알리다
- □ train   명 기차 통 훈련하다

누적 테스트 Day 51~53

지금까지 배운 단어를 복습해 보세요!

persuade   _____
puzzle   _____
globe   _____
mad   _____
forgive   _____
quite   _____
출판하다, 발행하다   _____
붓다   _____
북쪽의, 북향의   _____
확인, 확인하다   _____
조각품   _____
자라다   _____
성급한, 서두른   _____

아직도 모르는 단어

✓ _____ ✓ _____ ✓ _____ ✓ _____ ✓ _____ ✓ _____

오늘의 단어

단어와 뜻을 다시 훑어보고 머릿속에 입력하세요!

- □ agriculture   명 농업, 농학
- □ athlete   명 운동 선수
- □ coal   명 석탄
- □ dirty   형 더러운, 추잡한
- □ distinguish   통 구별하다
- □ endure   통 견디다. 인내하다
- □ famine   명 기근, 기아
- □ imitation   명 모방, 모조품
- □ jam   명 혼잡, (과일의) 잼
- □ pain   명 고통, 아픔
- □ script   명 대본
- □ then   부 그때, 그러면
- □ tongue   명 혀, 언어

누적 테스트 Day 52~54

지금까지 배운 단어를 복습해 보세요!

creativity   _____
proper   _____
tell   _____
free   _____
script   _____
agriculture   _____
말하다, 구사하다   _____
휴식, 쉬다   _____
믿다   _____
완벽한   _____
모방, 모조품   _____
운동 선수   _____
기근, 기아   _____

아직도 모르는 단어

✓ _____ ✓ _____ ✓ _____ ✓ _____ ✓ _____ ✓ _____

Day 55

오늘의 단어
단어와 뜻을 다시 훑어보고 머릿속에 입력하세요!

- □ advertisement ⑲ 광고(비격식 ad)
- □ burn ⑲ 화상 ⑧ 불에 타다
- □ cell ⑲ 세포
- □ count ⑲ 셈, 계산 ⑧ 세다
- □ fossil ⑲ 화석
- □ inside ⑳ ~의 안쪽에 ⑲ 안에
- □ item ⑲ 항목, (하나의) 상품
- □ native ⑲ 원주민 ⑲ 출생지의, 원주민의
- □ occasion ⑲ 경우, 때
- □ remind ⑧ ~을 상기시키다, 기억나게 하다
- □ rise ⑲ 증가 ⑧ 오르다, (해가) 뜨다
- □ sound ⑲ 소리 ⑧ ~처럼 들리다
- □ within ⑳ ~이내에, ~안에

누적 테스트 Day 53~55
지금까지 배운 단어를 복습해 보세요!

train ___
resemble ___
pain ___
then ___
inside ___
fossil ___
닭다 ___
파티, 정당 ___
혀, 언어 ___
더러운, 추잡한 ___
원주민, 출생지의 ___
증가, 오르다 ___
경우, 때 ___

아직도 모르는 단어
✓ ___ ✓ ___ ✓ ___ ✓ ___ ✓ ___ ✓ ___

Day 56

오늘의 단어
단어와 뜻을 다시 훑어보고 머릿속에 입력하세요!

- □ access ⑲ 접근 ⑧ (컴퓨터에) 접근하다
- □ bit ⑲ 조금, 약간
- □ debut ⑲ 데뷔, 첫 출연
- □ decoration ⑲ 장식
- □ fire ⑲ 불 ⑧ 발사하다, 해고하다
- □ happiness ⑲ 행복
- □ humorous ⑲ 재미있는, 유머러스한
- □ lecture ⑲ 강의
- □ oppose ⑧ ~에 반대하다
- □ performance ⑲ 공연
- □ repair ⑲ 수리 ⑧ 고치다, 수리하다
- □ revolution ⑲ 혁명
- □ shame ⑲ 수치, 부끄러운 일

누적 테스트 Day 54~56
지금까지 배운 단어를 복습해 보세요!

distinguish ___
coal ___
cell ___
count ___
access ___
repair ___
견디다, 인내하다 ___
혼잡, (과일의) 잼 ___
광고 ___
화상, 불에 타다 ___
수치, 부끄러운 일 ___
조금, 약간 ___
~에 반대하다 ___

아직도 모르는 단어
✓ ___ ✓ ___ ✓ ___ ✓ ___ ✓ ___ ✓ ___

오늘의 단어
단어와 뜻을 다시 훑어보고 머릿속에 입력하세요!

- □ abroad — 부 해외에
- □ attention — 명 주의, 집중
- □ correct — 동 올바르게 하다, 고치다 형 올바른
- □ divorce — 명 이혼 동 이혼하다
- □ emergency — 명 긴급 상황, 비상
- □ harm — 명 피해 동 피해를 끼치다
- □ lie — 명 거짓말 동 누워 있다, 놓여 있다
- □ never — 부 결코 ~이 아닌
- □ polish — 동 닦다
- □ product — 명 생산품, 제품
- □ protest — 명 항의 동 항의하다, 주장하다
- □ several — 명 몇몇 형 몇몇의
- □ shelter — 명 주거지, 피난처, 보호소

아직도 모르는 단어
✓_____ ✓_____ ✓_____ ✓_____ ✓_____ ✓_____

누적 테스트 Day 55~57
지금까지 배운 단어를 복습해 보세요!

remind	
within	
lecture	
performance	
harm	
abroad	
항목, 상품	
소리, ~처럼 들리다	
장식	
데뷔, 첫 출연	
주거지, 피난처	
이혼, 이혼하다	
닦다	

오늘의 단어
단어와 뜻을 다시 훑어보고 머릿속에 입력하세요!

- □ agent — 명 대리인, 중개인
- □ bitter — 형 맛이 쓴, 격렬한, 혹독한
- □ company — 명 회사, 친구
- □ conserve — 동 아끼다, 보호하다
- □ dry — 형 마른, 건조한
- □ hurt — 동 다치게 하다, 아프다
- □ literature — 명 문학
- □ professor — 명 교수
- □ protect — 동 보호하다, 지키다
- □ rotten — 형 썩은
- □ sour — 형 (맛이) 신
- □ suitcase — 명 여행 가방
- □ upset — 형 속상한

아직도 모르는 단어
✓_____ ✓_____ ✓_____ ✓_____ ✓_____ ✓_____

누적 테스트 Day 56~58
지금까지 배운 단어를 복습해 보세요!

fire	
humorous	
protest	
emergency	
conserve	
sour	
혁명	
행복	
주의, 집중	
거짓말, 누워 있다	
보호하다, 지키다	
썩은	
맛이 쓴, 혹독한	

오늘의 단어
단어와 뜻을 다시 훑어보고 머릿속에 입력하세요!

- □ appear 동 나타나다
- □ architect 명 건축가
- □ board 명 판자, 이사회 동 승선하다
- □ carbon 명 탄소
- □ domestic 형 국내의, 가정의
- □ garbage 명 쓰레기, 쓰레기통
- □ hold 동 잡다
- □ imply 동 내포하다, 의미하다
- □ innocent 형 무죄의, 순진한
- □ lay 동 놓다, (알을) 낳다
- □ plastic 명 플라스틱 형 비닐로 된
- □ population 명 인구
- □ round 동 돌다 형 둥근 전 ~을 돌아

누적 테스트 Day 57~59
지금까지 배운 단어를 복습해 보세요!

never	_____
several	_____
literature	_____
upset	_____
architect	_____
innocent	_____
생산품, 제품	_____
고치다, 올바른	_____
다치게 하다	_____
회사, 친구	_____
쓰레기, 쓰레기통	_____
판자, 이사회	_____
내포하다, 의미하다	_____

아직도 모르는 단어

✓ _____ ✓ _____ ✓ _____ ✓ _____ ✓ _____ ✓ _____

오늘의 단어
단어와 뜻을 다시 훑어보고 머릿속에 입력하세요!

- □ allowance 명 용돈
- □ broadcast 동 방송하다 명 방송
- □ choose 동 선택하다, 고르다
- □ crop 명 작물, 수확량
- □ design 명 디자인, 무늬 동 디자인하다
- □ evolve 동 진화하다, 발전하다
- □ familiar 형 친숙한
- □ invent 동 발명하다
- □ knock 명 노크 동 노크하다
- □ moral 형 도덕의
- □ propose 동 제안하다, 청혼하다
- □ ratio 명 비율
- □ roll 동 구르다, 돌다, 말다

누적 테스트 Day 58~60
지금까지 배운 단어를 복습해 보세요!

professor	_____
suitcase	_____
domestic	_____
round	_____
allowance	_____
crop	_____
대리인, 중개인	_____
마른, 건조한	_____
탄소	_____
놓다, (알을) 낳다	_____
진화하다, 발전하다	_____
선택하다, 고르다	_____
도덕의	_____

아직도 모르는 단어

✓ _____ ✓ _____ ✓ _____ ✓ _____ ✓ _____ ✓ _____

오늘의 단어
단어와 뜻을 다시 훑어보고 머릿속에 입력하세요!

- □ complete 통 완료하다 형 완전한
- □ development 명 발달, 성장, 개발
- □ grave 명 무덤
- □ loose 통 느슨하게 하다 형 (옷이) 헐렁한
- □ modern 형 현대의, 근대의
- □ necessary 형 필요한
- □ phenomenon 명 현상
- □ possible 형 가능한, 가능성 있는
- □ promote 통 촉진하다, 홍보하다
- □ relative 명 친척 형 상대적인
- □ territory 명 영토, 토지, 영역
- □ unique 형 유일한, 독특한
- □ worth 형 ~의 가치가 있는

누적 테스트 Day 59~61
지금까지 배운 단어를 복습해 보세요!

hold	
appear	
ratio	
familiar	
development	
territory	
인구	
플라스틱	
발명하다	
구르다, 말다	
(옷이) 헐렁한	
무덤	
유일한, 독특한	

아직도 모르는 단어

✓_____ ✓_____ ✓_____ ✓_____ ✓_____ ✓_____

오늘의 단어
단어와 뜻을 다시 훑어보고 머릿속에 입력하세요!

- □ blood 명 피, 혈액
- □ contain 통 포함하다
- □ contrary 형 ~와 반대되는
- □ dough 명 밀가루 반죽
- □ extinct 형 멸종된, 사라진
- □ finally 부 마침내, 결국
- □ fist 명 주먹
- □ fraction 명 부분, 분수
- □ front 명 앞, 정면 형 앞쪽의
- □ mark 명 자국, 표시 통 ~에 표시하다
- □ repeat 통 반복하다, (말을) 따라하다
- □ thought 명 생각, 사상
- □ traditional 형 전통적인

누적 테스트 Day 60~62
지금까지 배운 단어를 복습해 보세요!

propose	
broadcast	
worth	
relative	
extinct	
blood	
노크, 노크하다	
디자인, 디자인하다	
현대의, 근대의	
가능한	
반복하다, 따라하다	
생각, 사상	
주먹	

아직도 모르는 단어

✓_____ ✓_____ ✓_____ ✓_____ ✓_____ ✓_____

오늘의 단어

단어와 뜻을 다시 훑어보고 머릿속에 입력하세요!

- ☐ ahead 　　　 🅫 앞으로, 미리
- ☐ billion 　　　 🅟 10억
- ☐ congratulation 　🅟 축하(인사)
- ☐ contribute 　🅥 기부하다, 공헌[기여]하다
- ☐ control 　　🅟 제어, 통치, 지배 🅥 제어하다
- ☐ copy 　　　🅟 복사, (책, 신문 등의) 한 부
- ☐ court 　　　🅟 법정, (테니스 등의) 코트
- ☐ experiment 　🅟 실험 🅥 실험을 하다
- ☐ goal 　　　🅟 목표, (축구 등) 골, 골문
- ☐ honor 　　　🅟 영예, 영광 🅥 ~에게 영예를 주다
- ☐ import 　　　🅟 수입 🅥 수입하다
- ☐ maintain 　🅥 유지하다
- ☐ wonder 　　🅥 궁금하게 여기다

아직도 모르는 단어

✓　　　✓　　　✓　　　✓　　　✓　　　✓

누적 테스트 Day 61~63

지금까지 배운 단어를 복습해 보세요!

promote	
phenomenon	
front	
dough	
maintain	
ahead	
필요한	
완료하다, 완전한	
포함하다	
전통적인	
10억	
복사, 한 부	
법정, 코트	

오늘의 단어

단어와 뜻을 다시 훑어보고 머릿속에 입력하세요!

- ☐ already 　　🅫 이미, 벌써
- ☐ bark 　　　🅥 짖다 🅟 나무 껍질
- ☐ beyond 　　🅟 저편에, ~을 넘어서
- ☐ colony 　　🅟 식민지
- ☐ credit 　　　🅟 신용거래
- ☐ disappoint 　🅥 실망시키다
- ☐ flesh 　　　🅟 살, 육체
- ☐ headline 　🅟 헤드라인 🅥 기사에 헤드라인을 달다
- ☐ huge 　　　🅐 거대한, 막대한, 대단한
- ☐ obey 　　　🅥 복종하다, 따르다
- ☐ obtain 　　🅥 얻다, 구하다
- ☐ quit 　　　🅥 멈추다, 그만두다
- ☐ tip 　　　　🅟 끝, 조언

아직도 모르는 단어

✓　　　✓　　　✓　　　✓　　　✓　　　✓

누적 테스트 Day 62~64

지금까지 배운 단어를 복습해 보세요!

contrary	
fraction	
control	
honor	
colony	
flesh	
마침내, 결국	
자국, ~에 표시하다	
수입, 수입하다	
목표	
복종하다, 따르다	
멈추다, 그만두다	
이미, 벌써	

오늘의 단어
단어와 뜻을 다시 훑어보고 머릿속에 입력하세요!

- □ caterpillar　명 애벌레
- □ discipline　명 규율, 훈육 동 훈련하다
- □ floor　명 바닥, 층
- □ image　명 이미지, 형상
- □ insect　명 곤충
- □ passenger　명 승객
- □ perhaps　부 아마도
- □ reply　명 대답, 답장 동 대답하다, 답장하다
- □ request　명 요청 동 요청하다
- □ root　명 뿌리, 근원
- □ spot　명 점, 얼룩, 장소
- □ statistics　명 통계, 통계학
- □ tie　명 넥타이, 동점 동 묶다, 매다

아직도 모르는 단어

✓＿＿＿　✓＿＿＿　✓＿＿＿　✓＿＿＿　✓＿＿＿　✓＿＿＿

누적 테스트 Day 63~65
지금까지 배운 단어를 복습해 보세요!

experiment	＿＿＿＿＿
contribute	＿＿＿＿＿
obtain	＿＿＿＿＿
credit	＿＿＿＿＿
passenger	＿＿＿＿＿
request	＿＿＿＿＿
궁금하게 여기다	＿＿＿＿＿
축하(인사)	＿＿＿＿＿
실망시키다	＿＿＿＿＿
짖다, 나무 껍질	＿＿＿＿＿
바닥, 층	＿＿＿＿＿
곤충	＿＿＿＿＿
통계, 통계학	＿＿＿＿＿

오늘의 단어
단어와 뜻을 다시 훑어보고 머릿속에 입력하세요!

- □ career　명 직업, 경력
- □ certain　형 확실한, 확신하는
- □ drill　명 드릴, 송곳, 반복 연습
- □ flash　명 번쩍임 동 (빛이) 비치다
- □ however　부 하지만, 아무리 ~해도
- □ industry　명 산업, 공업
- □ nervous　형 긴장하는, 불안한
- □ object　명 물건, 목표, 목적 동 반대하다
- □ prepare　동 준비하다
- □ quality　명 질, 자질
- □ rate　명 비율, 속도, 요금
- □ responsible　형 책임이 있는
- □ trick　명 속임수, 장난 형 교묘한

아직도 모르는 단어

✓＿＿＿　✓＿＿＿　✓＿＿＿　✓＿＿＿　✓＿＿＿　✓＿＿＿

누적 테스트 Day 64~66
지금까지 배운 단어를 복습해 보세요!

huge	＿＿＿＿＿
headline	＿＿＿＿＿
root	＿＿＿＿＿
perhaps	＿＿＿＿＿
prepare	＿＿＿＿＿
certain	＿＿＿＿＿
저편에, ~을 넘어서	＿＿＿＿＿
끝, 조언	＿＿＿＿＿
대답, 대답하다	＿＿＿＿＿
애벌레	＿＿＿＿＿
하지만, 아무리 ~해도	＿＿＿＿＿
질, 자질	＿＿＿＿＿
직업, 경력	＿＿＿＿＿

오늘의 단어

단어와 뜻을 다시 훑어보고 머릿속에 입력하세요!

- □ brand 명 상표, 브랜드
- □ captain 명 선장, 기장, (스포츠 팀의) 주장
- □ case 명 경우, 사건
- □ comic 형 웃기는, 재미있는
- □ crew 명 승무원, (기술) 팀
- □ desire 명 욕망 동 바라다, 원하다
- □ excellent 형 뛰어난
- □ express 명 급행 형 급행의 동 표현하다
- □ hero 명 (남자) 영웅
- □ price 명 가격, 대가
- □ slice 명 조각 동 (얇게) 썰다
- □ sneeze 명 재채기 동 재채기하다
- □ wipe 동 닦다, 닦아내다

누적 테스트 Day 65~67

지금까지 배운 단어를 복습해 보세요!

discipline	
spot	
flash	
trick	
sneeze	
desire	
넥타이, 묶다	
이미지, 형상	
물건, 목표, 반대하다	
비율, 속도, 요금	
승무원, (기술) 팀	
영웅	
급행의, 표현하다	

아직도 모르는 단어

✓   ✓   ✓   ✓   ✓   ✓

오늘의 단어

단어와 뜻을 다시 훑어보고 머릿속에 입력하세요!

- □ article 명 기사
- □ block 동 막다, 방해하다
- □ crime 명 범죄
- □ destiny 명 운명
- □ equipment 명 기구, 장치
- □ heal 동 치료하다, 치유되다
- □ justice 명 정의
- □ lend 동 빌려 주다
- □ motivate 동 동기를 부여하다
- □ please 동 ~을 기쁘게 하다 부 제발, 부디
- □ prefer 동 ~을 더 좋아하다
- □ save 동 구하다, 저축[절약]하다
- □ wander 동 방황하다

누적 테스트 Day 66~68

지금까지 배운 단어를 복습해 보세요!

responsible	
nervous	
slice	
price	
please	
block	
산업, 공업	
드릴, 반복 연습	
선장, 기장	
경우, 사건	
기구, 장치	
빌려 주다	
구하다, 저축하다	

아직도 모르는 단어

✓   ✓   ✓   ✓   ✓   ✓

Day 69

오늘의 단어
단어와 뜻을 다시 훑어보고 머릿속에 입력하세요!

- ☐ admire   통 존경하다
- ☐ bring   통 가져오다, 데려오다
- ☐ charge   명 요금, 책임 통 청구하다
- ☐ cotton   명 목화, 면, 솜
- ☐ early   형 이른, 초기의 부 일찍
- ☐ hurry   명 서두름 통 서두르다
- ☐ increase   명 증가 통 증가하다
- ☐ issue   명 이슈, 쟁점, 문제
- ☐ lack   명 부족, 결핍
- ☐ occupation   명 직업
- ☐ pass   명 통과 통 통과하다, 건네주다
- ☐ retire   통 은퇴하다, 그만두다
- ☐ shut   통 닫다

누적 테스트 Day 67~69
지금까지 배운 단어를 복습해 보세요!

excellent	
wipe	
heal	
crime	
retire	
cotton	
상표, 브랜드	
웃기는, 재미있는	
기사	
정의	
요금, 책임, 청구하다	
증가, 증가하다	
닫다	

아직도 모르는 단어

✓_____ ✓_____ ✓_____ ✓_____ ✓_____ ✓_____

Day 70

오늘의 단어
단어와 뜻을 다시 훑어보고 머릿속에 입력하세요!

- ☐ ape   명 유인원
- ☐ expert   명 전문가
- ☐ gene   명 유전자
- ☐ international   형 국제적인
- ☐ miss   통 놓치다, 그리워하다 명 놓침
- ☐ operate   통 작동하다, 수술하다
- ☐ regard   통 ~로 여기다
- ☐ require   통 요구하다
- ☐ ridiculous   형 웃기는, 터무니없는, 황당한
- ☐ shape   명 모양, 형태
- ☐ suicide   명 자살
- ☐ toothache   명 치통
- ☐ wear   통 입다, 닳다, 해어지다

누적 테스트 Day 68~70
지금까지 배운 단어를 복습해 보세요!

motivate	
wander	
lack	
bring	
ridiculous	
shape	
~을 더 좋아하다	
운명	
서두름, 서두르다	
직업	
작동하다, 수술하다	
치통	
유인원	

아직도 모르는 단어

✓_____ ✓_____ ✓_____ ✓_____ ✓_____ ✓_____

Day 71

오늘의 단어

단어와 뜻을 다시 훑어보고 머릿속에 입력하세요!

- □ because 젭 왜냐하면, ~때문에
- □ crowded 형 붐비는
- □ deny 동 거부하다, 거절하다, 부인하다
- □ equal 형 동등한, 평등한
- □ excuse 명 변명, 용서 동 변명하다
- □ gather 동 모으다
- □ gift 명 선물, 재능
- □ mummy 명 미라
- □ muscle 명 근육
- □ praise 명 칭찬 동 칭찬하다
- □ report 명 보고(서), 보도 동 보고하다
- □ surf 명 파도 동 파도타기를 하다
- □ weak 형 약한

야직도 모르는 단어

✓_____ ✓_____ ✓_____ ✓_____ ✓_____ ✓_____

누적 테스트 Day 69~71

지금까지 배운 단어를 복습해 보세요!

pass	
admire	
regard	
gene	
mummy	
gather	
쟁점, 문제	
이른, 일찍	
전문가	
국제적인	
약한	
거부하다, 부인하다	
파도, 파도타기를 하다	

Day 72

오늘의 단어

단어와 뜻을 다시 훑어보고 머릿속에 입력하세요!

- □ boil 동 끓이다
- □ burst 동 터지다
- □ drop 명 방울, 하락 동 떨어지다
- □ exception 명 예외
- □ expensive 형 비싼
- □ master 명 달인, 사부 동 ~을 통달하다
- □ news 명 뉴스, 소식
- □ ordinary 형 보통의, 평범한
- □ prevent 동 막다, 방지하다
- □ procedure 명 절차
- □ similar 형 비슷한
- □ sudden 형 갑작스러운
- □ truth 명 사실, 진리

야직도 모르는 단어

✓_____ ✓_____ ✓_____ ✓_____ ✓_____ ✓_____

누적 테스트 Day 70~72

지금까지 배운 단어를 복습해 보세요!

require	
miss	
because	
praise	
prevent	
burst	
입다, 닮다	
자살	
보고(서), 보고하다	
동등한, 평등한	
절차	
비싼	
끓이다	

오늘의 단어

단어와 뜻을 다시 훑어보고 머릿속에 입력하세요!

□ blind   명 (창문에 치는) 블라인드 형 장님의
□ collect   동 모으다, 수집하다
□ confuse   동 혼란시키다, 혼동하다
□ despite   전 ~에도 불구하고
□ effect   명 영향, 효과
□ gain   동 얻다
□ incident   명 사건
□ miserable   형 비참한
□ permission   명 허락, 허가
□ referee   명 심판
□ spread   명 확산 동 퍼지다
□ stand   동 서다, 참다
□ sword   명 칼, 검

아직도 모르는 단어

✓_____ ✓_____ ✓_____ ✓_____ ✓_____ ✓_____

누적 테스트 Day 71~73

지금까지 배운 단어를 복습해 보세요!

excuse _____
gift _____
ordinary _____
similar _____
permission _____
despite _____
근육 _____
붐비는 _____
사실, 진리 _____
방울, 떨어지다 _____
심판 _____
사건 _____
모으다, 수집하다 _____

오늘의 단어

단어와 뜻을 다시 훑어보고 머릿속에 입력하세요!

□ climb   동 오르다, 등산하다
□ comment   명 언급 동 언급하다
□ cry   명 울음 동 울다
□ deaf   형 귀가 먹은
□ difference   명 차이
□ down   형 우울한 부전 아래로
□ elementary   형 초보의, 기본적인
□ extend   동 더 길게[넓게] 늘이다, 연장하다
□ fold   동 (종이·천 등을) 접다
□ fuel   명 연료
□ monthly   형 한 달에 한 번의, 매월의
□ thirsty   형 목마른
□ violence   명 폭력

아직도 모르는 단어

✓_____ ✓_____ ✓_____ ✓_____ ✓_____ ✓_____

누적 테스트 Day 72~74

지금까지 배운 단어를 복습해 보세요!

exception _____
sudden _____
gain _____
spread _____
comment _____
monthly _____
뉴스, 소식 _____
달인, ~을 통달하다 _____
영향, 효과 _____
비참한 _____
귀가 먹은 _____
연료 _____
연장하다 _____

오늘의 단어

단어와 뜻을 다시 훑어보고 머릿속에 입력하세요!

- [ ] back　　　　명 등 형 뒤쪽의 부 뒤에
- [ ] best　　　　명 최고 형 최고의
- [ ] courage　　명 용기
- [ ] due　　　　형 ~로 인한
- [ ] education　명 교육
- [ ] fix　　　　동 고치다, 고정하다
- [ ] improve　　동 향상시키다
- [ ] only　　　　형 유일한 부 오직, ~뿐
- [ ] owe　　　　동 빚지고 있다, 신세지고 있다
- [ ] public　　　명 대중 형 공공의, 대중의
- [ ] quarter　　명 4분의 1, 15분
- [ ] search　　　동 찾다, 수색하다
- [ ] tourist　　　명 관광객

누적 테스트 Day 73~75

지금까지 배운 단어를 복습해 보세요!

blind 　　　　_____
confuse 　　　_____
elementary 　_____
thirsty 　　　_____
search 　　　_____
owe 　　　　_____
서다, 참다 　　_____
칼, 검 　　　　_____
차이 　　　　_____
(종이·천 등을) 접다 _____
최고, 최고의 _____
고치다, 고정하다 _____
4분의 1, 15분 _____

아직도 모르는 단어

✓ _____ ✓ _____ ✓ _____ ✓ _____ ✓ _____ ✓ _____

오늘의 단어

단어와 뜻을 다시 훑어보고 머릿속에 입력하세요!

- [ ] during　　　전 ~하는 동안
- [ ] enough　　　형 충분한 부 ~할 만큼 충분히
- [ ] enthusiasm　명 열의, 열심
- [ ] exit　　　　명 출구
- [ ] home　　　명 집, 가정 부 집에
- [ ] narrow　　　형 좁은, 아슬아슬한
- [ ] next　　　　형 다음의, 옆의
- [ ] original　　형 원래의
- [ ] resource　　명 자원, 재료
- [ ] satellite　　명 인공위성, 위성
- [ ] starve　　　동 굶주리다
- [ ] tomb　　　명 무덤
- [ ] understand　동 이해하다

누적 테스트 Day 74~76

지금까지 배운 단어를 복습해 보세요!

cry 　　　　　_____
violence 　　　_____
education 　　_____
tourist 　　　_____
narrow 　　　_____
original 　　　_____
오르다, 등산하다 _____
우울한, 아래로 _____
유일한, 오직 _____
용기 　　　　_____
무덤 　　　　_____
충분한 　　　_____
이해하다 　　_____

아직도 모르는 단어

✓ _____ ✓ _____ ✓ _____ ✓ _____ ✓ _____ ✓ _____

오늘의 단어

단어와 뜻을 다시 훑어보고 머릿속에 입력하세요!

- □ bowl   명 그릇
- □ drugstore   명 약국
- □ indeed   부 정말로, 진정으로
- □ legal   형 법의, 합법적인
- □ mistake   명 실수
- □ outdoor   형 야외의
- □ serious   형 심각한, 진지한
- □ social   형 사회의, 사교적인
- □ stream   명 개울, 시내
- □ support   명 지지, 지원 동 지지하다, 부양하다
- □ treat   명 대접, 한턱 동 대하다, 치료하다
- □ waste   명 낭비 동 낭비하다
- □ while   접 ~하는 동안 명 잠깐

아직도 모르는 단어

✓_____ ✓_____ ✓_____ ✓_____ ✓_____ ✓_____

누적 테스트 Day 75~77

지금까지 배운 단어를 복습해 보세요!

improve	
back	
satellite	
exit	
support	
mistake	
~로 인한	
대중, 공공의	
굶주리다	
~하는 동안	
정말로, 진정으로	
개울, 시내	
약국	

오늘의 단어

단어와 뜻을 다시 훑어보고 머릿속에 입력하세요!

- □ agree   동 동의하다
- □ communication   명 의사소통, 통신
- □ either   대 둘 중 하나 부 ~도 또한
- □ fantastic   형 환상적인, 굉장히 좋은
- □ horn   명 뿔, (자동차) 경적
- □ instead   부 대신에
- □ join   동 합류하다, 연결하다
- □ nonsense   명 말도 안 되는 이야기, 허튼 소리
- □ ocean   명 대양, 바다
- □ pill   명 알약
- □ plenty   명 풍부한 양
- □ scar   명 흉터, 상처
- □ weapon   명 무기

아직도 모르는 단어

✓_____ ✓_____ ✓_____ ✓_____ ✓_____ ✓_____

누적 테스트 Day 76~78

지금까지 배운 단어를 복습해 보세요!

enthusiasm	
home	
waste	
while	
pill	
horn	
자원, 재료	
다음의, 옆의	
대접, 대하다	
법의, 합법적인	
동의하다	
합류하다, 연결하다	
풍부한 양	

오늘의 단어

단어와 뜻을 다시 훑어보고 머릿속에 입력하세요!

- ☐ appreciate — 명 이해 통 이해하다, 감사하다
- ☐ competition — 명 경쟁, 시합
- ☐ direction — 명 방향
- ☐ emphasize — 통 강조하다
- ☐ expose — 통 드러내다, 폭로하다
- ☐ extra — 형 추가의, 별도의
- ☐ fancy — 형 고급스러운
- ☐ glory — 명 영광, 영예
- ☐ situation — 명 상황, 환경
- ☐ solution — 명 해결책
- ☐ source — 명 근원, 원천
- ☐ spend — 통 (돈, 시간 등을) 쓰다, 소비하다
- ☐ triumph — 명 대승리

아직도 모르는 단어

✓_____ ✓_____ ✓_____ ✓_____ ✓_____ ✓_____

누적 테스트 Day 77~79

지금까지 배운 단어를 복습해 보세요!

outdoor	
serious	
fantastic	
ocean	
solution	
competition	
사회의, 사교적인	
그릇	
무기	
대신에	
상황	
대승리	
방향	

오늘의 단어

단어와 뜻을 다시 훑어보고 머릿속에 입력하세요!

- ☐ abuse — 명 남용, 학대 통 남용하다
- ☐ adventure — 명 모험
- ☐ angle — 명 각, 관점, 시각
- ☐ fail — 통 실패하다
- ☐ identify — 통 식별하다, 확인하다
- ☐ joy — 명 기쁨
- ☐ lock — 명 자물쇠 통 잠그다
- ☐ method — 명 방법
- ☐ poison — 명 독
- ☐ probably — 부 아마도
- ☐ relax — 통 휴식을 취하다, 진정하다
- ☐ universe — 명 우주
- ☐ yet — 부 아직, 여전히 접 그러나

아직도 모르는 단어

✓_____ ✓_____ ✓_____ ✓_____ ✓_____ ✓_____

누적 테스트 Day 78~80

지금까지 배운 단어를 복습해 보세요!

scar	
either	
glory	
expose	
angle	
probably	
의사소통, 통신	
말도 안 되는 이야기	
근원, 원천	
고급스러운	
방법	
자물쇠, 잠그다	
기쁨	

오늘의 단어
단어와 뜻을 다시 훑어보고 머릿속에 입력하세요!

- □ appointment 명 약속
- □ chew 동 씹다
- □ clue 명 단서, 실마리
- □ damage 명 피해, 손해 동 피해를 입히다
- □ hut 명 오두막
- □ jewel 명 보석
- □ republic 명 공화국
- □ stripe 명 줄무늬
- □ struggle 명 분쟁, 투쟁 동 분쟁하다, 투쟁하다
- □ swallow 명 제비 동 삼키다
- □ treasure 명 보물
- □ unification 명 통일, 단일화
- □ voyage 명 항해, 여행 동 항해하다

누적 테스트 Day 79~81
지금까지 배운 단어를 복습해 보세요!

appreciate	
spend	
abuse	
identify	
struggle	
voyage	
강조하다	
추가의, 별도의	
실패하다	
모험	
보물	
약속	
단서, 실마리	

아직도 모르는 단어

✓_____ ✓_____ ✓_____ ✓_____ ✓_____ ✓_____

오늘의 단어
단어와 뜻을 다시 훑어보고 머릿속에 입력하세요!

- □ debt 명 빚
- □ efficient 형 효율적인, 유능한
- □ evidence 명 증거
- □ folk 명 사람들, 민속 형 민속의
- □ infinite 형 무한한
- □ lift 명 (영국식) 승강기 동 들어 올리다
- □ neither 형 (둘 중) 어느 것도 아닌
- □ opposite 명 반대의 것, 반대말 형 반대의
- □ oxygen 명 산소
- □ press 명 누르기, 압력 동 누르다
- □ regular 형 정기적인, 규칙적인
- □ scale 명 규모, 저울, 비늘
- □ sore 명 상처 형 아픈

누적 테스트 Day 80~82
지금까지 배운 단어를 복습해 보세요!

poison	
relax	
swallow	
republic	
scale	
infinite	
우주	
아직, 그러나	
피해, 피해를 입히다	
줄무늬	
정기적인, 규칙적인	
증거	
산소	

아직도 모르는 단어

✓_____ ✓_____ ✓_____ ✓_____ ✓_____ ✓_____

오늘의 단어

단어와 뜻을 다시 훑어보고 머릿속에 입력하세요!

- ☐ accept 　　　 동 받아들이다
- ☐ behind 　　　 전 ~뒤에, 뒤떨어져
- ☐ biology 　　　 명 생물학
- ☐ classical 　　 형 고전적인, 고전의
- ☐ give 　　　　 동 주다
- ☐ grocery 　　　 명 식료품 잡화점, 식료품
- ☐ inning 　　　 명 (야구 용어) 회
- ☐ photograph 　 명 사진
- ☐ shadow 　　　 명 그림자
- ☐ sleepy 　　　 형 졸린
- ☐ statue 　　　 명 조각상
- ☐ trouble 　　　 명 문제, 곤란 동 괴롭히다
- ☐ vertical 　　　 형 수직의

누적 테스트 Day 81~83

지금까지 배운 단어를 복습해 보세요!

hut	
unification	
opposite	
sore	
inning	
vertical	
씹다	
보석	
누르기, 누르다	
승강기, 들어 올리다	
조각상	
~뒤에, 뒤떨어져	
식료품 잡화점, 식료품	

야직도 모르는 단어

✓＿＿＿　✓＿＿＿　✓＿＿＿　✓＿＿＿　✓＿＿＿　✓＿＿＿

오늘의 단어

단어와 뜻을 다시 훑어보고 머릿속에 입력하세요!

- ☐ destroy 　　　 동 파괴하다
- ☐ donate 　　　 동 기부하다, 기증하다
- ☐ edge 　　　　 명 끝, 가장자리
- ☐ establish 　　 동 설립하다
- ☐ expense 　　　 명 비용, 경비
- ☐ fiction 　　　 명 소설, 허구
- ☐ funeral 　　　 명 장례식
- ☐ horizon 　　　 명 수평선
- ☐ inspect 　　　 동 조사하다, 검사하다
- ☐ polite 　　　 형 공손한
- ☐ recycle 　　　 동 재활용하다
- ☐ tear 　　　　 명 눈물 동 찢다, 찢어지다
- ☐ until 　　　　 전 ~할 때까지

누적 테스트 Day 82~84

지금까지 배운 단어를 복습해 보세요!

efficient	
folk	
trouble	
classical	
destroy	
expense	
(둘 중) 어느 것도 아닌	
빚	
받아들이다	
생물학	
~할 때까지	
기부하다, 기증하다	
장례식	

야직도 모르는 단어

✓＿＿＿　✓＿＿＿　✓＿＿＿　✓＿＿＿　✓＿＿＿　✓＿＿＿

Day 85

오늘의 단어
단어와 뜻을 다시 훑어보고 머릿속에 입력하세요!

☐ anybody	때 (긍정) 누구라도, (부정) 아무도
☐ decade	명 10년
☐ encourage	동 격려하다, 용기를 북돋우다
☐ favorite	형 가장 좋아하는, 마음에 드는
☐ furniture	명 가구
☐ half	명 절반 형 절반의
☐ nearly	부 거의
☐ proverb	명 속담, 잠언
☐ shoe	명 신발
☐ subscribe	동 구독하다
☐ toward	전 ~쪽으로
☐ volcano	명 화산
☐ whole	명 전체 형 전체의

누적 테스트 Day 83~85
지금까지 배운 단어를 복습해 보세요!

sleepy	_____
give	_____
edge	_____
polite	_____
proverb	_____
decade	_____
사진	_____
그림자	_____
소설, 허구	_____
눈물, 찢다	_____
가장 좋아하는	_____
~쪽으로	_____
전체, 전체의	_____

아직도 모르는 단어

✓ _____ ✓ _____ ✓ _____ ✓ _____ ✓ _____ ✓ _____

Day 86

오늘의 단어
단어와 뜻을 다시 훑어보고 머릿속에 입력하세요!

☐ confirm	동 확인하다, 확증하다
☐ degree	명 각도, 온도, 학위
☐ democracy	명 민주주의
☐ election	명 선거
☐ frighten	동 놀라게 하다
☐ kindergarten	명 유치원
☐ nobody	때 아무도 ~하지 않다
☐ secretary	명 비서
☐ shorten	동 짧게 하다, 줄이다
☐ silly	형 어리석은
☐ somebody	명 누군가, 어떤 사람
☐ total	명 합계 형 총, 전체의
☐ virtue	명 미덕, 덕목

누적 테스트 Day 84~86
지금까지 배운 단어를 복습해 보세요!

establish	_____
inspect	_____
nearly	_____
encourage	_____
shorten	_____
democracy	_____
수평선	_____
재활용하다	_____
가구	_____
화산	_____
유치원	_____
비서	_____
합계, 총	_____

아직도 모르는 단어

✓ _____ ✓ _____ ✓ _____ ✓ _____ ✓ _____ ✓ _____

오늘의 단어

단어와 뜻을 다시 훑어보고 머릿속에 입력하세요!

- □ balance — 몡 균형 툉 균형을 맞추다
- □ celebrate — 툉 기념하다, 축하하다
- □ chip — 몡 조각, 부스러기, 칩
- □ civilization — 몡 문명
- □ compose — 툉 구성하다, 작곡하다
- □ concrete — 몡 콘크리트 혱 구체적인
- □ continent — 몡 대륙
- □ cure — 몡 치료, 치유 툉 치료하다
- □ envy — 몡 부러움 툉 부러워하다
- □ fare — 몡 (교통) 요금
- □ invade — 툉 침입하다, 침략하다, 침해하다
- □ mankind — 몡 인류
- □ suggest — 툉 제안하다

아직도 모르는 단어

✓ _____ ✓ _____ ✓ _____ ✓ _____ ✓ _____

누적 테스트 Day 85~87

지금까지 배운 단어를 복습해 보세요!

subscribe	_____
shoe	_____
virtue	_____
nobody	_____
chip	_____
invade	_____
누구라도, 아무도	_____
절반, 절반의	_____
선거	_____
어리석은	_____
제안하다	_____
(교통) 요금	_____
부러움, 부러워하다	_____

오늘의 단어

단어와 뜻을 다시 훑어보고 머릿속에 입력하세요!

- □ anyway — 튀 어쨌든
- □ cheer — 몡 환호, 쾌활함 툉 환호하다
- □ climate — 몡 기후
- □ common — 혱 흔한, 공동의, 보통의
- □ error — 몡 실수, 오류
- □ myth — 몡 신화
- □ reach — 툉 ~에 이르다
- □ settle — 툉 정착하다, 해결하다
- □ significant — 혱 의미심장한, 중요한
- □ Spanish — 몡 스페인어 혱 스페인의
- □ stupid — 몡 바보 혱 어리석은
- □ twice — 튀 두 번, 두 배
- □ whisper — 몡 속삭임 툉 속삭이다

아직도 모르는 단어

✓ _____ ✓ _____ ✓ _____ ✓ _____ ✓ _____ ✓ _____

누적 테스트 Day 86~88

지금까지 배운 단어를 복습해 보세요!

frighten	_____
confirm	_____
cure	_____
continent	_____
reach	_____
settle	_____
각도, 온도, 학위	_____
누군가, 어떤 사람	_____
인류	_____
균형, 균형을 맞추다	_____
속삭임, 속삭이다	_____
흔한, 공동의	_____
환호, 환호하다	_____

오늘의 단어

단어와 뜻을 다시 훑어보고 머릿속에 입력하세요!

- □ amount 　명 합계, 양
- □ apart 　부 떨어져, 헤어져 　형 (~에서) 떨어져
- □ basement 　명 지하층, 지하실
- □ bite 　동 물다
- □ dash 　명 돌진 　동 돌진하다
- □ dye 　명 염색제 　동 염색하다
- □ else 　부 그 밖에 　형 그 밖의
- □ honest 　형 정직한
- □ humble 　형 겸손한
- □ laundry 　명 세탁, 세탁물, 세탁소
- □ notice 　명 통지, 게시판 　동 알아차리다
- □ precious 　형 귀중한
- □ riddle 　명 수수께끼

아직도 모르는 단어

✓＿＿＿＿ ✓＿＿＿＿ ✓＿＿＿＿ ✓＿＿＿＿ ✓＿＿＿＿ ✓＿＿＿＿

누적 테스트 Day 87~89

지금까지 배운 단어를 복습해 보세요!

civilization	＿＿＿＿＿＿
concrete	＿＿＿＿＿＿
twice	＿＿＿＿＿＿
myth	＿＿＿＿＿＿
dash	＿＿＿＿＿＿
apart	＿＿＿＿＿＿
기념하다, 축하하다	＿＿＿＿＿＿
구성하다, 작곡하다	＿＿＿＿＿＿
바보, 어리석은	＿＿＿＿＿＿
어쨌든	＿＿＿＿＿＿
합계, 양	＿＿＿＿＿＿
귀중한	＿＿＿＿＿＿
지하층, 지하실	＿＿＿＿＿＿

오늘의 단어

단어와 뜻을 다시 훑어보고 머릿속에 입력하세요!

- □ ambition 　명 야망
- □ cause 　명 원인 　동 ~을 초래하다
- □ complain 　동 불평하다
- □ cost 　명 값, 비용 　동 비용이 들다
- □ expect 　동 기대하다, 예상하다
- □ harvest 　명 수확 　동 수확하다
- □ pretend 　동 ~인 체하다
- □ recover 　동 회복하다
- □ return 　동 돌아오다
- □ rude 　형 버릇없는, 무례한
- □ sure 　형 확실한 　부 그럼요
- □ touch 　명 접촉 　동 접촉하다, 만지다
- □ various 　형 여러 가지의, 다양한

아직도 모르는 단어

✓＿＿＿＿ ✓＿＿＿＿ ✓＿＿＿＿ ✓＿＿＿＿ ✓＿＿＿＿ ✓＿＿＿＿

누적 테스트 Day 88~90

지금까지 배운 단어를 복습해 보세요!

error	＿＿＿＿＿＿
significant	＿＿＿＿＿＿
humble	＿＿＿＿＿＿
notice	＿＿＿＿＿＿
pretend	＿＿＿＿＿＿
recover	＿＿＿＿＿＿
스페인어, 스페인의	＿＿＿＿＿＿
기후	＿＿＿＿＿＿
정직한	＿＿＿＿＿＿
염색제, 염색하다	＿＿＿＿＿＿
기대하다, 예상하다	＿＿＿＿＿＿
원인, ~을 초래하다	＿＿＿＿＿＿
수확, 수확하다	＿＿＿＿＿＿

정답

Day 01

1. 이름; 이름을 지어 주다 2. 질문, 문제 3. 나이, 시기 4. 국가, 시골 5. 희망; 희망하다 6. 계획; 계획하다 7. 원하다, ~하고 싶다 8. 모든 9. all 10. science 11. people 12. like 13. walk

(A) 1. plan 2. hope 3. country 4. Age 5. all 6. question

(B) 1. He named his son James. 2. My hair is brown like my mom's.

(C) ②

Day 02

1. 영화 2. 미술, 예술 3. 문화 4. 미래; 미래의 5. 무거운, 많은, 심한 6. 시장 7. 과거; 지난, 과거의 8. 장소, 곳 9. read 10. event 11. explain 12. space 13. stick

(A) 1. movie 2. past 3. event 4. Explain 5. culture 6. future

(B) 1. I can read English well. 2. There is no place like home.

(C) ③

Day 03

1. 구멍 2. 비밀; 비밀의 3. 단계, 무대 4. 아이들 5. 알다 6. 이끌다 7. 그렇게, 정말로 8. 생각하다 9. care 10. drive 11. too 12. cousin 13. full

(A) 1. stage 2. lead 3. care 4. too 5. full 6. think

(B) 1. Can you keep a secret? 2. Can you drive me home?

(C) take, for

Day 04

1. 기쁜, 반가운 2. 역사 3. 언어 4. 약, 의학 5. 그림, 사진 6. 당기기; 당기다 7. 이야기, 소설 8. 나뭇잎 9. museum 10. break 11. famous 12. head 13. help

(A) 1. museum 2. leaf 3. picture 4. pull 5. history 6. famous

(B) 1. Thank you for your help. 2. I'm glad to meet you.

(C) ①

Day 05

1. 직업, 일 2. 간; 오래 3. 인기 있는, 대중적인 4. 특별한 5. 길, 방법 6. 외국의 7. 정보 8. 소리, 잡음 9. village 10. station 11. habit 12. glass 13. grade

(A) 1. information 2. special 3. foreign 4. way 5. popular 6. habits

(B) 1. What grade are you in? 2. I'm in the third grade.

(C) ⑤

Day 06

1. 세우다, 짓다 2. 기회, 가능성 3. 음료; 마시다 4. 자연, 본질 5. 지역, 분야 6. 두뇌 7. 지역사회 8. 바보; 벙어리의 9. right 10. subject 11. remember 12. rock 13. tradition

(A) 1. brain 2. remember 3. tradition 4. drink 5. dumb 6. nature

(B) 1. This tower was built in 1960. 2. Please give me one more chance. 또는 Give me one more chance, please.

(C) ⑤

Day 07

1. 대학 2. 들판, 분야 3. 밀가루 4. 기계
5. 사업, 일 6. 배우다 7. 여행 8. 계산서, 지폐
9. also 10. lucky 11. address 12. turn
13. take

A 1. trip 2. flour 3. also 4. lucky
5. take 6. machine

B 1. His address is powerful.
2. It's fun to learn languages.

C ④

Day 08

1. 제목, 직함 2. 일, 작품; 일하다 3. 국가
4. 10대 5. ~전에 6. 옷 7. 깊은 8. 아마도
9. make 10. joke 11. season 12. slide
13. wide

A 1. seasons 2. ago 3. clothes 4. wide
5. working 6. nations

B 1. People slide down the hill.
2. She is in her early teens.

C ②

Day 09

1. 독감 2. 잊어버리다 3. 이웃, 옆자리 사람
4. 제거하다 5. 목, 목구멍 6. 자원 봉사자; 자원하다
7. 치과의사 8. 원자력의, 핵의 9. vet 10. beat
11. call 12. carry 13. foot

A 1. nuclear 2. vet 3. forget 4. remove
5. neighbor 6. throat

B 1. I volunteered to help others.
2. She was carrying her umbrella.

C ⑤

Day 10

1. 움직임, 이사; 움직이다, 옮기다 2. 사무실
3. 조각, 부분 4. 장소, 위치 5. 기다리다 6. 두 개
7. 창조하다, 만들다 8. 숲 9. opinion 10. pet
11. rule 12. cartoon 13. side

A 1. cartoon 2. pet 3. side 4. office
5. couple 6. piece

B 1. The king will rule the kingdom.
2. I will wait for him until 3.

C ②

Day 11

1. 높은; 높게 2. 빠른; 빨리 3. 듣다 4. 딱딱한, 어려
운; 열심히 5. 항상, 언제나 6. 늦은; 늦게 7. 손, 도
움 8. 사용, 쓰임새; 사용하다 9. win 10. award
11. dialogue 12. example 13. holiday

A 1. award 2. holiday 3. late 4. example
5. dialogue 6. listen

B 1. Do you need a hand?
2. Korea won 10 gold medals.

C ④

Day 12

1. 군인, 병사 2. 주말 3. 보도, 인도 4. 할 수 있는,
재능 있는 5. 두려워하는 6. 사실, 현실 7. 신선한,
민물의 8. 천국, 하늘 9. leave 10. note
11. order 12. street 13. audition

A 1. Street 2. weekend 3. soldier
4. sidewalk 5. note 6. afraid

B 1. Leave me alone.
2. Are you ready to order now?

C ⑤

정답

Day 13

1. 장, 우두머리; 주된 2. 우울, 불경기 3. 마술
4. 엉망인 상태 5. 행성 6. 두다, 위치를 찾다
7. 심리학 8. 긁힌 자국; 긁다 9. wheat 10. bored
11. decide 12. excited 13. letter

(A)
1. magic 2. Depression 3. chief
4. planet 5. mess 6. excited

(B)
1. The city is located in Canada.
2. A is the first letter of the alphabet.

(C) ①

Day 14

1. 예쁜; 매우, 꽤 2. 타기; 타다 3. 만족시키다
4. ~인 것 같다, ~처럼 보이다 5. 곧 6. 발표하다
7. 태도 8. 세게 때림; 불다 9. grab 10. ignore
11. ready 12. shake 13. suddenly

(A)
1. attitude 2. shake 3. blow 4. soon
5. Suddenly 6. ride

(B)
1. He will announce his plan.
2. I am satisfied with my phone.

(C) ③

Day 15

1. 부츠 2. 손님, 고객 3. 일기, 수첩 4. 서류
5. 냉장고 6. 면허증; 허가하다 7. 어려운
8. 건강, 보건 9. kind 10. patient 11. poor
12. sorry 13. tired

(A)
1. poor 2. diary 3. difficult 4. patient
5. license 6. health

(B)
1. I'm sorry to hear the news.
2. What kind of fruit do you like?

(C) ④

Day 16

1. 전망, 견해 2. 바람, 소원; 바라다 3. ~에 따라서
4. 수도, 자본, 대문자 5. 열, 열기 6. 온도 7. 유형;
타자를 치다 8. 유니폼 9. delivery 10. garage
11. political 12. shorts 13. stair

(A)
1. type 2. delivery 3. view 4. garage
5. fever 6. capital

(B)
1. I have a slight fever.
2. The student is wearing his school
uniform.

(C) ②

Day 17

1. 보다, ~처럼 보이다 2. 조심하는 3. 함께, 같이
4. 관심, 흥미; 흥미를 갖게 하다 5. 팔 6. 자주, 종종
7. 공원; 주차하다 8. 심지어 ~도, 훨씬 9. watch
10. detail 11. fault 12. sharp 13. simple

(A)
1. simple 2. arm 3. together 4. sharp
5. fault 6. detail

(B)
1. Even a child can do it.
2. How often do you visit your grandparents?

(C) ①

Day 18

1. 어깨를 으쓱하다 2. 둘러싸다 3. 보는 것, 광경
4. 요약, 개요 5. 증인, 목격자; 목격하다 6. 즐기다
7. 얼굴; 직면하다 8. 끝; 끝내다 9. keep 10. law
11. service 12. traffic 13. well

(A)
1. law 2. traffic 3. service 4. summary
5. finish 6. Enjoy

(B)
1. I keep my notebook in the drawer.
2. I've never met her face to face.

(C) ②

Day 19

1. 기체, 가스, 휘발유 2. 축복을 빌다 3. 경찰
4. 체포; 체포하다 5. 기억 6. 마음; ~을 꺼리다
7. 보통, 정상; 보통의 8. 변화; 바뀌다 9. prove
10. cancer 11. festival 12. plant 13. ruin

A
1. cancer 2. gas 3. normal 4. bless
5. Prove 6. change

B
1. I don't want to ruin it.
2. The police were chasing the thief.

C ⑤

Day 20

1. 한 번, 한때 2. 회의, 집회 3. 듣다 4. 놓다
5. 보다, 알다 6. 이야기; 말하다 7. 놀라게 하다
8. 봄; 튀어 오르다 9. advice 10. custom
11. general 12. host 13. stomach

A
1. meeting 2. once 3. stomach 4. spring
5. advice 6. custom

B
1. I put the pen on the desk.
2. You will be surprised by the story.

C ②

Day 21

1. 가게; 저장하다 2. 스트레스; 강조하다 3. 고통받다
4. 도장, 우표 5. 번역[통역]하다 6. 어휘
7. 학급, 수업 8. 접시, 요리 9. funny 10. play
11. sometimes 12. terrible 13. terrific

A
1. stamp 2. store 3. stress 4. terrible
5. terrific 6. Sometimes

B
1. Can you do the dishes for me today?
2. Can you translate Korean into English?

C ⑤

Day 22

1. 사슴 2. 전투, 싸움; 싸우다 3. 방망이, 박쥐
4. 경제학 5. 정책, 방책 6. 독립된, 자립심이 강한
7. 공상, 상상 8. 대통령, 회장 9. reason
10. adapt 11. burden 12. divide 13. limit

A
1. bat 2. deer 3. limit 4. fantasy
5. battle 6. President

B
1. You need to adapt.
2. Honesty is the best policy.

C ②

Day 23

1. 절정, 최고점; 절정기의 2. 잠깐, 순간 3. 태양의
4. 맹세하다, 욕을 하다 5. 지구, 땅 6. 싸움; 싸우다
7. 심장, 가슴 8. 시간 9. need 10. part
11. show 12. try 13. word

A
1. hours 2. peak 3. moment 4. solar
5. earth 6. try

B
1. I love her with all my heart.
2. She left without a word.

C ⑤

Day 24

1. 따라가다 2. 아주 맛있는 3. 소개하다 4. 역할
5. 분, 잠깐; 아주 작은 6. 물리학 7. 메시지, 교훈
8. 초, 잠깐; 두 번째의 9. monitor 10. noble
11. passion 12. vegetable 13. wallet

A
1. noble 2. delicious 3. physics
4. message 5. Follow 6. wallet

B
1. Let me introduce myself.
2. He plays an important role in the play.

C ③

Day 25

1. 지난 2. 침대, 바닥 3. 가게; 물건을 사다
4. 발생하다 5. 다시 6. 열다 7. 중심
8. 시작; 시작하다 9. taste 10. affect
11. engineer 12. ground 13. liberty

A
1. last 2. bed 3. Start 4. Liberty
5. engineer 6. center

B
1. It will affect our record.
2. I like to shop at the market.

C ②

Day 28

1. 팬, 선풍기, 부채 2. 초과하다 3. 시도; 시도하다
4. 사나운, 맹렬한 5. 선, 줄, 전화; 줄을 서다 6. 팝,
팡 터지는 소리 7. 샤워, 소나기 8. 시작하다
9. end 10. fair 11. form 12. hate 13. light

A
1. light 2. fair 3. hate 4. fan 5. line
6. attempt

B
1. The road ends here.
2. He was exceeding the speed limit.

C ①

Day 26

1. 목록 2. 의미하다; 비열한 3. 스타일, 유행, 방식
4. ~하지 않으면 5. ~인지 아닌지 6. 조각하다
7. 자금, 기금 8. 우편물; 우편물을 보내다 9. nap
10. select 11. century 12. cook 13. cover

A
1. cover 2. list 3. style 4. fund
5. century 6. nap

B
1. Select what you want.
2. Tell me whether you like it (or not).

C ②

Day 29

1. 위험 2. 목적 3. 성인; 성인의, 다 자란
4. 청중, 시청자 5. 행동하다 6. 계속하다
7. 이주해 오다 8. 음악적인 9. opportunity
10. point 11. potential 12. film 13. flood

A
1. potential 2. musical 3. adult 4. risk
5. point 6. opportunity

B
1. What is the purpose of your visit?
2. The man is filming in France.

C ③

Day 27

1. 비어있는, 공허한 2. 찾다, 찾아내다 3. 높이, 키
4. 경기, 성냥; 어울리다 5. 지혜 6. 곰; 참다
7. 시원한, 침착한, 멋진 8. 환경 9. pollution
10. random 11. state 12. steady 13. wild

A
1. empty 2. steady 3. wild 4. wisdom
5. random 6. pollution

B
1. Your dress is cool today.
2. I can't bear the hot weather.

C ⑤

Day 30

1. 물건; 넣다 2. 웨이터 3. 전진하다; 사전의
4. 불안해하는, 걱정하는, 열망하는 5. 맑은 6. 기쁨
7. 토의하다 8. 결혼하다 9. own 10. pair
11. pardon 12. chemistry 13. effort

A
1. effort 2. chemistry 3. pair 4. clear
5. marry 6. discuss

B
1. Where is my stuff?
2. I don't own a car.

C ④

Day 31

1. 가을; 떨어지다 2. 백만 3. 발음 4. 벤처 사업
5. 급여 6. 용감한 7. 살다; 살아 있는 8. 특정한
9. separate 10. trillion 11. bow
12. enter 13. exercise

A 1. million 2. brave 3. particular
4. seperate 5. enter 6. exercise

B 1. How is my pronunciation?
2. One trillion is 1 followed by 12 zeros.

C ②

Day 32

1. 채우다 2. 추측; 추측하다 3. ~이후로, ~때문에
4. 상징, 기호 5. 유용한 6. 관계 7. 왕관, 왕권
8. 충실한, 성실한 9. hide 10. nephew
11. race 12. speech 13. wound

A 1. useful 2. relationship 3. faithful
4. speech 5. nephew 6. symbol

B 1. I've lived here since 2010.
2. You can't succeed since you're very lazy.

C ④

Day 33

1. 날짜, 데이트 2. 하루, 낮, 요일 3. 시험 4. 문제
5. 즐겁게 하다 6. 편안한 7. 접촉; ~와 연락하다
8. 도서관 9. poem 10. quiet 11. present
12. accident 13. ancient

A 1. accident 2. contact 3. library
4. quiet 5. exam 6. ancient

B 1. Thirty were present.
2. The new teacher will present the prizes.

C ⑤

Day 34

1. 파다 2. 기록, 음반; 기록하다 3. 내부의
4. 기울다, 기대다 5. 문지르다 6. 생각하다, 가정하다
7. 조화, 화합 8. 학자, 장학생 9. character
10. shave 11. sow 12. bet 13. contest

A 1. scholar 2. inner 3. character
4. harmony 5. shave 6. rub

B 1. How much do you bet?
2. I suppose that I will be the winner.

C ③

Day 35

1. 걸다, 매달다 2. 고용하다 3. 판매, 할인
4. 싱크대; 가라앉다 5. 쓰레기 6. 연민 7. 찾다
8. 문장, 판결 9. discover 10. male
11. scene 12. desert 13. dessert

A 1. desert 2. male 3. scene 4. pity
5. sentence 6. trash

B 1. Many scientists discovered new facts.
2. He was hanged for murder.

C ④

Day 36

1. 여행 2. 즐거움 3. 철자를 말하다
4. 속하다, ~의 것이다 5. 둔한, 무딘 6. 행운, 재산
7. 요리법 8. 안전 9. observe 10. departure
11. lightning 12. murder 13. bend

A 1. lightning 2. murder 3. safety
4. journey 5. fortune 6. pleasure

B 1. The pen belongs to me.
2. We should observe the law.

C ③

정답

Day 37

1. 나뭇가지, 지사 2. 거절하다 3. 위기 4. 조직
5. 조사하다, 검사하다 6. 많음, 구역 7. 물건, 일
8. 책임, 탓; ~을 탓하다 9. declare 10. explore
11. convince 12. instrument 13. chase

A 1. thing 2. lot 3. crisis 4. branch
5. Organization 6. explore

B 1. Do you have anything to declare?
2. She refused to meet John.

C ③

Day 38

1. 화살 2. 코미디, 희극 3. 끊임없는
4. 한 입, 한 모금 5. 편견 6. 정신, 기분
7. 결석한 8. 거의 9. dangerous 10. hit
11. proud 12. visit 13. weight

A 1. dangerous 2. hit 3. constant
4. mouthful 5. Prejudice 6. visit

B 1. He is proud of his son.
2. Tom was absent from school today.

C ①

Day 39

1. 탈 것, 차량 2. 더하다 3. 떨어진 곳에 4. 숨쉬다
5. 손톱, 발톱, 못 6. 고요한, 말이 없는 7. 이론
8. ~을 통해 9. bean 10. fish 11. goose
12. laugh 13. sheep

A 1. beans 2. goose 3. theory 4. away
5. nail 6. laugh

B 1. The city is an hour away.
2. The Han River flows through Seoul.

C ③

Day 40

1. 작은, 조금 2. 질병 3. 그렇지만 4. 상상하다
5. 잡다, 병에 걸리다 6. 외로운 7. 사랑스러운
8. 친절한 9. wave 10. appeal 11. electricity
12. leather 13. quantity

A 1. lovely 2. disease 3. leather
4. electricity 5. lonely 6. quantity

B 1. I catch a cold every winter.
2. Give me a little more.

C ④

Day 41

1. 받다 2. 놓다, 맞추다 3. 징후, 신호; 서명하다
4. 걸음, 보폭, 단계 5. 목수 6. 코치; 지도하다
7. 황제 8. 소나무 9. trunk 10. alike
11. alive 12. asleep 13. feature

A 1. emperor 2. carpenter 3. sign
4. step 5. feature 6. alike

B 1. Is your grandfather alive?
2. I set my watch by the TV.

C ⑤

Day 42

1. (수가) 많지 않은; 소수 2. 주로, 일반적으로
3. 보통, 대개 4. 부, 부유함 5. 배우 6. 경보, 불안
7. 깨다; 깨어 있는 8. 원 9. device 10. section
11. shout 12. throw 13. track

A 1. actor 2. circle 3. section
4. Throw 5. device 6. usually

B 1. I was half awake.
2. Few people accepted it.

C ⑤

Day 43

1. 멀리 떨어져서, 쉬어서 2. 우편 3. 행동; 행동하다
4. 피하다 5. ~이 되다 6. 적 7. 광물, 미네랄
8. 다른; 다른 사람[것] 9. practice 10. stop
11. entrance 12. bully 13. elbow

A 1. enemy 2. mineral 3. act 4. entrance
5. off 6. avoid

B 1. Practice makes perfect.
2. We can't stop her anymore.

C ②

Day 44

1. 액체; 액체의 2. 순수한 3. 연장자; 연상의
4. 희생자, 피해자 5. 허리 6. 남극 대륙 7. 북극의
8. 일상; 일상적인, 판에 박힌 9. ask 10. both
11. depend 12. experience 13. invite

A 1. experience 2. routine 3. arctic
4. waist 5. liquid 6. invite

B 1. She is 2 years senior to me.
2. I asked her to send the box.

C ④

Day 45

1. 많은; 많은 것 2. 제공하다, 근무하다
3. 많은; 많은 것; 많이 4. 조상 5. 사과하다 6. 강의
7. 요구 8. 수치, 인물 9. key 10. review
11. rush 12. constitution 13. glacier

A 1. key 2. review 3. rush 4. figure
5. constitution 6. glacier

B 1. Many people like me.
2. I apologize for my son's behavior.

C ④

Day 46

1. 도보 여행 2. 광부 3. 밧줄 4. 일정, 스케줄
5. 참깨 6. 영혼 7. 혼자의; 혼자 8. 도착하다
9. compare 10. curious 11. draw
12. exactly 13. factor

A 1. exactly 2. schedule 3. sesame
4. factor 5. alone 6. rope

B 1. They will arrive here at 3.
2. Don't compare yourself with others.

C ⑤

Day 47

1. 최근에 2. 여전히; 가만히 있는 3. 논쟁하다
4. 마음을 끌다 5. 이용 가능한, 시간이 있는
6. 자선 (단체) 7. 집중하다 8. 결론 짓다 9. dead
10. earn 11. talent 12. global 13. spoil

A 1. talent 2. global 3. charity 4. dead
5. spoil 6. available

B 1. I don't want to argue with you.
2. I can't concentrate on my work.

C ②

Day 48

1. 존재하다 2. 이상한 3. 건너서 4. 또 하나의
5. 곧은; 똑바로 6. 면접 7. 문제; 중요하다 8. 결과
9. stay 10. without 11. worry 12. cross
13. diet

A 1. result 2. strange 3. straight
4. interview 5. worry 6. across

B 1. It doesn't matter to me.
2. How long will you stay here?

C ⑤

Day 49

1. 좋은; 벌금 2. 후자; 후자의, 후반의 3. 편리한
4. 제거하다 5. 똑같은; 똑같은 것 6. 종, 종류
7. 소고기 8. 마늘 9. handle 10. pork
11. route 12. worship 13. casual

(A)
1. route 2. beef 3. worship 4. fine
5. casual 6. convenient

(B)
1. Get rid of the dirt.
2. It's hard to handle.

(C) ②

Day 50

1. 먼; 멀리 2. 단단한, 딱 붙는; 단단히 3. 졸업하다
4. 잃어버리다 5. 소리가 큰 6. 낮은 7. 제공하다
8. 성공하다 9. author 10. exhibition
11. main 12. overcome 13. thin

(A)
1. low 2. author 3. main 4. thin
5. exhibition 6. tight

(B)
1. He will succeed in that business.
2. I will overcome many difficulties.

(C) from, lose

Day 51

1. 들어 올리다, 기르다 2. 신뢰; 신뢰하다 3. 편집자
4. 영감을 주다 5. 붓다 6. 출판하다 7. 증상
8. 의심 9. especially 10. government
11. pay 12. persuade 13. puzzle

(A)
1. Raise 2. editor 3. symptoms 4. Trust
5. government 6. Pour

(B)
1. The math problem puzzled me.
2. Hemingway published his first novel in 1922.

(C) ④

Day 52

1. 휴식; 쉬다 2. 말하다, 구사하다 3. 확인, 계산서; 확인하다 4. 창조성 5. 어리석은 6. 지구본, 세계
7. 몹시 화난 8. 북쪽의 9. manage 10. proper
11. remain 12. celebration 13. determine

(A)
1. proper 2. Northern 3. globe
4. celebrations 5. foolish 6. check

(B)
1. They determined to start now.
2. We have to develop our creativity.

(C) ①

Day 53

1. 성급한, 서두른 2. 파티, 정당 3. 조각품
4. 짚, 빨대 5. 기차; 훈련하다 6. 믿다 7. 용서하다
8. 자유로운, 무료의, ~이 없는 9. grow
10. perfect 11. quite 12. resemble 13. tell

(A)
1. perfect 2. party 3. straw 4. train
5. hasty 6. quite

(B)
1. I resemble my mother a lot.
2. I'll be a lawyer when I grow up.

(C) ③

Day 54

1. 석탄 2. 혼잡, 잼 3. 그때, 그러면 4. 모방, 모조품
5. 구별하다 6. 고통, 아픔 7. 대본
8. 견디다, 인내하다 9. tongue 10. agriculture
11. athlete 12. dirty 13. famine

(A)
1. imitation 2. coal 3. jam 4. script
5. tongue 6. famine

(B)
1. I distinguish right from wrong.
2. I had to endure the pain.

(C) ①

Day 55

1. 화석 2. 항목, 상품 3. 경우 4. 화상; 불에 타다
5. 셈, 계산; 세다 6. ~의 안쪽에 7. 원주민;
출생지의 8. ~을 상기시키다 9. rise 10. sound
11. within 12. advertisement 13. cell

A 1. native 2. fossil 3. advertisement
4. item 5. cell 6. within

B 1. The sun rises in the east.
2. That picture reminds me of my mother.

C ②

Day 56

1. 수리; 고치다 2. 행복 3. 재미있는, 유머러스한
4. 강의 5. 장식 6. 혁명 7. 수치, 부끄러운 일
8. 접근; 접근하다 9. bit 10. debut 11. fire
12. oppose 13. performance

A 1. happiness 2. lecture 3. shame
4. bit 5. decoration 6. humorous

B 1. I will oppose his plan.
2. Tell me how to access the folder.

C ③

Day 57

1. 닦다 2. 해외에 3. 올바르게 하다, 올바른
4. 피해 5. 거짓말; 놓여 있다 6. 결코 ~이 아닌
7. 생산품 8. 항의하다 9. several 10. shelter
11. attention 12. divorce 13. emergency

A 1. product 2. shelter 3. attention
4. divorce 5. lie 6. emergency

B 1. He protested his innocence.
2. He would never harm anyone.

C ⑤

Day 58

1. 다치게 하다, 아프다 2. 문학 3. 보호하다
4. 썩은 5. 속상한 6. 대리인 7. 맛이 쓴
8. 회사, 친구 9. conserve 10. dry
11. professor 12. sour 13. suitcase

A 1. rotten 2. agent 3. Literature
4. hurt 5. bitter 6. suitcase

B 1. We have to conserve water.
2. My parents will protect us.

C ②

Day 59

1. 놓다, 낳다 2. 판자; 승선하다 3. 돌다; 둥근
4. 잡다 5. 나타나다 6. 플라스틱 7. 인구
8. 탄소 9. architect 10. domestic
11. garbage 12. imply 13. innocent

A 1. carbon 2. plastic 3. architect
4. garbage 5. domestic 6. round

B 1. The board will have 5 members.
2. What is the population of Korea?

C ②

Day 60

1. 노크; 노크하다 2. 제안하다, 청혼하다 3. 비율
4. 구르다, 말다 5. 용돈 6. 방송하다 7. 작물
8. 디자인, 무늬 9. evolve 10. choose
11. familiar 12. invent 13. moral

A 1. familiar 2. crop 3. ratio 4. designs
5. allowance 6. moral

B 1. Two people are knocking on the door.
2. I will invent a flying car.

C ①

정답

Day 61

1. ~의 가치가 있는 2. 가능한 3. 촉진하다, 홍보하다 4. 친척; 상대적인 5. 필요한 6. 완료하다; 완전한 7. 발달 8. 무덤 9. loose 10. modern 11. phenomenon 12. territory 13. unique

(A)
1. grave 2. modern 3. relative 4. development 5. unique 6. possible

(B)
1. We have to promote the new song. 2. This book is worth reading.

(C) ④

Day 62

1. 주먹 2. 밀가루 반죽 3. ~와 반대되는 4. 부분, 분수 5. 앞, 정면; 앞쪽의 6. 피, 혈액 7. 포함하다 8. 멸종된, 사라진 9. finally 10. mark 11. repeat 12. thought 13. traditional

(A)
1. extinct 2. front 3. fist 4. Repeat 5. traditional 6. thoughts

(B)
1. I got high marks in school. 2. What is your blood type?

(C) ②

Day 63

1. 궁금하게 여기다 2. 앞으로, 미리 3. 축하(인사) 4. 공헌하다 5. 제어, 통치; 제어하다 6. 법정, 코트 7. 실험 8. 영예, 영광 9. import 10. maintain 11. billion 12. copy 13. goal

(A)
1. billion 2. ahead 3. court 4. honor 5. goal 6. experiment

(B)
1. They maintained the price of the product. 2. I wonder who the man is.

(C) ③

Day 64

1. 끝, 조언 2. 거대한, 막대한 3. 헤드라인 4. 이미, 벌써 5. 저편에, ~을 넘어서 6. 식민지 7. 실망시키다 8. 살, 육체 9. obey 10. obtain 11. quit 12. bark 13. credit

(A)
1. flesh 2. headline 3. tip 4. huge 5. credit 6. bark

(B)
1. I am sorry to disappoint you. 2. Australia was a British colony.

(C) ④

Day 65

1. 넥타이, 동점; 묶다 2. 승객 3. 아마도 4. 대답, 답장; 대답하다 5. 요청; 요청하다 6. 점, 얼룩, 장소 7. 규율; 훈련하다 8. 애벌레 9. floor 10. image 11. insect 12. root 13. statistics

(A)
1. insect 2. reply 3. passenger 4. root 5. statistics 6. spot

(B)
1. My house in on the third floor. 2. Can you help me tie my tie?

(C) ③

Day 66

1. 속임수; 교묘한 2. 확실한 3. 번쩍임; 비치다 4. 하지만 5. 산업 6. 긴장하는 7. 물건, 목표; 반대하다 8. 준비하다 9. quality 10. rate 11. responsible 12. career 13. drill

(A)
1. flash 2. industry 3. trick 4. career 5. drill 6. object

(B)
1. He has the quality of a chairman. 2. You are responsible for this accident.

(C) ②

Day 67

1. 영웅 2. 뛰어난 3. 가격, 대가 4. 상표, 브랜드
5. 선장, 기장, 주장 6. 웃기는, 재미있는
7. 승무원, 팀 8. 조각; 썰다 9. sneeze
10. wipe 11. case 12. desire 13. express

(A) 1. case 2. crew 3. comic 4. brand
5. express 6. price

(B) 1. He is excellent at sports.
2. I can't hold a sneeze.

(C) ②

Day 70

1. 놓치다, 그리워하다; 놓침 2. 요구하다 3. 자살
4. 입다, 닳다 5. 전문가 6. 국제적인 7. 작동하다
8. ~로 여기다 9. ridiculous 10. shape
11. toothache 12. ape 13. gene

(A) 1. suicide 2. international 3. ridiculous
4. apes 5. toothache 6. gene

(B) 1. I didn't require anything.
2. She is in good shape.

(C) ③

Day 68

1. 치료하다 2. 정의 3. ~을 더 좋아하다
4. 구하다, 저축[절약]하다 5. 기사 6. 범죄
7. 운명 8. 기구, 장치 9. lend 10. motivate
11. please 12. wander 13. block

(A) 1. justice 2. crime 3. equipment
4. destiny 5. article 6. heal

(B) 1. I prefer coffee to tea.
2. Can you lend me your notebook?

(C) ②

Day 71

1. 파도; 파도타기를 하다 2. 근육 3. 칭찬; 칭찬하다
4. 보고(서), 보도; 보고하다, 알리다 5. 미라
6. 약한 7. 왜냐하면, ~때문에 8. 붐비는 9. deny
10. equal 11. excuse 12. gather 13. gift

(A) 1. weak 2. muscle 3. mummy 4. surf
5. crowded 6. gather

(B) 1. One dozen is equal to twelve.
2. Please excuse me for being late.
    또는 Excuse me for being late, please.

(C) because, because of

Day 69

1. 통과; 통과하다, 합격하다, 건네주다 2. 서두르다
3. 이슈, 쟁점 4. 닫다 5. 직업 6. 목화, 면, 솜
7. 은퇴하다 8. 부족 9. admire 10. bring
11. charge 12. early 13. increase

(A) 1. lack 2. Hurry 3. occupation 4. Pass
5. retire 6. Bring

(B) 1. I can't shut the door.
2. I got up early this morning.

(C) ⑤

Day 72

1. 사실, 진리 2. 보통의, 평범한 3. 터지다
4. 방울, 하락; 떨어지다 5. 예외 6. 뉴스, 소식
7. 막다 8. 절차 9. similar 10. sudden
11. boil 12. expensive 13. master

(A) 1. sudden 2. truth 3. ordinary
4. procedure 5. similar 6. expensive

(B) 1. There is no rule without exceptions.
2. Nobody can prevent her from going.

(C) ⑤

정답

Day 73

1. 영향, 효과 2. 심판 3. 확산; 퍼지다
4. 칼, 검 5. 모으다, 수집하다 6. 혼란시키다
7. ~에도 불구하고 8. 허락 9. gain 10. incident
11. miserable 12. stand 13. blind

A
1. effect 2. incident 3. miserable
4. sword 5. referee 6. permission

B
1. I am sorry to confuse you.
2. I like him despite his faults.

C ⑤

Day 76

1. 원래의 2. 자원, 재료 3. 굶주리다 4. 이해하다
5. 열의, 열심 6. 좁은, 아슬아슬한 7. 다음의, 옆의
8. 인공위성 9. tomb 10. during
11. enough 12. exit 13. home

A
1. tomb 2. narrow 3. next 4. satellite
5. original 6. exit

B
1. I went to the ocean during vacation.
2. She has enough money to go abroad.

C ⑤

Day 74

1. 귀가 먹은 2. 언급; 언급하다 3. 오르다, 등산하다
4. 차이 5. 폭력 6. 접다 7. 한 달에 한 번의, 매월의
8. 더 길게 늘이다, 연장하다 9. cry 10. down
11. elementary 12. fuel 13. thirsty

A
1. comment 2. fuel 3. elementary
4. down 5. cry 6. thirsty

B
1. Fold the paper in half.
2. I like to climb mountains.

C ③

Day 77

1. 법의, 합법적인 2. 실수 3. 사회의, 사교적인
4. 지지, 지원; 지지하다 5. ~하는 동안; 잠깐
6. 정말로 7. 야외의 8. 심각한 9. stream
10. treat 11. waste 12. bowl 13. drugstore

A
1. legal 2. outdoor 3. waste 4. bowl
5. social 6. serious

B
1. Don't make a mistake.
2. A friend in need is a friend indeed.

C ②

Day 75

1. 관광객 2. 최고; 최고의 3. 용기 4. ~로 인한
5. 교육 6. 유일한; 오직, ~뿐 7. 빚지고 있다
8. 대중; 공공의 9. quarter 10. search
11. back 12. fix 13. improve

A
1. only 2. best 3. education 4. back
5. courage 6. fix

B
1. The students improved their grades.
2. I can't say anything due to my tears.

C ①

Day 78

1. 뿔, 경적 2. 환상적인, 굉장히 좋은 3. 대양, 바다
4. 알약 5. 흉터, 상처 6. 무기 7. 동의하다
8. 말도 안 되는 이야기 9. either 10. instead
11. join 12. communication 13. plenty

A
1. weapon 2. nonsense 3. fantastic
4. communication 5. either 6. plenty

B
1. Either you or I must go.
2. Take this pill and relax.

C ④

Day 79

1. 해결책 2. 쓰다, 소비하다 3. 이해; 감사하다
4. 경쟁 5. 강조하다 6. 드러내다, 폭로하다
7. 추가의 8. 상황, 환경 9. source 10. triumph
11. fancy 12. glory 13. direction

A
1. triumph 2. solutions 3. competition
4. situation 5. direction 6. fancy

B
1. I don't want to expose myself to others.
2. How do you spend your spare time?

C ②

Day 80

1. 실패하다 2. 식별하다 3. 기쁨 4. 자물쇠; 잠그다
5. 아마도 6. 우주 7. 아직; 그러나
8. 남용, 학대; 남용하다 9. adventure 10. angle
11. method 12. poison 13. relax

A
1. universe 2. abuse 3. angle
4. method 5. probably 6. adventure

B
1. It's not yet ten.
2. I failed to persuade my mom.

C ③

Day 81

1. 공화국 2. 제비; 삼키다 3. 항해, 여행; 항해하다
4. 씹다 5. 오두막 6. 보석 7. 줄무늬 8. 분쟁, 투쟁; 투쟁하다 9. treasure 10. unification
11. appointment 12. clue 13. damage

A
1. treasure 2. stripe 3. hut 4. struggle
5. voyage 6. chew

B
1. She hopes for the unification of Korea.
2. I have an appointment at 3.

C ⑤

Day 82

1. 빚 2. 승강기; 들어 올리다 3. 어느 것도 아닌
4. 반대의 것 5. 누르기; 누르다 6. 정기적인, 규칙
적인 7. 규모, 저울, 비늘 8. 효율적인 9. evidence
10. folk 11. infinite 12. oxygen 13. sore

A
1. regular 2. evidence 3. efficient
4. infinite 5. oxygen 6. Press

B
1. What is the opposite of the word?
2. He is neither tall nor short.

C ①

Day 83

1. 문제; 괴롭히다 2. 수직의
3. 식료품 잡화점, 식료품 4. 회 5. 사진 6. 그림자
7. 졸린 8. 조각상 9. accept 10. behind
11. biology 12. classical 13. give

A
1. biology 2. photograph 3. grocery
4. classical 5. vertical 6. shadow

B
1. Do you have any trouble at home?
2. I will accept your advice.

C ③

Day 84

1. 수평선 2. 공손한 3. 눈물; 찢다, 찢어지다
4. ~할 때까지 5. 파괴하다 6. 끝, 가장자리
7. 설립하다 8. 비용, 경비 9. fiction 10. inspect
11. recycle 12. donate 13. funeral

A
1. horizons 2. edge 3. expense
4. recycle 5. fiction 6. funeral

B
1. Be polite to your parents.
2. I am going to wait until three.

C ①

Day 85

1. 절반; 절반의 2. 속담, 잠언 3. 구독하다 4. 화산 5. 10년 6. 격려하다 7. 가장 좋아하는, 마음에 드는 8. 가구 9. nearly 10. shoe 11. toward 12. whole 13. anybody

(A) 1. whole 2. half 3. shoe 4. volcano 5. furniture 6. decade

(B) 1. She always encouraged me warmly. 2. What is your favorite season?

(C) encouraged, to

Day 88

1. 신화 2. 스페인어; 스페인의 3. 환호, 쾌활함; 환호하다 4. 정착하다, 해결하다 5. 의미심장한 6. 바보; 어리석은 7. 속삭임 8. 어쨌든 9. climate 10. common 11. error 12. reach 13. twice

(A) 1. stupid 2. Cheer 3. whisper 4. common 5. climate 6. twice

(B) 1. I can speak Spanish fluently. 2. He settled in Spain.

(C) once, twice

Day 86

1. 각도, 온도, 학위 2. 민주주의 3. 선거 4. 놀라게 하다 5. 아무도 ~하지 않다 6. 짧게 하다, 줄이다 7. 누군가, 어떤 사람 8. 확인하다 9. kindergarten 10. secretary 11. silly 12. total 13. virtue

(A) 1. secretary 2. silly 3. total 4. democracy 5. election 6. Nobody

(B) 1. Let me confirm your order. 2. Honesty is a beautiful virtue.

(C) ③

Day 89

1. 떨어져, 헤어져 2. 물다 3. 돌진; 돌진하다 4. 염색제; 염색하다 5. 세탁, 세탁물 6. 지하실 7. 겸손한 8. 수수께끼 9. amount 10. else 11. honest 12. notice 13. precious

(A) 1. laundry 2. riddle 3. humble 4. honest 5. bite 6. precious

(B) 1. I'd like to dye my hair. 2. Don't bite your nails.

(C) ⑤

Day 87

1. 요금 2. 문명 3. 구성하다, 작곡하다 4. 치료; 치료하다 5. 부러워하다 6. 기념하다, 축하하다 7. 인류 8. 제안하다 9. balance 10. chip 11. concrete 12. continent 13. invade

(A) 1. celebrate 2. envy 3. fare 4. chip 5. mankind 6. continent

(B) 1. I suggested her for the job. 2. Don't invade my privacy.

(C) ④

Day 90

1. 확실한; 그럼요 2. 접촉 3. 야망 4. 수확 5. 여러 가지의 6. 원인; ~을 초래하다 7. 값; 비용이 들다 8. 기대하다 9. pretend 10. recover 11. complain 12. return 13. rude

(A) 1. sure 2. harvest 3. ambition 4. various 5. touch 6. rude

(B) 1. I hope you will recover. 2. I expect him to arrive soon.

(C) ③

MEMO

MEMO